金陵大学画传

孙建秋
李永泰
编著

中国民族摄影艺术出版社
北 京

上页图：
南京金陵大学创办于1888年，当时只有15名学生。在它60周年时共有1800名学生和3000多名毕业校友，照片中的建筑是金陵大学礼堂。

目录

前言

孙建秋

金大全名金陵大学，创办于 1888 年，是南京最早的一所集教育、科研、实践于一体的私立高等学府。办学初期的师资主要来源于国外大学的教师，带来当时国外先进的教育理念和元素。基本办学理念是：强调学术自由，提倡民主管理，重视人文素养，推广通识教育，践行文理兼修。

正因如此，金大的学生普遍拥有较合理全面的知识结构、批判性思维、诸多广泛的兴趣爱好。培养出了诸如教育家陶行知、哲学大师刘明伯、外交家黄荣良（中国驻奥地利全权公使）、作家赛珍珠、诗人余光中、经济学家吴敬琏、社会学家柯象峰、电影教育家孙明经、诗词大家程千帆和沈祖棻、历史学家王绳祖等著名人物。金大的办学既有先进的理念，又有具体明确的实现路径，具有较强的可操作性、可借鉴性和可复制性，对当前高校教育改革和“双一流”高校建设具有一定的启发和借鉴意义。

金大是一所教会学校，本意是宣扬传播基督教的精神，并没有刻意培养爱国主义精神，但这些二十世纪三四十年代的知识分子，却在日后的历史发展和新中国的建设中发挥了巨大的作用。校园里走出了戴安邦这样的院士、魏学仁这样的物理学家、陈裕光这样的化学家，走出了吴家四兄弟中的三个：文史学家吴征铸、医学寄生虫学家吴征鉴、核物理学家吴征铠，他们大都是世界级的科学家，是金大文理兼修的通识教育为他们开阔了视野，给他们打好了坚实的科学底子和爱国情怀。总之，由于历史原因，过去人们缺乏对金大的认识，甚至不知道有金陵大学的存在。今天我们要把南京大学建设成“双一流”大学，需要对金大的历史贡献进行很好的挖掘。这所综合大学的优势是各学科的互补，强调对思维的训练，金大的通识教育（学文科的人必须选修理科，学理科的人必须学习文科）培养文理互通的人才，应该是培养学科大师必须坚持的方向。

1946 年 6 月，抗战胜利后笔者随父母回到南京，在金大校园第一次见到如此美丽壮观的校园建筑，在校园里看露天电影，听大人谈论，逐渐对金大有所了解。1952 年院系调整以后，很少听到人们提起金大。很多校友及家属都由于金大学制的消亡，没有保留金大校园照片，这给本书的资料搜集整理工作带来了较大的困难。

第 3 页这张照片是 7 岁的笔者第一次来到金大。那时对校园只有儿童的认知，显然不足以完成《金陵大学画传》这样大部头的著作，但是在成

笔者孙建秋（前排左三）幼时第一次来到金大校园。

长过程中，对金大师资的认识保持了当时的样子——他们大多 30 多岁，很多都是刚从海外留学归来，带回前沿技术，结合中国实际需要开设课程。

本书的编撰自 2016 年正式启动，但在这之前的准备工作、资料收集和采访，即便已进行近 10 年，仍未搜集到足够材料。金陵毕业生遍布海内外，每个人都有生动的故事，但他们现在年事已高。一些在国外的校友尚联系不上，未能获取更多图片资料。其实每一个人的故事都是一本画传，按说应该得到更多图片支持，但毕竟开始得太晚了。当我意识到要抢救历史的时候，很多好的机会已经错过了。但是有幸在 2008 年金大 120 周年校庆上遇到一些老校友，得到一些线索，收集到了一些宝贵的资料。金陵大学北京校友会每年一次的聚会，笔者赶上了几次，抢拍了几张照片，但终因时间仓促，没有系统地挖掘。这一方面是我的知识结构不够，另一方面也是精力有限。

孙建秋2010年参加金大上海校友会时的合影。

本书编排时尽量让每章节都有一个故事，还不能做到每人一故事。作为编者，我们尽力从档案、图片、回忆录等多种材料中还原事实。孙明经常常说："一画胜千言"，金陵的名人轶事很多，本书的特点便是采用图片形式，追溯各文史大家、学科创始人的经历和面貌。

笔者孙建秋是金大影音部主任孙明经的二女儿。"文化大革命"浩劫后一批孙明经早年拍摄的图片资料得以返还，这批资料内容非常丰富，通过将这些底片冲洗成照片，使得笔者对金大慢慢有了一些视觉上的感性认识，并开始有意识地搜集金陵大学的图片资料。

2008年笔者到南京参加金大120周年校庆时，在李明华大姐和李正中大哥的陪同下拜访了多位金大老教师，如殷恭毅、戴邦彦本人，及魏景超、李为谦、崔毓俊、胡玉璋等人的家属。金大人很热心，一听说为金大立传，写图片传记，大家都有些兴奋，而且非常支持。金大比金陵女子大学大好

2010 年，“金女大”97 周年校庆，甘克超（左一）对笔者说：“这本《金陵女大》画传功德无量，彪炳千秋。”金大校友会副主席、生物系主任肖信生（右一）学长对我说：“建秋，是否该写写金大了？”于是，笔者开始了《金陵大学画传》的撰写。照片摄于金女大中央草坪。

几倍，学科也丰富得多，当然编书也难得多。当时，图书馆破例借阅《金陵之光》等老校刊，为笔者提供了第一手的资料。我还接到冷天副教授的邀请，帮助辨认他从海外搜集和整理的金大图片，在此过程中，发现大量父亲孙明经拍摄并保存在耶鲁大学的照片，使得笔者开启了新的思路。笔者曾耗时五年时间编著《金陵女大》画传，积累了一些经验，在参加“金女大”97 周年校庆时，大会开幕式后集体照相之际，遇到了许多来宾，其中一位贵宾是金大校友会副会长肖信生，他对笔者说：“建秋，是否该写写金大了？”正中下怀，想法不谋而合。于是我在南京又多待了些时日，去了第二历史档案馆，查阅了金大卷、陈裕光卷、孙明经卷等卷宗，了解了金大艰苦办学的巧劲和理念，校园中的动人事迹和办学中的具体困难。之后联系了香港的历史学者魏白蒂（魏学仁的女儿），她把金大当年申请办理新专业如电影与播音专修科等的资料都寄给笔者。在整理这些资料的过程中，笔者切实感受到了金大当年办学的不易。2010 年，笔者又去了上海，访问了马博庵的女儿——88 岁高龄的马宝璋，听她讲述当年西迁的惊险故事。2013 年，笔者去美国康州耶鲁神学院的档案馆，在金大社会福利系教授汤铭新的女儿薛庆渝博士的陪同下，亲自查找了一批宝贵文字和图片资料。2015 年，笔者访问南加州金陵校友会，听到了一些故事。2016 年，南京金大校友总会把剩余资金的一小部分拨给了笔者，虽然 1.5 万元远远不够，但是校友们开始重视了，这是好事，之后陆续收到各地寄来的几十幅照片，其中有十几张私藏照片犹为珍贵，例如历史系章开沅先生提供的与贝德士老师的照片、四川穆氏两兄弟与戴运轨先生的合影等。

金陵大学从建筑的宏伟、优雅、大气到校园办学精兵简政的理念，都有很高的借鉴意义，我们的金陵大学是南京大学两支粗壮源泉之一，她越丰富，对于后身南京大学的办学越有利。由于历史原因，很多图片没有得到保留，很可惜，再加上时间仓促，很多照片也未找全。在此，笔者仅仅是抛转引玉，希望更多的金大子弟多翻翻箱底，找出更多父辈们的资料和图片。

金陵大学作为一所私立的、教会的、较小的学校，她的成就远远超乎人们的想象，其对国家的贡献可圈可点，但随着时光的迁移，金大渐渐远去，被人遗忘。很多中青年学者甚至不知道有过金陵大学的存在，或将之与中央大学、伪中央大学、南京师范大学混为一谈。不仅概念模糊，而且图片说明常发生混乱，这也正是笔者决定编著本书的缘由之一。

之所以有勇气开启《金陵大学画传》的编撰，其中的一部分底气也来源于在耶鲁神学院档案馆中收藏了父亲孙明经拍摄的 1000 余幅照片（因为家里有底片，所以能够进行对照）。

序言

李永泰

滚滚长江，巍巍钟山，南京这座历史名城留下多少美丽的故事，延传着多少胜景和文脉。金陵大学是一个多么响亮的名字。这里要说的就是这所著名高校——我们的金陵大学。

这所高校由美国传教士创办后渐由中国人管理，为国家为民族培养了许多高级人才。更可贵的是在民族生死存亡之际，举校西迁，克服万难，不但坚持办学，还使学校各方面有所发展。

这本《金陵大学画传》记载着西迁的历史：在万分危急的情况下西迁成都，在沪宁一带长江水面船只尽凿沉没情况下，学校师生员工共同努力，租借其他船只，顶着日机扫射轰炸，运送书籍、实验器材与人员，辗转几千里终于安全抵达成都华西坝。我们为此做了许多调查，登门或书信、电话采访当事人或他们的子女，使这些故事更加完整、更加准确、更加富有历史意义！同样，这本画传以图片形式展现了金陵大学的各个方面，如教学生活、校园氛围及金大人的生活环境。这里有说不完的故事，取不完的景。我们只能取其要者编入，相信今后还会有人编出更好更完美的画传。

在这里要强调两点：一是对金大历史的抢救；二是对孙明经教授的崇敬。

我作为金大教员子弟，又是编者之一，一方面感到光荣和幸福，另一方面也感到责任重大。为了还原历史，我们必需从头学起，凡是不了解的要重新了解，虽然校友们都非常热心、有求必应、有问必答，但有时也遇到不少困难！不是人已年迈，就是人已作古，只好找当事人的子女晚辈，或者一头钻进档案馆、图书馆查找根据。

孙明经教授是金大众多教授之一，为什么在这里那么强调他呢？在当年的金大，孙明经教授是公众人物，无人不知。抗战时期就连我这个不到10岁的孩子，也知道孙叔叔那儿有电影看。一天下午，说有美日空战的纪录片要放映，我便去了，看到日本飞机被打中掉落，我拼命地鼓掌，好解恨哪！

在抗战前后那些年，照相还不普及，没有几家有照相机，更别说随时带着照相机了。但正是因为有了孙先生，金大留下许多影像记录，他的镜头大都对着别人，唯独拍不到他自己。金大凡有重大活动就有他的身影，重要的科学考察必需要他参加，别人以为他就是摄影的，其实他是带着学生要完成从摄影到冲洗、从编导到放映、从摄影技术到摄影艺术的完整实践和教学。他所涉及的领域包含电影学院许多学科，怪不得新中国一成立，他就被调去北京筹备成立北京电影学院。

他留下的影像资料太丰富了！这些资料实际上就是文物，记录了历史。最近几年，中央电视台常出现孙先生所拍的历史影像，如西北考察团考察归来路过京张铁路青龙桥时，在那里拍下了很多片段，成为今天电视中经常使用的内容。也就在那时，七七事变爆发，他立即返回南京，接着随校西迁，在重庆、成都记录了金大师生坚持办学的动人画面。

我还听说，1939 年重庆大轰炸时，孙先生正在重庆，他满腔愤怒，不顾个人安危冲进火海，拍摄《重庆在燃烧》，他认为这段日本侵略史必须记录下来。刚拍了一分半钟就被捕。“不救火，反而拍电影，肯定是汉奸。”机器也给没收了。因为他只是个普通教师，没有特别身份。孙先生受到过很多误解，但仍坚持不懈。

早几年我在金陵大学附属中学校庆时认识了孙建秋，说她爸爸是孙明经，原来我们都是金大教职员子女，当时她就发来几张他父亲拍的有我父亲的照片，同时征集了我手中的一些照片。又过几年，我陪她访问南京校友柯宁美大姐，询问其父柯象峰教授以及徐益棠教授的情况。

后来陆续有交往。如孙明经在西康考察出发前的日记中出现一字：口字中有一书字。这是什么字呢？她问到我，我说，这是 20 世纪 30 年代流行的“图书馆”的缩写，全段意思是到图书馆借了两本参考书。

及至 2015 年，我问起编完《金陵女大》画册以后有什么打算，她说筹划出版一本《金陵大学画传》，我为她的决心而感动。毕竟，她比我们年纪小，更需要我们大家帮助。她比较善于讲述、补充图片背后的故事，我善于拟定大纲，纲举目张。崔肇春学长说这大概是金大的绝唱了，金大南京校友会很快支持了她一点费用。金大北京校友会请上海校友会朱守一学长利用上海简讯发布消息，寄至各校友。我帮助收收捐款吧！

继续让我感动的是关于计划出版《金陵大学画传》的通知才发出不多日子，便陆续收到各地校友寄来的款项近万元，第一份汇款是杭州校友郁简，92 岁，社会系毕业，这次捐了 1000 元。还有捐赠照片的，如田笠卿校友，88 岁，化学系，他手中有一张金大的老图书馆照片，其东面有一小池塘，鹅群在游，波光粼粼，非常自然，是孙明经老师上课时送给他的，老师自己的作品。我与中国历史档案馆联系时曾问该馆一研究员认识孙明经否？他说："我馆 1936 年初建时照片都是他拍的！"

我想说，没有孙明经，可能就不会有这本《金陵大学画传》，因为这本书的许多重要的、清晰的图片都出自孙先生，又有其子女传承，才有本画册的基础，不过书中并未一一标注。

后来孙建秋邀我参加编辑工作，我也欣然接受了，我认为是一种责任，也是荣誉，不能推辞。

我在想，这不就是金陵人的一种金陵情怀吗？几十年过去了，但金陵情仍在！

现在看来，出版这本《金陵大学画传》是对我们金陵大学成立 130 周年的很好纪念！

2018 年 9 月 30 日

第一章

金陵大学概述

第一节　初创时期

1888 年（清光绪十四年），南京发生了一件对日后影响很大的事情，教育界一个新的生命在江宁（今南京）诞生，她就是汇文书院，英文名字叫 University of Nanking，也就是后来的金陵大学。这是西学东渐的产物，金陵大学的开始。

19 世纪末，美国基督教会派到中国来的传教士甚多，他们一面传教布道，一面创办学校。美国美以美会的传教士傅罗（C. H. Fewler）得到一笔捐款，就在 1888 年创办汇文书院。并推举福开森（Dr. John C. Fergusen，1866–1945）为首任院长。福开森来宁时不过 20 多岁，原是南京地区的一个传教士，精通中文，操一口南京话，活动能力很强。他开始筹划并选址购买乾河沿近 100 亩土地，建起了系列建筑，沿中轴线一字排开，依次是：东课堂、大礼堂、钟楼、口字楼宿舍及西课堂，十分气派，具有美国殖民期建筑风格。此外，还开辟了运动场、草坪和小广场等户外活动场所。

1892 年，开始分设大学堂、高等学堂、中学堂、小学堂等层次。这是南京近代新式学堂的开始。

首任校长福开森是个传奇人物。1886 年毕业于美国波士顿大学，有促进中国文化事业之志，次年携新婚妻子来华，翌年就任汇文院长之职；后来又在上海创办新闻报、英文日报等报刊；还在清政府内任职。1897 年担任上海南洋公学（后称交通大学）首任监院（相当于校长）时，为了师生出行方便，自已掏钱修了一条 300 米的路，百姓称之为“福开森路”，就是现今的武康路。他后来在上海创办《新闻报》《英文日报》及《亚洲文会》杂志。福开森与清末两江总督刘坤一，邮传部尚书、航政大臣盛宣怀及一些北洋官僚颇有往来。

1897 年，福开森辞去汇文书院院长职后，由师图尔（G. A. Stuart）接任。

1910 年金陵大学校园——干河沿建筑群。站在五台山上远眺拍摄，可以见到最早的三层楼洋行（即钟楼）居中，东西各有东楼和口字楼西楼两座大楼相配，远处为紫金山，图中近处两座二层小洋楼其中一座为校长包文住宅。

汇文书院干河沿校区建筑群。(1910 年摄)

钟楼是金陵大学最早之建筑。1917 年失火，后改建。如今，钟楼已成为国家重点保护文物。

1893 年建起了东课堂。

师图尔是哈佛大学医学博士，1896 年汇文书院设医学馆，师图尔被调任汇文医科总教习。并在马林和比必的帮助下，大力建设医科。马林医生（William Edward Marklin）1892 年曾在鼓楼建成四层楼的基督医院，即后来的鼓楼医院，为南京第一家西医院，也是中国最早的现代医疗机构之一。

师图尔在院长任上，改良功课，添置仪器，建青年会会堂，将汇文办学水平提高一步。师图尔十分重视中国医学成果，曾将《本草纲目》译成英文。

汇文书院开始设立文科（圣道馆）、理科（博物馆），中学（成美馆）等。

1908 年，包文（A. G. Bowen，1877—1944）接任汇文书院第三任院长。

1907 年，另外两所学院：基督书院（建于 1891 年）与益智书院（建于 1894 年）合并为宏育书院。1910 年，宏育书院并入汇文书院，中文改称金陵大学，英文仍旧用 University of Nanking，仍推包文为校长。扩大了

首任校长福开森

第二任校长师图尔

干河沿大门金陵大学堂的校牌，为书法家李瑞清题写。此照摄于 1912 年，也是金陵大学成立的标志。

第三任校长包文

对页图
1903年春，两江总督张之洞派来的官员在考察汇文书院时与中外教员于青年会堂前合影。（姚远收集，校史馆提供）

规模，学校进入成长期。金陵大学建校之年仍以汇文书院成立的1888年为创始年份。

包文在金大发展史上地位突出，是金大作为大学格局的主要策划人和奠基人。他胸襟开阔，勇于任事，对金大发展，功绩卓著。

首先，任命文怀恩副校长负责募集经费，购置征收鼓楼西坡2000余亩土地，规划建设新校区。全部工程由美国芝加哥一家公司设计承包。建筑材料除屋顶的琉璃瓦、部分墙壁用的城墙砖和基建土木外，都从国外进口。新校舍从1910年开始设计、动工，至1915年秋，长达5年始部分落成了东大楼理学院。然后是文学院北大楼，礼堂、农学院西大楼。建成后的金陵大学校舍，中西合璧，美轮美奂，十分宏伟，与鼓楼巍然并峙，为当时南京最大之建筑。建筑风格中西合璧、中式为主，建成美轮美奂的“金大”校园，也影响了后来许多学校如燕京大学的建筑风格。

第二，设文理科，开设必修班，聘用优秀教师。并于纽约州立大学立案注册，金大文凭得到美国认可，从而方便和促进金大学生留学和人才交流。此期间，还建造了其他一些建筑。

第三，聘请农科的裴义理教授（Joseph Bailie）是金大发展历程中的一个重要人物。他于1912年主持华洋义赈有功，获政府赠地千余亩，设立

上图
1917 年金陵大学鼓楼新校区第一栋大楼——西大楼，即理科大楼建成。大楼南侧有三块网球场（图右），先于大楼建成。在建造理科大楼的同时，开辟了一块很大的草坪，立了两根便于悬挂电影幕的黑色铁杆（见图中部）。这是校园放映露天电影的专用场所。图中粗粗的白线标志着金陵的中轴线。远处可见鼓楼。

左图
1910 年汇文书院附中中外教员在校园内合影，前排右一为包文。

1

2

3

1. 建于 1919 年的北大楼，即文科大楼，摄于 1947 年。此楼一直是金陵大学的地标。

2. 西大楼，又叫裴义理楼，即农学院大楼，建于 1925 年。

3. 1918 年金陵大学大礼拜堂建成，图左建筑为大礼堂，图右为新落成的两栋学生宿舍。

裴义理带头植树，头戴 slouch hat（高帽）。

了农科，还建立农业推广站，提倡研究风气。在南京紫金山得到大片荒地，开始造林以避免水土流失，农科扩大为农林科，使得金大农学院得到快速的发展。

早期金大学生人数不多，但有成就者不少，下面试举几例。

韩安（1883—1961），安徽巢县（今巢湖市）人，著名林学家，中国近代林业事业开拓者之一。1904 年毕业于汇文书院文理科，是金大早期汇文书院最早期的毕业生之一，毕业后曾留校教书。1911 年获美国密歇根大学林学硕士学位，是中国留学生中第一个林业硕士学位的获得者，也是中国最早的一位林学家出身的政府官员。他最早向国人介绍世界各国林业概况，建议国家规定了中国第一个植树节，并率先创办铁路沿线育苗造林、兵工造林事业。主持创建中国第一个林业科研机构——中央林业实验所。他重视林业科研教育、森林资源调查、树木定名修志，培养了大量林业人才，为中国近代林业建设作出了重要贡献。

刘伯明（1887—1923），名经庶，祖籍山东章丘，生于南京。哲学家，教育家。少时就读于汇文书院，后留学日本，曾任日本留学生青年会干事并加入同盟会。辛亥革命后赴美留学，入美国西北大学研究院攻哲学和教育学，获博士学位。1915 年回国，受聘为金陵大学国文部主任，同时任教

韩安

刘伯明

于南京高等师范学校。1921 年起任国立东南大学文理科主任、行政委员会副主任、哲学教授、代理校长等职。并撰写了《论学风》和《共和国民之精神》等文章，倡导朴茂、求实的学风，影响很大。

陶行知（1891—1946），安徽歙县人，教育家、思想家，伟大的民主主义战士。大学期间推崇明代哲学家王阳明的“知行合一”学说，取名“知行”。毕业于金陵大学文学系，1914 年留美，在哥伦比亚大学攻读教育学。1917 年回国后，曾任南京高等师范学校教授、教务主任，东南大学教育系主任，中华教育改进社总干事。为让农村贫困儿童读得起书，创办晓庄学校。后来还办了生活教育社、山海工学团、育才学校和社会大学。提出了“生活即教育”“社会即学校”“教学做合一”三大主张，生活教育理论是陶行知教育思想的理论核心。他意识到“行”的重要，改名陶行知。他也是中国人民救国会和中国民主同盟的主要领导人之一。

陈桢（1894—1957），江西铅山人。动物学家、遗传学家，中国动物遗传学的创始人和动物行为学、生物学史的开拓者。1914—1918 年就读于金陵大学农林科。毕业后留校任教。1921 年获美国哥伦比亚大学动物学系硕士学位，后跟随遗传学家摩尔根（T.H.Morgan）专攻遗传学。1922—1926 年任东南大学生物系教授。1948 年，陈桢当选为中央研究院院士。1955 年选聘为中国科学院院士。

金大自 1910—1926 年，历经 16 年之艰苦奋斗，文理农林各科系设立，校舍与设备不断扩充完善。教职员工中，中国教师人数日益增多，已占全

陶行知

陈桢

体教职员总数之半，校董中西各半，文理、农林二科科长均系国人。1926年，教职员人数达200余人，在校学生600余人。历届毕业生对社会均有较大贡献。

早期金陵大学校长、教务长、各系主任、教授，教材、图书杂志、教学仪器以至生活设施都来自美国。金大的课程设置，除国文和经史等课程外，日常工作、教学都用英语，文娱活动、实验室内、运动场上甚至学生助威的拉拉队队歌亦不例外。1927年3月，北伐军北上，在南京与外国人士冲突，金陵大学副校长文怀恩博士（Dr. J. E. Williams）不幸被一兵痞杀害，此事遭到渲染，气氛紧张，外籍教师均接到通知转移到停泊在长江江面的美军军舰上。不久北伐成功，国民政府在南京成立，实施收回教育主权行动，要求外国在华大学的校长必须由中国人担任。从此金大便进入国人治校的全面发展时期。

第二节　全面发展时期

从1927年11月到1951年学校改组，陈裕光担任金陵大学校长达24年之久，是教会大学中任期最长的华人校长之一。该段时间，金陵大学在各方面都有长足进步，不论是科系的设置、师资队伍的壮大、教学研究推广三结合的广泛深入，还是学生人数的增加都是出众的。再加上一年公立金大，可称为金大的发展时期。

发展时期可分为四个阶段：调整与改革、抗战西迁、复员和再发展、改为公立一年。

第一阶段：调整与改革的十年

1925年，文理、农林两科长由陈裕光、过探先分任，此时中国教职员人数大大超过外籍，国人任校董者居半数。1927年，国民革命军攻克南京，文怀恩副校长不幸为暴徒杀害，外籍教授多有请辞，包文校长亦以老病乞休，乃由校务委员会推举过探先、陈裕光两先生为正副主席，代理行政。该年11月，由新校董会推选陈裕光先生为校长，从此金陵大学完全为国人主持。陈裕光担任校长，是临危受命，更是众望所归。逐步调整和改革，以适合我国国情。

1928年，呈请国民政府立案，同年9月20日奉大学院训令准予立案，自国民政府定都南京后，其呈准立案之教会学校亦以金陵大学为最先。

1930年，遵照当时学制，将文理科分为文学及理学两院，农林科改称农学院，可谓三院鼎立，内部益臻充实，学生亦见增加。

同年，美国霍尔氏捐助美金60万元，以其半数作为奖助研究中国文化之用。学校得此资助，遂设立中国文化研究所，以期培养研究本国文化之专门人才，开展考古、收藏古籍古物、出版书籍刊物，与国内外交流，宏扬我中华文化。

1932年，获太平洋国际学会资助，从事调查全国土地利用，越时五年方才完成，编成巨著，公诸社会，成为我国土地利用的蓝本。

1934年，复得纽约大学院之永久认可，金陵大学得自行授予毕业生国际间认可之学位证书，在国际间之学术地位日渐提高，遂更筹设文科研究所史学部，理科研究所化学部，农科研究所农业经济学部，使大学毕业生得以深造。

1936年，建筑新图书馆和理学院实验楼。

10年间学校还进行了许多改革，如停办宗教系，与金陵神学院脱钩，宗教课改为选修课，宗教集体活动改为自由参加等。

又如总结经验，推出“教学、研究、推广”三位一体的三结合教育方针。

陈裕光校长着一身中装在办公。

金陵大学除农学院率先外，文理学院也积极施行，取得良好成绩。

行政方面建立了一个强有力的行政班子和多种委员会制度，便于集思广益吸取大家的智慧和力量，也是重要的办学措施和经验。

陈裕光任校长之初，完善和加强了行政组织，建立教务处、训导处、总务处、会计室。此外还建立了各种委员会，以便实施民主办校。这样既有办事机构，又有建议和监督组织，成为校长的左膀右臂。

教务处下设注册、成绩及新生等三组，柯象峰教授自 1931 年起担任教务长 16 年，还担任社会系主任，日夜忙碌，锐意进取，使全校教务工作有序展开。学生来校往往较早接触到柯老师，他也给同学留下教诲。后来因柯教授出国讲学和考察，教务长由袁伯樵（动物学）教授接任。

训导处下设生活指导、军事管理、体育卫生及奖贷金等四组，范谦衷（生物系教授）长期担任训导长，他是电化教育的积极倡导者，也留下许多故事。

总务处下设文书、事务、人事、出版等四组，担任总务长的是朱庸章（英语教授）。金陵大学各种出版物甚多，与出版的提倡和管理不无关系。

金陵大学的改革引起国民政府的重视，1932 年蒋介石亲临金大视察。左一为陈校长，摄于大礼堂前。

教务处注册组主任戴邦彦先生（著名化学家戴安邦的弟弟）记性特好，平时经常翻阅全校学生的成绩记录册，发现问题记在心头，有时甚至在校园内遇到某同学时会提醒他：“你的成绩记录册里还有一些问题应及时补救，以免影响毕业。”被提醒的同学压力不小，尽管怕被戴老师提醒，同时又备感温馨。

会计室主任毕律斯女士（Miss Elsie M. Priest），这位终生未嫁的小姐，倾其一生，为金陵大学和金陵女子大学财务把脉。金陵大学的费用主要靠募捐而来，有时校长也要出去募捐。教师出国进修基本停发工资，致使家庭生活困难。这位财务总监很厉害，卡得很严，账也查得很紧。不管多么重要的项目，没有她审计别想报销。所以没有贪污，且杜绝了资金的滥用。

金陵大学重视发扬“共和精神”，实即民主精神，也就是一种共同参与、集思广益的工作方法。如成立校务常务委员会，由校长主持，十多位常委几乎每周有一两次集会，讨论研究校务，并对各项重大措施制定决策。这种共和精神，体现在学校的各个方面，例如学生自选课按学分制计分等，

教务长袁伯樵

训导长范谦衷

总务长朱庯章

它是金大师生长年累月积累起来的一种精神力量，是推动金大不断前进的主要因素。

在校务委员会下，还设有多个委员会，仅从1935年的记录来看有风纪委员会、教务委员会、娱乐委员会、卫生委员会、体育委员会、出版委员会、图书委员会、宗教委员会、朝会委员会、校景委员会、校工委员会、聘任委员会、女生指导委员会、群众委员会、暑期学校委员会、职业介绍委员会等。随情况增减，每学年一选。有时还设升等晋级委员会、研究委员会、毕业考试委员会、毕业典礼委员会等。这样一来决策民主，发挥大家的力量，避免出差错，而上层机构人员少而精，这是陈校长办学的重要经验。

一系列改革措施，使学者向往，外界刮目相看。陈校长于1936年夏间奉教育部令赴欧美各国考察高等教育，次年2月回国。同年6月，陈校长就职十周年。

第二阶段：抗战西迁

七七事变，抗战开始，烽烟延蔓，金陵大学仍勉力维持开课，未几淞沪失守，日军有长驱南京之势，各机关均遵政府命令迁徙后方。金大于11月中才决定西迁成都，并组织留京委员会，请教授贝德士先生（美籍）任该会主席，齐兆昌、陈嵘等为委员留校保管校产（详见第八章），当时形

教务处注册主任戴邦彦

会计主任毕律斯

势紧急，交通困滞，校中师生及教职员眷属人数甚多，乃分三批（11 月 25 日、11 月 29 日、12 月 3 日）溯江西上，经汉口、宜昌、重庆，备尝艰苦，历时三月始抵成都，承华西协合大学的大力协助，借其校园校舍，于 1938 年 3 月开学，此时在校教职员减少至 145 人，学生 387 人。附属中学则迁至四川万县。

根据战时需要，金陵大学新开办了一些专业。如 1938 年秋，借重庆求精中学与教育部合办电化教育专修科。1939 年，创办汽车专修科；在成都增设园艺职业师资科。1940 年，增设社会服务部及社会福利行政特别研究部；于农科研究所增设农艺学部；于文学院增设图书馆学专修科；创办电杆职业训练班。1941 年农科研究所增设园艺学部；受中国银行之委托，创办农贷人员训练班；在成都开办附属中学驻蓉分班。1942 年，与华西协合大学、齐鲁大学、金陵女子文理学院合办英语专修科。1943 年，奉教育部令办理建设人员训练班；扩充电机工程学系并增设园艺专修科，将农学院植物病理与昆虫组合并，改设植物病虫害系。

学校借西迁四川，开展川西民族、文化、地理的研究，组织多次考察和采集标本，受到地方政府和百姓的欢迎。

抗战中迎来了金陵大学建校 55 周年纪念，也是农学院成立 30 周年，展览成绩，颇获嘉誉。并奉教育部令嘉奖办理电化教育的突出成绩。此时教职员已增至 309 人，学生 1211 人。

五大学校校长在开协调会议。左起燕京大学梅贻宝、金陵女大吴贻芳、金陵大学陈裕光、华西协和大学张凌高、齐鲁大学汤吉禾。

因人员增加，房舍不足，又新建了一些房舍，甚至筑新路，大多是师生员工亲自动手。

抗战中，为西部培养了许多大学生，后来一些西部学生一直跟着母校到南京才毕业。为战争需要，上百名学生参加为英美军队的翻译工作。

1944 年夏，陈校长应美国国务院之聘，赴美讲学，借便考察教育。

1945 年 6 月陈校长自美返国，8 月日本投降，马不停蹄旋即组织复校委员会，筹备复员事宜，自抗战入川，历时 8 年，虽在困难艰苦之中，所设科系与学生人数，仍有增加，血与火的考验使金大更加成熟壮大。

1945 年 8 月 15 日日本投降，金大全体成员与全国人民一道欢欣鼓舞，放鞭炮，打 V 字手势，以示庆贺。

第三阶段：复员和再发展

自日本投降，学校即请（抗战后期来成都的）贝德士教授由成都赴南京校园，会同留守委员会接收被伪中央大学占据之鼓楼金陵校舍，并请植物系史德蔚教授，接收金陵大学附属鼓楼医院，并代理该院院长（后仍由谈和敦先生任院长），原有在宁图书仪器，损失较大。

1945 年 11 月金陵大学组织复校委员会，陈校长即于年底回到南京，接洽及视察接收情形，全校于 1946 年 1 月提前放假。开始还宁，大部分教职员、学生过广元至宝鸡，乘火车经陕豫苏三省；另一部分由重庆乘轮船先后复员，图书仪器于 10 月底走水路方到，附属中学亦自万县迁回。均于 1946 年 9 月在原校舍开学，复员方告完成。

战后各学院所属科系有所增加，学校规模日益扩大。至 1948 年文学院有八系一组一科，理学院有六系一科，农学院有九系三组一科，学生增至 1111 人。有广阔的实验农场两处，计土地 2400 亩。研究机构有中国文化研究所、历史研究所、社会研究所及社会福利行政研究组、化学研究所、农业经济研究所、农艺研究所、植物病虫害学研究组及园艺研究所。设有科学馆一座，理化实验室 20 间，各种系科均有独立实验室，蔚为大观。金陵大学成为我国规模较大、学术水平较高，在国际上有较高声誉的大学之一。

该年校董会开会，推举陈裕光、杭立武二先生为正副董事长。

1949年初，曾有人提出将学校迁往台湾，教育部也一再催促，但陈校长以缺乏经费和准备不足为由而谢绝迁校。1949年4月23日南京解放，在欢庆同时，亦在考虑私立教会大学的前景。

第四阶段：金陵大学改为公立

1950年12月30日，美国政府突然宣布冻结中国在美资金，金陵大学经济来源断绝。1951年，金陵大学与金陵女子文理学院合并，沿用金陵大学校名，改为公立。设立校务委员会，由李方训任主任委员，吴贻芳为副主任委员。

据统计，至1952年夏院系调整前，金陵大学64年办校过程中，注册学生人数共计为11196人，其中毕业生4475人（根据戴邦彦著文记载）。

1952年全国院系调整，华东军政委员会教育部决定，南京大学与金陵大学合并。组织筹备机构，设立南京大学、南京师范学院、南京工学院、南京农学院建校（院）筹备委员会。原则上南京大学文理学院各系与金陵大学文理两院相同各系合并，成立正规的综合大学，校名为南京大学。设中文、俄语、西语、历史、地理、地质、生物、气象、数学、天文、物理、化学等系。并以南京大学工学院为基础，合并金陵大学电机、化工系，成立南京工学院。以金陵大学农学院与南京大学农学院合并，成立南京农学院。以金陵大学文理学院与南京大学师范学院各相同或有关系院系合并，成立南京师范学院。有的科系则成立新的学校，如影音部调至北京，成立电影学校，即后来的北京电影学院。南京大学校址为原金陵大学校址。

从此，金陵大学名称不再。

金陵大学之所以在困难和曲折中不屈不挠、力克艰难，交了较完美的答卷，主要是办学目标明确，又有一支精良的好队伍，包括陈裕光校长和

1943年成都华西坝纪念金陵大学成立55周年暨农学院建院30周年大会后，教育部副部长杭立武（前排左一）、校长陈裕光及托事部负责人与农学院教师、毕业生合影。一排左四为张群省长，左五陈校长，左六芮思娄。四排左三农学院章之汶院长。

1945 年，南加州大学授予陈裕光（后排左二）荣誉教育博士学位。

他领导的团队以及全校师生。

陈裕光（1893—1989），号景唐，浙江宁波人。化学家、教育家。1905 年入南京汇文书院成美馆（附属中学）求学，1911 年入汇文书院文理科，1915 年毕业。1916 年被选送到美国哥伦比亚大学攻读有机化学，1922 年获博士学位。他在哥伦比亚大学留学期间，曾担任留美中国学生会会长，

1948 年，金大 60 年校庆，司徒雷登（前中）来祝贺，前右一为陈裕光，后右一为杭立武。

并参加美国化学会。

本着“教育救国”的抱负回国任教。曾任北京师范大学教务长、化学系主任，两度任代理校长。1925 年受聘金陵大学化学系有机化学教授，1927 年 10 月被聘为金陵大学校长，直至 1950 年卸任。

曾参与发起中国化学会，当选为该会第一届至第四届理事会会长。

从经历可以看出，他立志教育救国的理想全部付诸他的事业中。

李方训（1902—1962），江苏仪征人。我国著名的物理化学家，中科

“庆祝新金大的诞生”，标语中新金大指金大与金女大合并，改为公立金陵大学，摄于 1951 年 9 月。一年后全国院系调整，金陵大学走入历史。

院学部委员。1925 年金陵大学化学专业毕业，1928 年赴美留学，1930 年获美国西北大学博士学位。归国后执教于金大，曾先后担任金大理学院代院长、副院长、院长等职务。1950 年 9 月，陈校长奉调苏州学习，离校期间由李方训代理校务。1951 年 8 月，金陵大学和金陵文理女子学院合并成为公立金陵大学，李方训、吴贻芳就任金陵大学正、副主委职务。学术方面他以离子熵、离子体积和水化作用方面的研究中外驰名。曾任中国化学会常务理事、《化学学报》编委等职。

吴贻芳（1993—1985），江苏泰兴人，生于湖北武昌。1916 年特别插班在金陵女子大学学习，1919 年毕业后任教于北京女子高师。1921 年吴贻芳去美国密执安大学研究院深造。1928 年获密执安大学生物学博士学位，回国即任金陵女大校长，时年 35 岁。1937 年，因日军侵华，吴贻芳率师生西迁汉口，1938 年 1 月，吴贻芳带领师生再次迁移至成都。1945 年 4 月，吴贻芳作为中国无党派代表与首席代表宋子文、中共代表董必武等赴美国

青年时期的陈裕光。1922年摄于美国纽约哥伦比亚大学，右为陈裕光、左为刘湛恩（后为沪江大学校长）。（南大档案馆提供）

旧金山出席联合国制宪大会，成为在《联合国宪章》上签字的第一位女性。1949年4月22日，吴贻芳联合各界组织治安维持委员会，维持南京社会秩序，并致电毛泽东，欢迎人民解放军"和平接稷"。1949年9月，以特邀代表的身份参加中国人民政治协商会议第一届全体会议。1951年"金女大"和金大合并，任金陵大学校务委员会副主任委员。1956年，被选为江苏省副省长。

我们应怎样评价金陵大学，特别是陈校长执掌时期的金大呢？

有人说：金陵大学曾被评为国内十三所教会大学中最优秀的两所大学之一，另一为燕京大学，即所谓南金陵、北燕京，说明金大在当时的学术地位和教学水平。

人们记得：金大办校的宗旨和理念是培养学生的"牺牲与服务精神"，秉持"造就健全国民，发展博爱精神，养成职业知能的根本"的理念，倡导教学改革，根据国情办学，采取了一系列的措施和行动，也带来了许多经验，如推行"教学、研究、推广"三位一体的教学体制和发展模式，在文、理、农各科系都取得丰硕的成绩等等。

有人说：金大推动了中国教育的现代化。

李方训

吴贻芳

有人说：金大继承了中国优秀文化，并加以传播和发扬。

有人说：金大培养了大批优秀人才，推动中国科技与经济发展。

还有人说：金大的管理堪称一流，管理人员不多，但能发挥师生的积极性，这要归功于校长的领导，尤其是陈校长在任期内，取得一系列进步，特别是抗战期间，团结大家，勇克困难，使学校各方面又有一个飞跃！

许多人至今怀念鼓楼校区的生活，说是三院嵯峨之景有如诗一般美丽！

各种说法不一而足，评说仍在继续，人们通过不断研究，越来越觉得金陵大学了不起，读了这本书，或许您又有新的认识，希望这段光辉历史将会以各种形式再现，有助于我国实现当前建成一大批世界一流大学的奋斗目标。

第二章 文学院

第一节　院的沿革

就文理农三院的历史来说，文学院无疑是老大哥，它开办最早，也可以说是金大的基础。理学院孕育于文学院，当时是先有文科后有文理科，而农学院则更是后起之秀。

文学院先后设有中国文学系、外国文学系、历史学系、政治系、经济系、社会系、儿童福利系、教育学系、哲学心理系、音乐系、体育系、神学系，以及国文专修科、图书馆专修科、托儿专修科、体育专修科、文科研究所史学部和中国文学部等。

对于文学院的发展，第一位功臣要推刘伯明先生。他改进国文的教学，提高教学水准，改变教会学校教育对中国文化的忽视。后来金大的国文学科水平不断提高，有关中国文化的课程也相继增设，文学院里便有了中国文学系。这一大转变，也影响了其他教会学校。刘先生是一位有抱负有理想的学者，他主张学术为学术，不应该受政治宗教或其他因素的制约或影响。这在教会大学里，起到了一种启示作用。他和《学衡》杂志的一些朋友，在中国近代学术研究上所做的努力，是有一定历史地位的。

为文学院作出贡献的，还应该提到下面几位教授。

夏维斯先生（Dr. Guy W. Sarvis），曾担任教务长和文学院院长，长于行政，有魄力，有眼光，对于提高教学水准和文学院的运作是有功劳的。

韩穆敦博士（Dr. C. H. Hamilton），是一位温文尔雅的学人，弹得一手好钢琴。他在讲授哲学、心理学、伦理学、比较宗教学等课程时，表现出智慧、宽容及诲人不倦的精神。

贝德士先生（M. S. Bates），是一位积学之士。他治学态度谨严，无论讲课，改卷子，或讨论问题，绝不含糊。他在教学上践行言必有据，对于搜集材料十分认真。他虽为历史系主任，但也一度担任过副院长，年高众望，对于院校的发展，都作出了很大的贡献。他既是一位留学英国的罗兹学者，又是哈佛大学的博士，长于历史文献研究。抗战时期，他留守南京，担任南京国际救济委员会主席，为救助中国难民作出过重要贡献，1946 年，他以日军南京大屠杀见证人的身份，在东京国际法庭上作证。

1930 年春，文学院从文理科正式独立出来。首任院长为刘国钧，其间，

夏维斯教授、院长

韩穆敦教授、主任

陈裕光教授、院长

贝德士教授、主任

刘国钧教授、院长

倪青原教授、院长

陈裕光校长曾一度兼任院长。先后担任院长的还有刘崇本、刘乃敬、倪青原、蔡乐生。1949 年王绳祖任最后一任金大文学院院长。

文学院里出现过的名人多，其中有教师，也有学生。例如：诺贝尔文学奖的获得者、英语教授赛珍珠，诗人余光中，研究哲学的方东美，心理学家蔡乐生，经济学家李卓敏、吴敬琏，历史学家王绳祖，社会学家柯象峰，从事边疆研究的徐益棠，语言学家吕叔湘，文史学家程千帆等。

校际教师的交流多，黄侃、胡小石、吴梅是中央大学的名师，全都在金大兼课，金大教师也在外校兼课。

文学院的研究成果和出版物多，个人专著尤为突出，其中或成为大学教材，或在学术上为国内首创。如倪青原的《哲学原理》，陈恭禄的《中国近代史》，王绳祖的《近代欧洲外交史》和《国际关系史》，柯象峰的《现代人口问题》和《社会救济》，徐益棠的《边疆研究论丛》等。有的著作如陈恭禄的《中国近代史》，在80多年后的今天仍在再版，可见当时此类著作的开创性和其学术的传承价值。

此外，还有一种创新，就是学科的创新。例如开展图书馆人才的培养与训练，从克乃文先生开始，至1927年，成立图书馆学系，这在中国注册大学中还是首次。又如社会系和社会福利学组，在中国也属首创，对于社会服务人才的培养，也有相当不错的成绩。

贯彻实行“教学、科研、推广”三结合方针在文学院也得到体现。如经济系对乡村人口家庭工业及经济状况调查；社会系与他人合作推广工业合作模式，举办工合干部训练班；设立社会教育推行委员会；举办职业训练班、创办各类业余学校、开展演讲、举办展览等项。

还有值得一提的，是英文系对于基础训练的方法，系主任芳威廉(Willam P. Fenn)教授指导有方，贡献颇大且影响波及他校。该方法对于低年级基本英文训练非常重视，对于主系学生要求严格。抗战时期该系出版多种书刊以应需要，还开办英语专修科，加速英语人才培养。

文学院是全校的一个缩影。提起文学院的发展，我们不能忘记包文校长和陈裕光校长，他们都曾授课，一个在英文系兼授文学课程，一个虽在化学系教化学，还代理文学院长职务。他们都是忠厚长者，勤勤恳恳，公正平和，也是循循善诱的教师和校领导，给金大带出好风气！

第二节　中国文学系

该系创设于1911年，刘伯明教授倡导国文教授法，1924年正式成立，延聘胡小石任系主任，陈中凡任教授，为教会大学设立中国文学系之始。1925年增设国文专修科，1929年又聘黄侃、吴瞿安两先生兼课，1933年刘继宣任系主任，1934年设国学研究班，招收大学毕业生及中学国文教员入学研究，由胡小石、黄侃、胡翔冬、吴梅、刘国钧、刘继宣担任研究指导。

胡小石教授、主任

陈中凡教授

吴梅教授

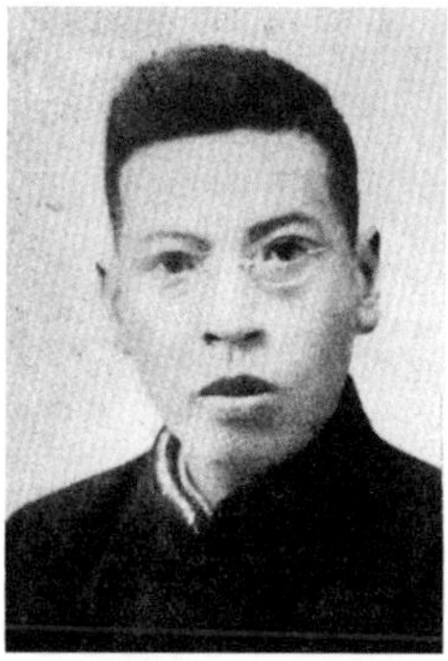
黄侃教授

刘继宣教授、主任

卒业两班近 30 人，大都任教于各大学。学校西迁成都后由朱锦江等主持系务，与华西坝五大学国文系有较好合作，同聘陈寅恪教授讲元白诗，共同编印国文教本一种，为五校共用。抗战胜利后，复由刘继宣任系主任，除胡小石、刘继宣外，又聘吕叔湘、罗根泽、唐圭璋、徐复、孙望等先生任教。

胡小石（1888—1962），名光炜，祖籍浙江嘉兴，生于南京。国学大师，兼为文字学家、文学家、史学家、书法家、艺术家。于古文字、声韵、训诂、群经、史籍、诸子百家、佛典、道藏、金石、书画之学，以至辞赋、诗歌、词曲、小说、戏剧，无所不通，尤以古文字学、书学、楚辞、杜诗、文学史最为精到。曾任金大中文系教授兼系主任。

陈中凡（1888—1982），江苏盐城人。中国古典文学家、红学家。1911 年毕业于两江师范学堂，1914 年后考入北京大学习哲学，毕业后留校工作。1919 年在北京女子高等师范担任国文部主任。1921 年任国立东南大学教授兼国文系主任，1926—1928 年任金陵大学教授，1935—1949 年任金陵女子文理学院教授。1952 年起为南京大学教授，兼江苏省文史馆馆长。陈中凡博学洽闻，研究目录学、诸子群经、文学批评史和文学史、戏剧史，晚年侧重古代戏剧史研究。著有《古书读校法》《中国文学批评史》等书，其中《中国文学批评史》是中国第一部文学批评史。

黄侃（1886—1935），字季刚，湖北蕲春县人。中国近代民主革命家、辛亥革命先驱、著名语言文字学家。1905 年留学日本，在东京师事章太炎，受业小学、经学，为章氏门下大弟子。曾在北京大学、中央大学、金陵大学、山西大学等校任教授。人称他为“国学大师”，与章太炎并为“乾嘉以来小学的集大成者”“传统语言文字学的承前启后人”。

吴梅（1884—1939），字瞿安。戏曲理论家、教育家，是近代著名全能戏曲家，度曲谱曲皆极为精通，对近代戏曲史有很深入的研究。他弟子很多，1922 年至 1937 年秋在中央大学、金陵大学任教。吴梅在文学上有多方面成就，在戏曲创作、研究与教学方面成就尤为突出，被誉为“近代著、度、演、藏各色俱全之曲学大师”。唐圭璋就是他的一位得意门生。

吕叔湘（1904—1998），江苏丹阳人。我国语言学界的一代宗师，毕生从事语言教学和语言研究，涉及一般语言学、汉语研究、文字改革、语文教学、写作和文风、词典编纂、古籍整理等广泛的领域。1926 年毕业于国立东南

吕叔湘教授

程千帆教授

沈祖棻教授

唐圭璋教授

徐复教授

大学外语系。1936 年赴英国留学，先后在牛津大学、伦敦大学学习。1938 年回国后任云南大学文史系副教授，后又任华西协合大学、金陵大学中国文化研究所研究员（1942 年始），兼中央大学中文系教授。1948 年底到开明书店任编辑。1950 年，吕叔湘任清华大学中文系教授。1952 年起任中国科学院语言研究所（后改属中国社会科学院）研究员、中国科学院哲学社会科学学部委员（院士）、语言研究所副所长、所长、名誉所长。著作甚丰，代表作《现代汉语词典》。

据后来也成为大师的程千帆回忆："我跟黄侃先生学过经学通论、《诗经》《文心雕龙》；从胡小石先生学过文学史、文学批评史、甲骨文、《楚辞》；从刘国钧学过《目录学》《汉书・艺文志》，从刘继宣先生学古文，从胡翔冬先生学过诗，从吴梅先生学过词曲，从汪辟疆先生学过唐人小说……”这里的黄胡吴汪四位都是在金陵大学兼课的中央大学的名师。

程千帆（1913—2000），祖籍湖南宁乡。著名古代文史学家、教育家，国学大师。在校雠学、历史学、古代文学、古代文学批评领域均有杰出成就。1936 年毕业于金陵大学。历任金陵大学、四川大学、武汉大学教职。后因错划“右派分子”，经历坎坷，时任南京大学校长的匡亚明获悉后，立即派人接洽将程先生调至南大。此后，程千帆在南大工作 20 余年。

沈祖棻（1909—1977），浙江海盐人。中国现当代词人、诗人、文学家、文论家。1934 年考入金陵大学国学研究班，毕业后曾任教于多所高等学府中文系。有“当代李清照”美誉。与其夫程千帆教授合称“程沈”，曾被师友赞为“昔时赵李今程沈” 。

唐圭璋（1901—1990），生于南京。一生专治词学。抗日战争胜利后回南京，任金陵大学中文系教授，南京通志馆编纂。新中国成立后历任南京大学中文系教授，南京师范大学中文系教授。编著有《全宋词》《全金元词》《词话丛编》《宋词鉴赏辞典》等，著有《宋词三百首笺注》《南唐二主词汇笺》《宋词四考》《元人小令格律》《词苑丛谈校注》《宋词纪事》《词学论丛》等。唐圭璋生于清贫的满族私塾家庭，他自幼聪颖好学，小学毕业后，以会考第一名成绩进入省立第四师范学校，深受校长的喜爱和栽培。南京东南大学中文系学习期间，师从曲学宗师吴梅先生学习词曲，研究宋词，还学会填词和昆曲，会吹长笛，吟词唱曲，样样在行，显示出他在学生时代就是才华横溢的一代才子。他有一位贤惠庄丽、志同道合的夫人——尹孝曾，这位大家闺秀亦通词曲，俩人经常击节轻声唱和，夫唱妇随，无比恩爱。可惜，1936 年他的夫人因患骨髓炎辞世，他悲恸欲绝，常去墓地吹箫给夫人“听”，并且从此单身鳏居，直到 90 岁高龄逝世，未曾续弦。

徐复（1912—2006），江苏武进人。1929 年就读于金陵大学，师从黄侃攻文字、音韵、训诂。1933 年毕业于金陵大学，1935 年入金陵大学国学研究班，后转至章太炎门下求学。曾任金陵大学、南京师范学院等校教授、南京师范大学古文献整理研究所名誉所长、《辞海》编委、《汉语大词典》副主编、中国语言学会理事、中国训诂学研究会会长、中国音韵学研究会顾问、江苏省语言学会会长、《传世藏书》主编等。他毕生致力于语言文字和古典文献的研究，为国家培养了一大批学有专长的古籍整理研究人才，具有深远的学术影响和社会影响。

孙望（1912—1990），江苏张家港人。1932 年考入金陵大学中文系。1934 年，和同学程千帆及校外友人汪铭竹、常任侠、滕刚等组织“土星笔会”，从事新诗创作，出版期刊《诗帆》。1937 年毕业于金陵大学国文系。曾任金陵大学副教授。新中国成立后，历任金陵大学、南京师范学院、南京师范大学教授、中文系主任。

在敌人入侵、要灭亡中华民族和中国文化的情况下，金大在抗日西迁到成都的艰苦环境下，依然鼓励人文学科的发展，文学院创办了《斯文半月刊》。

商承祚（1902—1991），广东番禺人，清末探花商衍鎏之子。幼居家学，酷爱古器物及古文字，1921 年师从罗振玉学古文学。次年即出版成名作《殷墟文字类编》。1923 年入北京大学研究所国学考古研究室读研究生。1924 年未及毕业便受聘东南大学，后历任北京女子师范大学，清华大学、北京大学、金陵大学、中山大学等校教授。其中 1932—1942 年在金陵大学中国文化研究所专任研究员。新中国成立后，历任民盟中央参议委员会委员、国务院古籍整理规划小组顾问、中国古文字研究会理事、中国考古学会名誉理事。

1932 年，商承祚教授到金陵大学中国文化研究所任专任研究员，同时讲授“殷代文化史”“中国考古学”。20 世纪 30 年代初期，金大的创始人，后任校董的福开森将他在中国 40 年耗费巨资收藏古物的一部分（约千件）捐赠给金大文化研究所作为教学和科研之用。商老来校，以主要精力投入了福开森所藏的彝品、铭文和拓片的整理和研究，有《福氏所藏甲骨文字》等著述问世，并为福氏编写的《历代著录画目》一书作了校订。

1938 年初，商老在金大西迁去蓉城途中，路过长沙闻有古物出土消息，前往考察楚汉墓葬制度，观察各古冢所藏器图形象，收集该地文物如漆器、铜器、玉石器、陶土器、丝革等，均甚精美，足以代表楚文化。1940 年，得学校同意，再度去长沙，时值日寇围攻长沙，硝烟弥漫，居民纷纷出逃，而商老置生死于度外，出没枪林弹雨中，又得七类计 155 品，安全运抵蓉城。经过整理研究，撰写了《长沙古物闻见记》一书，及《长沙古器物图录》《楚漆器集》等文，在考古界颇负盛名。

在1942年商老与刘铭恕等人不辞辛劳，从事古代石刻遗迹的调查和考察，如汉阙、崖墓、新津石刻、造像、乃至蜀汉代刻碑、汉砖花纹等。足迹遍及四川的新繁、灌县、乐至、眉山、重庆等地。所得拓片甚多，得古物、金石、印窖、汉画等达1000余件。他将之整理成《四川新津汉崖墓砖墓考略》《石刻篆文编》等文。

1937年冬，南京沦陷，商老家中的数千件文物皆成灰烬，对商老的震动很大，他意识到“藏宝于国，施惠于民”才是收藏文物的最终目的。因此，新中国成立以后，他就陆续将可收藏的文物转让或捐赠给国家博物馆。20世纪50年代初期的一天，商老在广州文德路偶见有人在出售一方端砚，发现是制作于清光绪年间广东三大名砚之一的“千金猴王砚”，非常珍贵。该砚制作时墨池中间磨出一块猴子捧桃的纹路，再在四周雕刻蟠桃及枝叶。砚台湿润时才能见到猴子，干后便会消失。商老怕落入他人之手，当即买了下来，后原价转让给当时的广东省文物管理委员会，现收藏于广东省博物馆，成为“镇馆之宝”。

从1952年起至晚年，商老一再向各级博物馆捐赠稀世文物。如捐给故宫博物馆的石涛自画像,既大且精,国内外罕见。捐给广东省博物馆的屈大均、陈恭君和梁佩兰的《岭南三家书册》，蓝瑛的《山水图》等被成为“传世珍品”。1991年5月12日，89岁的商老去世了。时隔不久，就有人上门要买商老留下的200多件文物。商老的子女志南、志馥、志譚三姐弟遵循父亲生前对待文物“独有莫如众有”的主见，于1992年5月将这批文物悉数捐赠给了藏品匮乏的、新建的深圳博物馆。加上这批文物，商老向国家各博物馆共捐赠珍贵的文物有931件。

第三节　外文系

金陵大学外文系成立于1911年，外语为必修课，故外文系为金大教学的重要组成部分。主要设的是英文，后亦开授日文、法文等语种。英语始终是金大最重要的课程之一。金大认为学习一门外语，需要了解该国的文学和文化。十分注重文学，阅读量相当大。强调写作、演讲与辩论等技巧。

最早由韦理生(W. F. Wilson)任主任，后由克乃文(H. Clemons)等人继任，1930年开始由章文新(F. P. Jones)、芳威廉(W. P. Fenn)、柯古井(Colchwell)交替担任主任之职，以芳威廉任时最长、贡献最大，尤其在抗战期间，因与英美关系密切，急需大量英语人才，除奉教育部令华西坝四大学合办英语专修科外，还为加强低年级学生英语基本训练，编写了教材十余种，发行英文研究丛刊多种，对提升教学质量贡献颇多。后续有叶意贤、陈竹君、田浩然（R. Teele）等任系主任。担任教授者人数甚多，包文校长亦担任过英语教授，著名教授还有赛珍珠等。

由于重视英语教学，金陵大学学生英语水平在大学中为佼佼者，在英语辩论会、演讲会上屡屡获奖。

赛珍珠（Pearl S. Buck，1892—1973），美国女作家。她出生四个月后即被身为传教士的双亲带到中国，在镇江生活 18 年之久。赛珍珠在中国生活了近 40 年，她把中文称为“第一语言”，把镇江称为“中国故乡”。她就读过镇江崇实女中。在南京，她和丈夫卜凯教授（J. L. Buck）住在平仓巷 5 号（今南京大学鼓楼校区北园的西墙根下）一座三层的西式小洋楼。1934 年，赛珍珠告别了中国，回国定居。回国后她笔耕不辍，还积极参与美国人权和女权活动。1942 年创办“东西方联合会”，致力于亚洲与西方的文化理解与交流。

赛珍珠于 1914 年毕业于金陵大学，获文学士学位，后曾在金陵大学外文系任教。1932 年，她写下了描写中国农民生活的长篇小说《大地》，并以此获得了普利策小说奖。1938 年获得诺贝尔文学奖。小说用大量的事实和细节表现了中国农民与土地的关系，以及中国人民奋斗的精神。诺贝尔奖对其评语是：赛珍珠女士，你通过那些具有高超艺术品质的文学著作，使西方世界对于人类伟大而重要的组成部分——中国人民有了更多的理解和认同。你赋予了我们西方人某种中国精神，使我们认识和感受到那些弥足珍贵的思想和情感，而正是这样的思想情感，才把我们大家作为人类在这地球上连接在一起。1942 年珍珠港事变后，她在美国成立了 China Relief，救济难民妇孺。

诗人余光中回忆在金陵大学读书的细节反映了金大英语教学的特色之

一——文学阅读量很大。他说："教我们英国小说的是一位女老师，蔻克博士（Dr. Florence Kirk）。她的美语清脆流利，讲课十分生动，指定我们一学期要读完八本小说，依序是《金银岛》《爱玛》《简·爱》《呼啸山庄》《河上磨坊》《大卫·科波菲尔》《自命不凡》《回乡》。我们读得虽然吃力，却也津津有味。唯一的例外是梅里迪斯的杰作《自命不凡》，不仅文笔深奥，而且好掉书袋。我读得咬牙切齿，实在莫名其妙，有一次气得把书狠狠摔在地上。蔻克其实是金陵女子学院的教授，我们上她这堂课，不在金陵大学，而在她的女校（俗称"金女大"）。每次和同学骑自行车去女校上课，那琉璃瓦和红柱烘托的宫殿气象，加上闯进女儿国的绮念联翩，而讲台上娓娓动听的又是女老师悦耳的嗓音，真的令我们半天惊艳。"（摘录于《金陵子弟江湖客》）

余光中（1928—2017），著名诗人、散文家、批评家、翻译家。祖籍福建永春，生于南京，曾就读于金陵大学外语系（后转入厦门大学）。1948年随父母迁香港，次年赴台。1952年毕业于台湾大学外文系。1953年，与人共创"蓝星"诗社。1959年获美国爱荷华大学艺术硕士。曾获得吴三连文学奖、《中国时报》奖、金鼎奖等台湾重要奖项，已出版诗文及译著共四十余种。2015年7月，获得第13届花踪世界华文文学大奖。

金陵大学的教学特点之一是选拔优秀的高年级学生当助教。陈琳就这样成为金大全校公共基础课"英语301"的教师，他不仅注意发音、口语练习，同时大量使用电影等电教辅助手段，使同学爱上这门课，效果很好。30年后，又在中央电视台主持英语教学节目《跟我学》（Follow Me），教全国人民英语，大受欢迎。他感慨地说，这与他在金大的基础和教学实践有密切关系。

晚年，94岁的陈琳得知我们正在编《金陵大学画传》时，给我们讲了一个故事：陈裕光校长1978年在电视里看见陈琳教英语，非常兴奋，但是无论如何也联系不上。就叫女儿陈佩德打电话到中央电视台，好不容易找到陈琳家的电话，向他祝贺。校长表示：金陵大学的学生能在中央台教全国英语，这是金陵大学的光荣。陈琳感到奇怪，老校长怎么还记得自己。

后来，陈琳专门去南京拜访了老校长。校长说，陈琳考入金陵大学的分数实在很奇怪。在北大楼一层右拐的房间里，戴邦彦主任很头痛，问陈校长怎么办？数学30分（不能更坏了），英语99分（不能更好了）。陈校

章文新教授、主任

芳威廉教授、主任

吴惠津教授
W. R. Wheeier

赛珍珠教授

陈懿德教授
E. M. Turner

柯克士教授
M. E. Cocks

(5)英文教學叢刊：英文系同仁，向重研究
刊已出版者有七種，書名列後，其他各種，以後

I. Simplified Readings for Freshman
II. Bannon: Elementary Exposition
III. Fenn: Composition Correction Guide
IV. Fenn: English Speech Sounds
V. Selected Readings for Freshman
VI. Fenn: Glossary of Critical Terms
VII. English Readings for Subfreshmen

(6)英文教學讀本：英文系教授，本平日教

Freshman Grammar
Selected Readings, Science
Selected Readings, Culture
Reading Exercises
Fenn: Guide to Letter-Writing
Fenn: Outlining (with Exercises)
Fenn: Selections from English Literature 1

五十五年之金陵大學

为培养英语人才，提高华西坝五大学学生英语水平，金陵大学外语系教授们组织编写多种教材和书刊，其中芳威廉教授所编居多。此照录自 1943 年出版的《五十五年来之金陵大学》。

南京大学赛珍珠纪念馆，原为赛珍珠夫妻故居。

The Good Earth

中译版《大地》

诗人余光中

金陵大学时代的陈琳

英俊潇洒的陈琳

《Follow Me》英语教学节目剧照。陈琳善于花样翻新，使情节多变，有时得扮演外国友人。

长毫不犹豫地说："取！"陈校长对陈琳说："是我把你录取进来的！"看得出陈校长爱才，有远见，知道英语必然会派上大用场。陈琳没有让校长和金大失望。

第四节　历史系

1910 年汇文、宏育两书院合并，成立历史政治系，系主任先后由萨特曼尔先生（C. S. Settlemyer）、韩凯先生（F. G. Henke）担任。1919 年始魏钟斯教授专授美国史，1920 年贝德士先生来校，教授两洋史及政治学课程。当时中国史附属于国文系中，1924 年历史系与政治系分立，一切由贝德士先生规划实施，该系毕业生为社会知名者如杭立武、刘乃诚、蔡维藩、马博庵（文焕）、陈恭禄、王绳祖、徐国茂、陈铁民、江文汉、韩荣生诸君，皆出自贝德士先生门下。该系注重图书购置，加上中国文化研究所的史书搜集作为后盾，主要灌输欧洲史及世界通史知识，研究日本史及俄史（当时此二史在国内大学少见），用近代考证方法研究中国史，更添加美国史及历史方法等课程，所设课程亦为"金女大"学生所选读。贝德士以历史学家的严谨态度和方法记录了 1937 年日本大屠杀的细节。

陈恭禄（1900—1966），江苏丹徒人。中国著名历史学家，中国近代史专家，是中国近代史学科草创时期重要的先驱者之一，他不仅培养了一批中国近代史学者，还撰写了好几部颇有影响的教材，这是他留给我们的一笔学术遗产。陈恭禄 1921 年入金陵大学就读，1926 年毕业，获文学学士学位。在此期间，撰写《日本全史》，写成《印度通史大纲》。1928 年，至金陵大学讲授中国近百年史；1933 年，任武汉大学教授，出版《中国近代史》，数月内售至四版，被列为当时大学丛书之一，其后又重印再版多次，在当时的学界影响极大。历三年仍回金大，出版《中国近百年史》。抗日战争爆发后，随校迁往成都，除授课外，撰写部分《中国通史》，发表了《秦始皇与儒家思想》《汉代文化统一论》《三国时蜀户口之估计》等论文。抗战胜利后，一直服务于金陵大学。1951 年，在苏州华东人民革命大学政治研究院学习，此后任南京大学历史系教授。一生致力于历史教学与研究，深

陈恭禄教授

1. 1934 年版《中国近代史》

2. 近版之《中国近代史》，封面印有对本书之高度评价。

3. 近版之《中国近百年史》

4.《印度通史大纲》

1

2

3

4

得学生爱戴。

王绳祖（1905—1990），江苏高邮人。著名历史学家。1923 年考入金陵大学化学系，次年转入历史系，师从贝德士教授，1927 年毕业。1929 年受聘于母校任教。在此期间，撰写了《欧洲近代史》讲义，编入大学丛书，改变了中国高校世界史教学被外国课本垄断的情况。1936 年考入牛津大学，专攻世界外交史。1939 年回国任金陵大学历史系教授、系主任。1949 年任金陵大学文学院院长。1952 年院系调整后，先后任南京大学历史学系教授、英美对外关系研究室主任。1980 年任中国国际关系史研究会（现为中国国际关系学会）理事长。主要著作有《欧洲近代史》《近代欧洲外交史》《国际关系史》等。

《欧洲近代史》1936 年由商务印书馆出版。贝德士教授为之作序，序中强调，此书虽为教科书，但仍以大量史料为基础，凡有关史料“不惜尽量搜罗”，从 30 页的参考书目即可看出此点。

王绳祖在牛津大学读书时，利用假期在伦敦档案馆查阅了大量 1860—1880 年的外交档案。1876 年英国逼迫清政府签订了《烟台条约》，加深了中国半殖民地化。1938 年他完成了文学硕士论文《马嘉里案和烟台条约》，1940 年由牛津大学出版社出版。该书根据中英两国大量外交档案和史料，论述了马嘉里案和《烟台条约》的背景、马案的发生、英国利用此案从清政府榨取在华权益的经过、《烟台条约》的缔结及其意义。该书出版后，立即得到国际学术界高度评论。陈恭禄教授赞扬王绳祖做了开创性的工作，使中国人了解到当时英国外交的详情和真相。英国中亚研究会在其会刊上发表书评，认为该书对研究“中英关系史中一段重要插曲的来龙去脉作出了可贵的贡献”，披露了“从今天的国际道德观念来看令人不快的”英国对华外交，并称赞该书公正不偏，行文简洁，英语运用出色。美国历史学会所编《历史文献指南》将该书列为研究中国国际关系史的必读参考书。

胡辛禾回忆他曾主修过金陵大学外国史首席教授王绳祖的西洋历史课。“他治学严谨，授课认真。每次上课，他在黑板上写满英文，要求学生交学习心得，还要将所指定的参考文献写在心得后面，作为引用的出处根据。有一次，我写心得引用的参考文献少，又怕交不了卷，他在批卷时对我随便引用的文献打了‘？’号，只给此卷 50 分，以示警戒。在第三次月考时，

王绳祖教授

章开沅教授

王绳祖之部分著作

我答得最好，取得 97 分成绩，他在堂上当众示卷表扬，这说明他教学是奖惩严明的。”

章开沅（1926— ），安徽芜湖人。著名历史学家、教育家。1946 年入金陵大学历史系，1948 年在中原大学政治研究室当研究生。1949 年随校南下武汉，在教育学院历史系任教员。1951 年入华中大学（即今华中师范大学），在历史系任教授。1985—1991 年任华中师范大学校长。他的著述主要集中在辛亥革命史和教会大学史方面。他是中国辛亥革命史研究会、华中师范大学历史研究所（现改名为中国近代史研究所）和中国教会大学史研究中心的创办人和领导人。曾获美国奥古斯坦那学院（Augustana College）荣誉法学博士、日本创价大学与关西大学名誉博士称号。

第五节　政治系

1924年由历史政治系分出独立成系。刘崇本教授为主任，先后由侯蔼昌（1930）、马博庵（1932）、高炳春（1938）、鲍必荣（1939）、刘平侯（1940）、朱庸章（复员后）担任系主任。先后聘任凌士芬、杭立武、周书楷等为教授。

金陵大学办学宗旨为关心社会、服务社会，因此一直关注中国的地方行政建设，将中国县政建设作为主要研究方向。金大政治学研究起步较早，在国内一直处于领先地位，特别是其县政研究成绩突出。自1933年秋开设《中国县政研究》课程。同时，将县政研究作为文学院政治、社会、经济三系共同研究开发的课题，由政治系主持。金大认为，县政的建设是中国农村建设的基础。同时成立县政建设委员会，以推动县政研究向全面纵深发展。从1935年起，先后完成对江都、昆山、兰溪、金华、杭县、江宁、句容、仪征、高邮等九县的调查。因抗战之需，将政治系各课程的性质分为两类，即外交学程与行政学程，以培养学生注重外交问题与国际形势的研究，注重行政技术之研讨。

第六节　经济系

经济系成立于民国初，与社会学系合为一系，由夏师伟任系主任。后几经变迁，1923年仍恢复经济学系。1928年起由吴世瑞、何世芳（1935）、许本怡（1936）、倪惠元（1940年）、曹国卿（复员后）任系主任。

抗战时在四川，华西坝五大学学生均可选经济系课程。并与成都税局等部门合作，开课讲授，成效甚佳。

该系教授著作亦丰。如吴世瑞著有《经济学原理》，倪惠元著有《公司理财》《实用人事管理》，林蔚人著有《财政学》和《中国劳资纠纷》（英文），李焯林著有《工合成本会计》《会计学》，何士芳的《英汉经济辞典》《实用会计丛书》等多种，《会计制度之设计》仅为丛书中之一册。

我国著名会计学教授、东北财经大学教授欧阳清先生回忆说："20世纪50年代，我在复旦大学考入工商管理系，教成本会计的正是何士芳教

马博庵教授

凌士芬教授

朱庸章教授、主任

吴世瑞教授、主任

曹国卿教授、主任

蒋一贯教授

吴敬琏教授

何士芳教授编辑的《英汉经济辞典》1934年

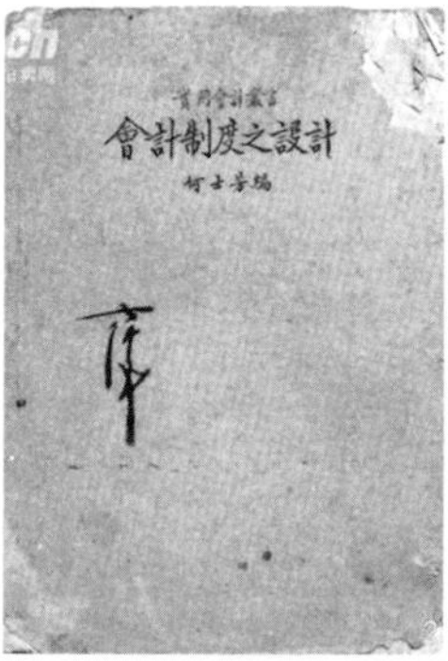

何士芳编著实用会计丛书之一《会计制度之设计》

授，他对我影响很深。当时教成本会计课，是翻译过来的劳氏成本会计教材。他讲课的时候，经常提出来哪些翻译不够确切，也经常指出有些情况在国外可以怎样做，但是不适合我们国家的实际情况。”何士芳教授反复强调的“理论联系实际”，奠定了欧阳清一生从事研究工作的基调。

吴敬琏（1930— ），江苏南京人。中国经济学界的泰斗，当代中国杰出的经济学家、著名市场经济学者。1944 年就读于成都金陵大学附属中学驻蓉班，因病延至 1948 年南京金陵大学附属中学高中毕业，1950 年考入金陵大学，1952 年院系调整至上海复旦大学经济系，1953 年毕业。现任国务院研究发展中心研究员、国务院信息化专家咨询委员会副主任、国务院发展研究中心学术委员会副主任、中国社会科学院研究生院教授、北京大学经济学院教授、中欧国际工商学院宝钢经济学教席教授、中国企业研究发展中心顾问。《改革》《比较》《洪范评论》杂志主编。1984—1992 年，连续五次获得中国“孙冶方经济科学奖”；2003 年获得国际管理学会（IAM）“杰出成就奖”；2005 年荣获首届“中国经济学奖杰出贡献奖”。

第七节　社会系

金陵大学社会系始创于 1911 年，在中国高校中是较早成立并处于领先地位的。社会系先后由夏伟师、林东海、吴景超、史迈士（Lewis S. C. Smythe）、柯象峰、周信铭等担任系主任，以柯象峰担任时期最长，达 17 年，成效最为显著。全系共划五个学组，即普通社会学组、都市社会学组、乡村社会学组、边疆社会学组、社会福利行政组。后两组成立于 1940 年。著名教授有孙本文、徐益棠、卫惠林、马长寿、陈文仙等。

社会系开设的课程较多，也较全面，如社会学概论、社会研究方法、社会问题、社会经济学、实地调查、社会心理学、现代社会学说等。后来又不断扩展，开设都市社会学、社会变迁、人口问题、中国家庭调查、社会心理学、社会伦理学等课程。

社会系要求教师和学生结合社会需求广泛进行社会调查，如开展中国家庭问题调查、南京绸缎业职业工人调查、乌江人口调查研究、成都青羊

吴景超教授、主任

柯象峰教授、主任

史迈士教授、主任

陈文仙教授、主任

宫社区调查研究、少数民族社会调查等。此外还举办社会服务事业，如南京毛织试验所、南京人力车夫合作社等。

吴景超（1901—1968），安徽歙县人。1923 年夏天赴美国，入明尼苏达大学，主修社会学。后入芝加哥大学攻读硕士学位和博士学位。1928 年回国，在南京金陵大学任教，讲授社会学原理及都市社会学课程，著有《都市社会学》一书。1930 年组织成立中国社会学社。1931 年秋，任清华大学教授，后任教务长。1935 年随翁文灏赴南京，任国民政府行政院要职。1947 年重回清华大学社会学系任教授。1952 年调任中央财经学院教授。1953 年任中国人民大学教授。

柯象峰（1900—1983），安徽贵池人。社会学家。1922 年毕业于金陵大学。1927—1930 年在法国里昂大学社会经济系深造，获博士学位。1931—1947 年任金陵大学教授，社会学系主任，兼教务主任、教务长。1947 年赴英国伦敦讲学，继而赴美国普林斯顿大学、哥伦比亚大学研究所及美国人口局从事研究工作。1948 年返校任教。1952 年后在南京大学外语系、经济系任教。1978 年 9 月，南京大学重建经济系，柯象峰被调任经济系人口研究室教授。1979 年被聘为中国社会学研究会顾问。柯象峰毕生从事社会学、经济学、人口学的教学和研究工作，讲授过劳动保险、劳动政策与立法、人口统计、人口地理、生命统计、社会调查研究等课程，并致力于社会调查研究。他认为要解决中国的人口问题和贫困化问题，应注重改进文化环境，发展科学事业。著有《现代人口问题》《中国贫穷问题》《中国人口》《社

柯象峰著之《现代人口问题》

会救济》《保民婚俗》等。

柯象峰很注意社会调查，强调要能获得第一手资料。曾先后深入康藏边区进行社会、经济考察，主持“乌江人口调查研究”“成都青羊宫社区调查研究”“南京迈皋桥社区调查研究”等。

柯象峰担任金陵大学教务长多年，一丝不苟，想投机取巧的学生见了他都害怕，但对好好学习的学生，他则是春风化雨。学生吴寒光追忆道：“初到南京的那些年，许多同学背井离乡，柯老师很关怀我们的学习和生活。记得每当周末，柯老师曾多次邀请全系的同学到他家做客，柯师母每次都是以茶点款待，师生们一起欢聚交谈，或是唱歌游戏，总是尽欢而散，我至今还能记得送走我们时，柯老师夫妇在金大小桃园寓所门廊灯下招手相送时的音容笑貌。”

柯象峰坚持真理，注重气节。1947 年，南京城内“反饥饿、反迫害、反内战”的斗争如火如荼，青年学生经常处于国民党特务的监视之下，柯象峰对此深表同情。他利用自己的身份和国内外知名学者的声望，与国民党特务分子进行有理有节的较量，从虎口中救出了金陵大学社会学系进步学生谢建中等人。

此外，柯象峰精通英语、法语，能看俄文书籍。在寒暑假期间，他放弃休息，为校内外学生补习外语，有求必应，不收分文学费。

史迈士、林查理和毛织实验所

史迈士（社会系）后来是南京沦陷时期的南京安全区国际委员会秘书长。林查理（农工系）后来是难民区负责供应粮食等必需品的重要成员。他们在难民区发挥的作用为世人所知，而他们在金陵大学学科建设方面更多的贡献往往被忽略。

在 1931 年，文学院筹集资金，与农学院联合创办毛织实验所，场址设在农业专修科内，以后，又获得南京妇女协会的捐助。毛织实验所成立后，

1934 年金陵大学毛织实验研究所自制毛纺机。

派人到北平学习毛织技术，并将原有机器由生产丝绸转向生产哔叽呢和其他毛织品。教授林查理（C. S. Riggs）潜心研究，研制出多种新机件。教授史迈士功劳更大，回美期间会见改良手工织机的发明者，将机器图纸寄回南京进行仿制。经过改良，织机性能更优，可纺织宽幅产品，大大提高产量。与此同时，毛织实验所又研发出制服呢、男女花呢、哔叽、大衣呢、双层绒及绒毯等 120 多个品种。由于产品美观耐用、质地精良，成为西服、中山装和学生制服的首选面料，所织毛毯物优价廉，备受社会欢迎。初步实现了创办毛织所“繁荣农村救济失业工人之目的”，并为我国城市居民提供了丰富的衣料。也为后来与中国工业合作协会合作生产军用毛毯、服务于抗战奠定了基础。

毛织实验所的成功引起南京市政府的重视，决定与金陵大学合作成立毛织训练所，并扩建工厂。毛织训练所由柯象峰担任委员会主席，建立了完善的管理体系，金大乡村教育系主任兼农业专修科主任章元玮担任主任，训练所下设 4 个委员会，有技术委员会、合作教育委员会、训导委员会等。

金陵毛織實驗所全體同仁歡送史邁士博士返美紀念
民廿六年三月十三

右图
1934 年金陵大学毛织实验所工人使用自制织机织呢，图为技工检查质量。

上图
1934 年，金陵大学毛织实验所工人用巨大烙铁烙熨自织呢料。

对页图
1934 年 6 月 13 日金陵毛织实验所全体同人和史迈士博士（二排左五）合影纪念。二排左二为柯象峰，二排右一为章元玮、右二吴惠生、右三为汤普森。

徐益棠教授

徐益棠的金陵大学服务证（徐畅提供）

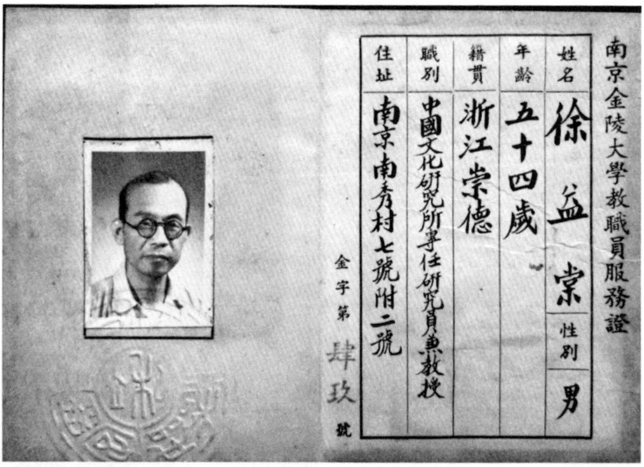

南京金陵大學教職員服務證

姓名 徐益棠 性別 男
年齡 五十四歲
籍貫 浙江崇德
職別 中國文化研究所專任研究員兼教授
住址 南京南秀村七號附二號

金字第肆玖號

教授證書

第肆玖捌號

姓名徐益棠 性別男
年齡四十七歲 籍貫浙江崇德

該員經本部依大學及獨立學院教員資格審查暫行規程審查認為合於教授資格

此證

教育部部長 陳立夫

中華民國三十年十二月二十五日

徐益棠获“教育部”颁发的教授证书（1941 年）

《民族学大纲》

《雷波小凉山之罗民》

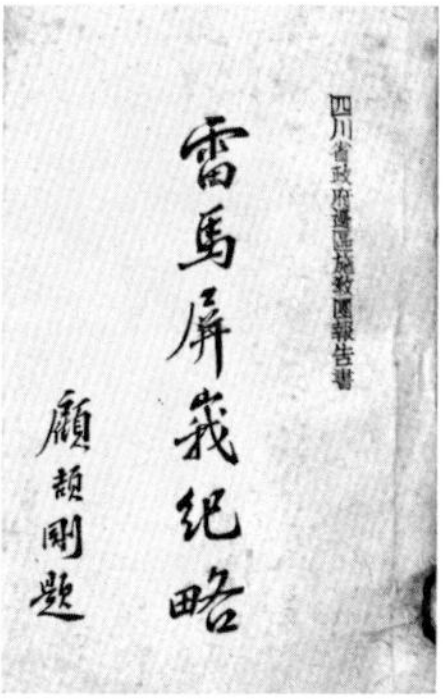

《雷马屏峨纪略》

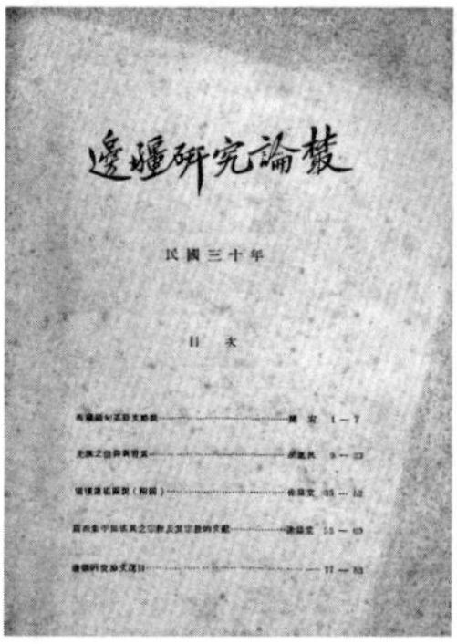

《边疆研究论丛》

先后将40余名失业工人培训成为优良技术工人，并将他们分配到各地工作。后来训练所又发展为合作社，为中国手工业转型提供成功经验。

徐益棠（1896—1953），浙江桐乡人，当代民族学家、著名教授、中国最早发起边疆研究的学者、中国民族学会的创始人。1925年毕业于东南大学教育系。1928年入法国巴黎大学民族学院研究院，师从法国实地民族学派的创始人马赛尔·莫斯（Marcel Mauss），1933年获博士学位，归国后任金陵大学中国文化研究所专任研究员，从事民族学研究，并在社会学系任教。1941年获国民政府教育部颁发《教授证书》。曾任中国民族学会书记，中国民族学会、中国边疆学会、中国边政学会理事。主编《边疆研究论丛》《边疆研究通讯》，影响深远。抗战时期在成都极为困难的条件下，徐益棠主办《西南边疆》（月刊），任社长兼主编。在其成都寓所的门口挂了两块招牌：中

铜鼓是我国西南少数民族地区广泛流行的一种器物，它既是乐器和礼器，又用以传递信息，还具有宗教职能和象征权力和财富的意义。其年代约从春秋战国时期开始，一直流传至今。在南京大学博物馆展出的三面铜鼓分别相当于南朝时期和南宋时期。

国民族学会、西南边疆杂志社，附上信箱欢迎投稿。他还参与主编《民族学研究集刊》等刊物。主要著作有教材《民族学大纲》《雷波小凉山之罗民》、及其博士论文《云南三大民族》（法文），重要调研论文《浙江畲民研究导论》《雷波小凉山罗族调查》等六十多篇。

徐益棠多次赴边疆少数民族地区考察，收获颇丰，为民族学研究提供重要依据。

1. 1935 年夏赴广西大藤峡傜山考察三个月，获得民族文物标本百余件，在金陵大学展出，并根据此次调查所获得的材料，撰写了《广西象平间傜民之服饰》《广西象平间傜民之经济生活》等系列论文。

2. 1938 年夏与柯象峰同赴西康进行社会考察，撰写《西康行纪》与《西康纪行》发表。

在南京大学博物馆内专设了“西南少数民族文物”专题展，说明文字为：“我校收藏的西南少数民族文物是徐益棠先生于1940年前后调查征集的。主要是彝族和藏族的服饰、生活用具和宗教用具等，包括衣裙、带饰、靴鞋、荷包、钱袋、手托、袖甲、杯、碗、壶、勺、箱、芦笙、佛像、刻经、酥油行灯、念珠、摇铃、喇叭等。这些文物部分地反映了彝族和藏族的生活习俗和宗教信仰。”（徐还摄影）

3. 1940年与柯象峰共同率领边区施教团共20余人赴雷波、马边、屏山、峨边等小凉山地区进行社会状况、风俗民情、古迹名胜、经济物产的调查。此次调查成果编成《雷马屏峨纪略》一书出版。

徐益棠为我国边疆地区少数民族研究作出了不可磨灭的贡献。对于他的研究截至目前还远远不够。他考察期间拍摄了不少照片，如铁棒僧、跳神的牛头王等十分珍贵。

社会系至1949年并入政治系，到1952年院系调整中被撤消，柯象峰到外文系当了普通老师。社会学作为一个学科到1953年底在中国内地也彻底消失。直到1980年待学校欲恢复社会学系时，柯老虽兴奋，但已人老力不从心。

第八节　社会福利行政组

社会福利行政组源于金陵大学社会服务部，是为同学们提供社会服务的机构，主任陈文仙女士，获美国芝加哥大学社会福利行政学院博士学位，为我国获此学位第一人。她将国外所学贡献自己的国家，在金大校长支持下，将服务部发展为社会福利行政研究所，尽管当时教育部只同意在社会学系下设社会福利行政学组，而不独立成系，但是许多人仍称学组为系，后来还招收硕士研究生。抗战胜利后，联合国成立了善后救济总署，我国政府也相应成立了善后救济署，急需专门人才，该专业的许多毕业同学热门抢手，被许多机关招去，反映了金大的办学思想之前卫。

1948 年儿童节，社会福利行政组的师生在金银街 15 号金陵大学蚕桑系院内，设营养站，分发美味稀饭——由麦片、奶粉、核桃仁、白糖熬出的一锅极好吃的糊糊。

社会福利行政组在小陶园女宿舍前合影。前排右二陈文仙教授，后排左二为李美筠老师。背景中可见到来参加营养活动的贫儿与家长。

第九节　教育系

教育系成立于 1914 年，由原有的师范科改制而来。首任科长为布洛克先生。后又附设实验小学。1927 年刘乃敬任系主任，抗战期间停办，复员后由袁伯樵任系主任，系设三个分支，即教育学组、心理学组、图书馆学组。1952 年金陵大学教育系并入南京师范学院。

刘乃敬（1893—1969），安徽巢湖人。早年曾加入孙中山领导的同盟会。1921 年公费留学美国哥伦比亚大学，获教育硕士学位。回国任金陵大学教务长、文学院长、教育系主任，兼中央大学教授，受聘为安徽省政治学院院长等职。1947 年任安徽大学教务长。1949 年后，曾任安徽省文教厅副厅长。著有《教育统计学》一书。

该系毕业生在学术界有贡献者如程湘帆、陶行知，皆为国人所共晓。还有徐养秋（中央大学师范学院院长）、常导之（中大师院教授）、谢通初（国女师院院长）等知名学者。

刘乃敬教授、主任

袁伯樵教授、主任

徐养秋教授

程湘帆著之《中国教育行政》

第十节 哲学心理学系

该系成立于1911年，首任主任为韩凯，请司徒雷登博士教伦理学。韩穆敦任主任后，聘刘伯明教中国哲学、应尚德教心理学、王长平授教育心理学、刘国钧教现代西洋哲学。1925年刘国钧任哲学系主任，心理学课程并入教育学系，任教者有方东美、周作仁、廖温魁等。1937年倪青原主讲哲学课程，在华西坝五大学教逻辑课程。1940年恢复哲学心理学系，心理学组主任由蔡乐生担任，哲学学组主任由倪青原担任。为适应抗战之需，特设军事心理、应用心理、战争哲学及人生通论等学程，一时其他学院及友校学生选修人数众多。除授课外，多从事研究著述，倪青原博士撰有《哲学概论》《战

倪青原教授、主任

蔡乐生教授、主任

蔡乐生著之《教育心理学》

争哲学》《伦理学》《逻辑概论》等。蔡乐生博士根据汉字心理研究提出《扫除文盲方案》，根据航空心理研究提出两种心理测验，以甄选优秀飞行员。该系毕业生国内外知名者还有刘崇本、张坊、方东美、周作仁、廖温魁等。

蔡乐生（1901—1992），1924 年毕业于金陵大学文科，同年进入复旦大学心理学院深造，1926 年毕业后赴美留学，1928 年获得芝加哥大学心理学博士学位并被聘为教授。当时世界心理学会在美国召开，蔡乐生被邀请宣读论文，为国争光。后在美研究医学心理，揭示了性腺分泌、某种维生素与智力的关系，其成果先后发表在《科学》等杂志上。1931 年回国，结合中国文盲率高、战争阴霾笼罩的国情，开始研究汉字心理学和国防心理学，尤其以国防心理学为重。1939 年他提出一套心理反应速度测试方案，被用来取代昂贵的机器测试，有效考察飞行员资格。蔡乐生还通过列举古今中外的案例，表明了国防心理学对赢得战争胜利和民族复兴的重要性。

方东美（1899—1977），安徽桐城人。当代著名教授、哲学家。1916 年考入金陵大学攻读哲学，参加李大钊发起的“少年中国学会”，主编该会机关刊物《少年世界》，发起成立中国哲学社，任社长。1921 年留学威斯康辛大学攻读哲学获硕士学位后继续攻读博士。1924 年归国，先后在武昌、南京、重庆等地高校任教授，任学校哲学研究所导师，并从事佛学研究。1948 年受聘于台湾大学、辅仁大学教授。后访美为多所大学访问教授。方东美从事哲学研究与教学五十余年，著作甚丰。

方东美以弘扬中华文化的精神价值为学术主旨，始终能以开放的胸襟

方东美教授

萧焜焘教授

对待中国传统文化的各种思想流派，并力图贯穿古今，统摄诸家之学。他曾自我评价，从家庭传统来说他是一个儒家，从气质上说他是一个道家，从宗教启示上说他是一个佛教徒，从教养上说他是西方的。他把原始儒家、原始道家、大乘佛学、新儒学看成中国哲学的四大传统。

萧焜焘（1922—1999），湖南长沙人。著名哲学家，教育家。1941 年考取成都华西坝的金陵大学经济系，后转入哲学系，重点攻读数理逻辑，1945 年毕业。其毕业论文《真值涵蕴与严格涵蕴》在华西坝五大学毕业论文评比中获一等奖。毕业后，由系主任倪青原推荐留校任助教，正式讲授《科学方法与科学思维》《数理逻辑》《哲学概论》等课程，并涉猎语义学。1948 年 11 月 25 日，萧焜焘与夫人王月娥同时以“匪谍嫌疑”被国民党逮捕，直到李宗仁宣布和谈，释放政治犯，同年 4 月加入中国共产党。1952 年院系调整，担任南京工学院马列主义教研室主任，讲授过《辩证唯物论》《社会发展史》《形式逻辑》等课程。著有《关于辩证法科学形态的探索》《科学认识史论》等。

第三章 理学院

第一节　理学院沿革

三院之一的理学院大楼在北大楼东侧。它是鼓楼金陵大学建筑群中最早建成者，1915 年开建，1917 年完工，比北大楼还早两年，因而在建筑风格上起示范作用。论建筑理念和式样，采中西合璧式，兼取两方之长，融会贯通，极为成功。嗣后不单我国学府建筑多循此式，即其他不少大型建筑物，亦多师承此法。若推溯根源，实由金大理学院大楼开其先河。

金陵大学创办之初，即有理科学程，以后逐年扩充渐臻完备。至 1921 年，改文科为文理科，单独设置理科只有数理与化学二系，及医学先修与工业化学二科。后数理分设二系，理科即为三系。学生以理科为主系者，毕业后得理学士称号。

金陵大学 1928 年向国民政府注册，当时规定符合大学标准至少须有三个学院，因此必须单独成立一个学院，于是 1930 年理学院成立。

魏学仁 1928 年回国，任文理科物理系教授兼金陵大学教务长。1929 年开始筹备成立理学院，1930 年首任理学院院长由魏学仁博士出任。一直到 1946 年 4 月，魏院长代表中国赴美参加世界原子能会议及联合国会议，由李方训任理学院代理院长、院长。

魏学仁（1899—1987），字乐山，江苏南京人。著名科学教育家，我国早期的电化教育实践家与理论家。1922 年毕业于金陵大学，获文学士学位，并获中国斐陶斐荣誉学会首次颁发的金钥匙奖，留校任助教、讲师。1925 年得美国洛氏基金会资助赴美留学，入芝加哥大学研究院，专攻物理学。1928 年获博士学位，成为美国 Sigma Xi 会（美国科学研究协会）会员。归国后，回金陵大学任教，曾任校教务主任、物理系教授，中央大学兼职教授。

对页上图
汇文书院时期学生在独立进行化学实验，地点在干河沿东课堂。1922 年纪念册上的照片。

对页下图
教师指导学生观看显微镜下的微生物，这是生物课程的实习。在东课堂，也叫科学馆。1922 年纪念册上的照片。

魏学仁

金陵大学理学院成立后任院长。1946 年代表中国赴美国参加世界原子能会议及联合国会议，后留美考察。

魏学仁在任时期的理学院各科系有很大发展。

动物学系改属本院，后改称生物学系。1930 年秋，又增设电机工程科。自 1936 年起，工业化学科改称工业化学系，电机工程科改称电机工程系。1942 年又奉命将工业化学系改称化学工程系，与电机工程系同授工学士毕业证书。1936 年春，成立理科研究所化学部，后奉命改称化学研究所，以培植高深的化学人才。1938 年初迁至四川，由于设备笨重，如电机系，只能留在重庆。因此设金陵大学理学院重庆分部，由魏院长亲自坐镇。学院其余部分由李方训副院长在成都主持。当时魏院长驻重庆也便于金大与中央政府联系。1938 年秋，在重庆增设电化教育专修科，专门训练影音技术人才。抗战时期在重庆又添设汽车专修科，举办 7 年。唯医学先修科于 1934 年停办，在生物系增设医学动物组替代之。

在金陵大学历史最后，留下了化学研究部一所，数学、物理、化学、生物、电机工程、化学工程等六系，电化教育专修科及影音部等共九单位。

据戴邦彦统计，理学院毕业人数共 1074 人。其中本科 887 人，专科 152 人，研究生 15 人，医预科 20 人。另外还有 2039 人为修业生，即曾在本校肄业而未毕业者，但不包括旁听生、借读生。

第二节　数学系

金陵大学数学系 1930 年成立后，教授先后有余光烺、谢天民、叶南薰、张济华、潘廷洸、孙光远、谢景修及龚贵霖等。

数学系所开必修课程，除理学院共同必修者外，计有微积分、方程式论、射影几何、高等微积分、高等解析几何、近世代数、复变数函数、微分几何、微分方程等。所开选修课程，为化学工程及电机工程两系讲授者，有工程数学等。

金陵大学数学系重视外语，除英语外，必修第二外国语，且须连续修读两年。第二外国语规定为德文、法文或西班牙文等。

数学系在当时为一冷门系，也最难念。故学生人数为各系最少者。有时同一年级仅有学生一人，而学校仍照常开班授课。

余光烺（1898—1980），安徽桐城人。1925 年毕业于日本东京高等师范学校，1928 年获美国芝加哥大学理学硕士学位。曾任东北大学、金陵大学、中央大学、四川大学数学系教授、系主任，后任南京大学基础数学教授。发起成立中国自然科学工作者协会。长期从事函数论方面教学和研究，编著有《几何与三角》等。

张济华（1898—1980），安徽滁县人。1923 年毕业于金陵大学，1937 年获美国加州大学硕士学位。历任金陵大学、江苏师范学院、江苏教育学院、南京师范大学基础数学教授。1941 年起任金大数学系主任。长期从事代数学教学和科研工作。

叶南薰（1910—1985），江苏南京人。1933 年毕业于金陵大学数学系，1948 年曾在美国田纳西大学留学。1933 年至 1952 年间历任金陵大学数学系助教、讲师、副教授、教授、系主任。1952 年院系调整后历任南京大学数学系（一度曾与天文系合并为数天系）教授、副系主任、系主任。1978 年创建南京大学计算机科学系后任该系系主任。

余光烺教授、主任
（余辉定提供）

张济华教授、主任

叶南薰教授、主任
（叶梦华提供）

第三节　物理系

1930 年前，金陵大学就已经开设物理课程，当时属文理科。主修物理科的学生毕业后获理学士学位。1930 年正式成立物理系。除物理学系应有之课程由该系教授担任外，还加开机械工程方面的课程，以应本院化学工程系与电机工程系学生修习之需要。物理系不但是物理学系兼机械工程系，其设备仪器图书或机器亦与机工系共用。

1937 年抗战西迁，虽因设备笨重，运输困难，该系仍将重要设备迁往重庆，但抵达重庆后，上游小轮船无法承载，只得留下电机系。在魏院长主持下，迅速建起简易楼与影音部一起在重庆办学。无论条件多差，均以战时需要为重。会同其他各系，与四川省政府合作，设科学仪器制造所；又与教育部合作，设立部办科学仪器制造所，开办湿电池厂、制造阅读机（相当于微缩胶卷阅读机，字可放大，有如书本，解决后方缺乏外文书籍的困难）。使该系学生获得充分实习和仪器制造的机会。

该系训练学生重素养，故一年级学生至毕业时，多半因太严格而遭淘汰。唯亦因此使学生兢兢业业，努力用功。

该系各课程之实验十分繁重，规定二人或三人一组，以养成合作之精神；但必须单独作实验报告，不得互抄，且须整齐美观。凡经该系训练的学生，

吴汝麟教授、主任

戴运轨教授

许国梁教授、主任
（许世杰提供）

都有快速打字及准确计算的能力。

该系师资雄厚，先后有林查理（农学院农机专家）、芮陶安（Roys）、魏学仁、吴汝麟、倪尚达、刘硕甫、戴运轨、许国梁、施士元、程濬等资深教授；周衍柏、陈震文、陈鼎懿、余浩然、吴世芳、唐春敏、徐永福等老师。

吴汝麟（1903—1986），字振黄，安徽贵池人。1926 年毕业于金陵大学工业化学科，1933 年获美国哥伦比亚大学物理学硕士学位，曾任金陵大学物理系主任。长期从事半导体的教学及研究工作。发表《汽相淀积多晶硅薄膜结构和性质研究》《非晶硅薄膜制备及肖脱基势垒研究》等论文多篇。

戴运轨（1898—1982），字伸甫，浙江奉化人。1927 年毕业于日本京都帝国大学物理学科。学成回国后，历任北京师范大学、中央大学、金陵大学、四川大学等校教授；后任台湾大学物理系主任。在成都华西坝讲学时兼授空军参谋学校和四川大学课程，在物资与器材严重缺乏的情况下，用 X 射线研究晶体构造，以及用航空风洞研究各种翼型。1946 年 2 月奉派去台湾协助接收“台湾帝国大学”（后改称国立台湾大学）。1954 年任美国明尼苏达大学原子核物理研究所名誉研究员，1955 年任美国加州大学辐射研究所客籍研究员。献身教育凡五十年，桃李遍宇内。著有《大学普通物理学》及译著《原子能的和平用途》等。

1946年上半年，戴运轨与物理系学生在成都。周孟璞等同学正读大四上学期，一日，在赫斐院小教室上理论电磁学，由戴运轨教授主讲。下课后，有人建议照相，于是在赫斐院门前留下这张照片。左起前排：许铨基、王德洪、戴运轨、陈彪、唐致中；中排：石恩赐、余鸿津、汪声鸣、李仙东、卢文楠；后排：周孟璞、谷家骕、郭格滨、周仲璧。（周孟璞、周仲璧提供照片及说明）

戴教授是物理学家。他早年写有初中、高中及大学物理教材。学生们有幸在初中、高中就学过他的教材。大学普通物理也学他的教材。后来，他回到南京，接到任务去接收台湾大学。在台大工作的同时，又参加创办台湾清华大学的工作。

许国梁（1908—1989），湖北蕲春人。1930年毕业于金陵大学，1948年获美国田纳西大学硕士学位。历任金陵大学物理学系教授、主任，南京师范大学、江苏师范学院、苏州大学教授；中国教育学会物理教学研究会理事长。长期从事物理教学法的教学和科研工作，发表《金属卤化物灯及其诱捕农业害虫实验研究》《启发式综合教学的实验研究》等论文，主编《大众物理学》《中学物理教学法》等。

该系学生必修课程，除共同课外，有光学、热学、理论电磁学、热力学、物性学、电磁学、无线电学、声学、力学、近代物理、理论物理及毕业论文等。

机械工程课程有应用力学、材料力学、热机学、机动学、热机实验、热力厂工程、热工实验等。

选修课程有物性学、金相学、工程材料学等。

第四节 化学系及化学研究所

化学系在 1915 年属于文理科，化学课程由美籍汤美森教授担任教席。1930 年正式成立化学系，毕业生获理学士学位。化学系师资与设备为理学院之翘楚，同时最重要之普通化学，向由系主任担任，以资奠定专业基础。且特别注重英文，故毕业后考取留英庚款者颇不乏人。

另外，1932 年设立化学研究所，由戴安邦任主任。1938 年第一届研究生沈彬康，后获我国教育史上第一次颁发的硕士学位证书毕业。化学研究所的教师，均由化学系及化学工程系教授兼任。

金陵大学化学系最注重实验。实验仪器大部分为玻璃制品，均系美国名厂出品，如有损坏，必照价赔偿。因之，化学系学生之心理负担较其他系为重。学生在化学实验时，战战兢兢，如履薄冰。实验药品亦多自国外进口。在抗战期间国外进口运输困难，故该系自行设立化学实验工厂，以制造、供应实验仪器与部分药品。由实验所得贵重产品，如氯化银、碘化银等仍由学生交还助教，以便校工厂收回，制成硝酸银，以供下次实验之用。抗战时期物资奇缺，煤油价格昂贵，至于瓦斯，更不必说。所以灯只在示范时使用，而以木炭炉及酒精灯作为代用品。化学实验最重理论和程序以及结果，所以学生实验之前，必须将讲义看熟，遇到英文生字，必须查得明明白白，方能着手实验。

化学各课程的实验，自一年级开始，即一人一组，单枪匹马独立作业，实验时虽有助教指点，但丝毫不能掉以轻心，并且要一边实验，一边写报告，如书写错误，只许画掉改正，不准更换另一张报告纸。实验前后还要考试，考试内容不外是实验的理论与实际，其目的在训练纯正研究化学的人才。

该系所开必修课程，除公共课外，有定性分析、定量分析、有机化学、

戴安邦教授在为学生讲授普通化学。金陵大学有个传统，即专业基础课往往由系主任、资深教授担任授课。

理论化学、有机分析、高等无机化学、高等有机化学，毕业论文等。选修课程有生物化学、电化学、化学动力学、胶体化学、营养化学、化学史等。

该系教师，先后有汤美森、戴安邦、李方训、裘家奎、潘澄候、戈福玮、李恕先、王应睐、田冠生、梁其奎、袁开基、郭俊禾、汪仲钧、李卓皓、寿乐、李式金、谢启新、朱济民、刘肇和、胥诲熊、许庆云、陶禄镇、朱松、孙景海等。

汤美森，美国人，美国哥伦比亚大学硕士、化学博士。化学系主任。在汤美森出国或休假期间，常由戴安邦代理系主任。抗战期间，汤美森被派往国外采购和运输科学仪器，遂由戴安邦接任系主任之职。

戴安邦（1901—1999），江苏丹徒人。1924 年毕业于金陵大学化学系，

汤美森

戴安邦

李方训

裘家奎

李恕先

1931 年获美国哥伦比亚大学化学博士学位。曾任金陵大学化学系主任、理学院院长；南京大学化学系主任、教授，博士生导师。中国科学院化学学部委员，中国化学学会第一届常务理事兼无机化学委员会主任，江苏省化学化工学会理事长，第 25 届国际配位化学会议主席。长期从事无机化学教学与研究，主编《无机化学教程》《配位化学》。先后发表研究论文 150 余篇，其中“硅酸聚合理论”1982 年获国家科委自然科学二等奖，“顺铂抗癌作用机理”1987 年获国家科委自然科学三等奖，“硅溶液胶粒生长规律”“金属离子水解聚合作用”“核磁共振化学位移研究”分别获 1986 年、1988 年国家教委科技进步二等奖。

李方训（1902—1962），江苏仪征人，1925 年毕业于金陵大学化学系，

1930 年获美国西北大学化学博士学位。曾任金陵大学教授、理学院院长。新中国成立后，历任金陵大学校长、校务委员会主任委员，南京大学副校长，中国科学院学部委员，中国化学会历届常务理事。长期从事混合电介质活度系数的研究，发展了溶液理论。1941—1945 年提出的计算水溶液中离子极化、离子半径、离子表观体积和反磁磁化率公式得到国际化学界公认。撰有《水合离子熵的绝对值》《葛林亚试剂在乙醚溶液中导电》《气态离子水化热》等论文。

裘家奎（1898—1994），字星聚，浙江慈溪人。中国化学家，中国分析化学的先驱。1921 年东吴大学化学系毕业，1932 年获美国普林斯顿大学哲学博士学位。曾任金陵大学化学系主任、理学院院长、教务长。后任南京大学分析化学教授，江苏省环境学会顾问，微量元素与健康研究会名誉会长，《化学世界》编委，《分析化学丛书》顾问。长期从事分析化学教学与研究，发表《钴式树脂与氯化钙溶液交换扩散机理》等论文多篇。编著《无机定性分析原理》《元素与人》。

李恕先（1903—1968），广东梅县人。1925 年毕业于东吴大学化学系。1930 年获燕京大学硕士学位。曾任教于东吴大学、武昌博文书院，实业部汉口商品检验局化验技士。后任金陵大学教授，南京农学院（现为南京农业大学）有机化学教授、基础部主任。长期从事有机化学、生物化学教学和科研工作。

第五节 生物系

生物系最早在 1895 年时，称为医科，至 1917 年，医科停办，只办三年制医预科，另办护士训练班。当时普通动物学及遗传学课程，由美籍伊礼克教授（J. T. Illick）担任。等到 1930 年本校理学院成立，医预科遂改名为动物系，属理学院。而原属于农林科的昆虫学与植物学两系，则属农学院。

生物系师生合影，后排左二为陈纳逊主任，后排中戴眼镜者为范德盛教授，前排右一为肖信生。（陈永椿提供）

护士训练班属本校鼓楼医院。

抗战时，动物系亦与其他各系一同西迁成都华西坝授课。抗战胜利后，动物系复员，并改名为生物系。

生物系较其他各系尤重质不重量，故毕业学生不多，但皆卓有成绩。在医科时代，毕业生蜚声士林者，有戚寿南，曾任国立中央大学医学院院长；侯宝璋曾任湘雅医学院院长。

生物系之课程除理学院共同课外，有普通动物学、无脊椎动物学、人体生理学、动物生理学、脊椎动物分类学、普通植物学、脊椎动物比较解剖学、脊椎动物胚胎学、遗传学、动物学技术、细胞学、显微切片技术、植物分类学、毕业论文等。在成都华西坝的六所大学（华大、燕大、金大、金女大、齐大、中大医学院及畜牧兽医系）合作，各校课程可以互选，而本校动物系课程因与医学院相近，故学生选修中大医学院与齐大医学院课程者，颇不乏人。本校动物系所开课程，亦多为其他各校同学选修。

伊礼克，美国人，美国戴乐尔大学学士，西纽克斯大学硕士，普林斯顿大学博士。曾任美国西弗吉尼亚大学及西方陆军大学医学教授，1922 年到金陵大学任教。

陈纳逊（1894—1997），广东中山人。1918 年毕业于苏州东吴大学，后在上海沪江大学、金陵大学任教。1926 年赴美留学，1928 年获美国宾夕法尼亚大学硕士学位。回国后担任金陵大学教授、系主任，抗战胜利后一度赴台湾师范学院、台湾大学讲学。1952 年院系调整后，陈纳逊教授长期担任南京大学生物系主任、名誉系主任。他是我国动物学界的元老，中国动物学会的创始人之一，推动了我国动物学的发展。

陈纳逊先生专长动物形态学、解剖学和胚胎学，早在 20 世纪 20 年代末就进行了牛胃纤毛原生动物、无肺蝾螈变态时期形态学方面的研究。他为我国生物科学技术人才的培养辛勤耕耘了 60 多个春秋。

范德盛（1901—1993），字谦衷，浙江杭州人。1927 年毕业于金陵大学，留校任教。1931 年赴美深造，1933 年获美国加利福尼亚大学硕士学位。1934 年获美国科学 Sigma Xi 金钥匙奖，后回金陵大学任教。先后任金陵大学生物系、徐州医学院，南京农业大学动物学教授。长期从事动物学教学和科研工作，编著有《大学遗传学》《森林鸟兽生物学（附狩猎原理）》等。

伊礼克

陈纳逊

范德盛

陈纳逊在用显微投影仪讲授生物学。

在国外发表《猴类肠寄生阿米巴细胞学研究》等论文。范教授在金大长期兼任训导处长职。

生物系虽以动物学课程为主，然学生可任选农学院之植物系或昆虫系课程，并得以植物系或昆虫系为辅系。

生物系教师计有陈纳逊、范德盛、诚庄容、李冠国等。

第六节 化学工程系

化学工程系原称工业化学科，自 1930 年起隶属理学院，毕业后授予理学士学位。学生可依志愿，或以工业分析各课程为主修，或选化学工程为主修，学生绝大多数以化学工程为主修课程。故在 1937 年抗战前，为符合国家法令，扩充设备、增加师资并增添课程，易名为化学工程系，毕业生改授工学士学位。

早期工业化学科原附属于化学系，故多必修化学系课程，教授大多由化学系教授担任。但专任工业化学教席的则为陶延桥、马杰、顾毓珍等。迨改制为化学工程系后，理学院特为化工系购置化工仪器及机械设备。不料抗战西迁，若干仪器及新机械设备，未及迁出，直到胜利后，才物归原主。在抗战中后期，药品物资补充困难，其时由化工系老师与其他各系老师设法自制，并先后与四川省教育厅及教育部合作，各设立科学仪器制造所，普遍供应使用。

钱宝钧（1907—1996），江苏无锡人。纤维科学家、纺织教育家。1924 年入金陵大学学习，专攻工业化学。1935 年入英国曼彻斯特工学院深造，获纺织化学硕士学位。1938 年学成归国，在成都任金陵大学工业化学系主任兼教授，后任上海公益纺织研究所教授、研究员。1951 年任华东纺织工学院副院长兼教务长和纺织化学系主任，后任华东纺织工学院院长、中国纺织大学名誉校长。20 世纪 30 年代中期，开始从事纤维科学技术研究，是中国化纤工业、纤维高分子科学开拓者之一，也是中国化学纤维专业教育奠基人之一。

汪仲钧，1907 年生，江苏苏州人。1933 年毕业于金陵大学化学系，1950 年获美国伊利诺大学硕士学位。曾任金陵大学、南京工学院教授，南

化学系 1951 年毕业照。化学系是个很大的系。(陈永椿提供)

戈福祥教授、主任

钱宝钧教授、主任

王国宾教授、主任

京化工学院（今南京工业大学）无机非金属材料教授，长期从事硅化学与硅酸盐物理化学的教学和科研工作。发表《化学制备的研究》等多篇论文，编写《硅酸盐物理化学》等，译有《硅化学与硅酸盐物理化学》。

陶延桥，安徽芜湖人，金陵大学理学士，美国康奈尔大学化学硕士。曾任厦门大学化学教授，金陵大学化学系、工业化学系教授。

王国宾，1917年生，广东博罗人。1941年毕业于金陵大学化学工程系。历任金陵大学化学工程系教授、系主任，南京工学院教授，南京化工学院院长、硅酸盐工程教授，江苏省化学化工学会副理事长。长期从事硅酸盐专业的教学工作，主编有《硅酸盐工业机械设备》等8本硅酸盐专业全国统编教材。

该系在抗战时期之教授，先后有杨同德、钱宝钧、顾葆常、张玉田等。

抗战时期化工系必修课程除化学各课程由化学系老师担任，数学课程由数学系老师担任，各机工课程及电工原理等则由物理系及电机工程系老师分别担任外，该系之最重要课程，为化工原理、工业化学、工业化学计算、工业分析、化工机械、化学工厂设计及毕业论文等。化工原理向由系主任担任，以奠定学生之稳固基础。选修科目有制药学、燃料与燃烧、燃料与水、纤维素工业、炸药学、染料与染色法、肥料工业、酸碱工业、化工热力学等。

抗战胜利后学校东还，化工系与电机系等共同使用应用科学馆，除接收以前购置的设备外，又添增不少新设备，以供训练学生装配小型工厂之需。

1935 年金陵大学工业化学社全体合影。

1950 年 5 月 4 日组织化工系、化学系、影音部部分师生参观化工厂。前排左四张云鹤、左七丁文仁、右二刘少陵助教、右一彭万新。中排左五朱守一、右五崔肇春、右三谢启适老师、右二孙明经教授。（陈永椿摄影）

设备既多，化工机械课也就改为化工机械试验课。

第七节　电机工程系

电机工程系于1930年成立后，聘请杨简初教授为系主任。他的教学态度及对学生的指导与管理，极为认真严格。

杨简初（1901—1996），江苏苏州人。著名电机工程学家、教育家。1924年毕业于上海交通大学电机科，1928年获美国普度大学电机工程硕士学位。20世纪30年代创建金陵大学电机系，任系主任兼教授。曾任东南大学工业自动化教授。研制成火车照明及电信用蓄电池。长期从事电机拖动原理的教学科研工作，主要成果有“特种转子鼠笼机的调速系统”等。

严一士（1905—1991），江苏吴江人。教授。1929年上海交通大学电机工程系毕业。曾在金陵大学等校任副教授、教授等职。长期从事电机工程科研和教学工作。抗战时期，参与了极为缺乏的如变压器和火车电工设备的设计、发电厂设计和无线电通讯设计等工作。新中国成立后他是我国首批电机学科研究生的指导教师。首先发现高压试验变压器的平衡绕组可以传递功率的现象，并将这一理论应用于我国第一台超高压试验变压器的生产，为我国超高压事业作出贡献。学术论著有《7.5千瓦广播用调幅输出变压器及500千瓦调幅输入变压器》《自耦变压器的设计》和《扼流圈的设计》等。

倪尚达（1898—1988），上海浦东人。著名物理学家，电磁学、无线电学专家，中国无线电事业的奠基者和无线电教育的先驱。1921年就读于麻省理工学院电机系，后转至美国哈佛大学，1924年获硕士学位。毕业后入匹兹堡西屋电器公司工作，在此期间研制了整流器所用的一氧化铜。曾任民国国防部雷达研究所研究员，航委会无线电厂厂长，中央通讯社无线电顾问、总工程师。历任杭州工专、南洋大学、北洋大学教授，中央大学物理系系主任、教授，金陵大学教授，东南大学无线电物理和无线电电子学教授。长期从事无线电物理的教学与研究，著有《无线电学》等；发表论文《中国无线电三十年》《百分调幅之分析》《电化电容器》等。

杨简初

严一士

倪尚达

电机工程系主修课程为电磁学、电工原理、直流电机、交流电机、电机设计、水力发电、变电、输配电及屋内配线与照明、无线电、电信、热学、热机学、热力厂、直流电机试验、交流电机试验、暑期工厂实习、毕业论文等。

主修课程的选课有一定顺序。如学生必须先修完电磁学及电工原理才能选直流电机，其次才能选交流电机，如上列课程的顺序，一课接一课选修下去。在 1937 年前，该系主修的电工方面课程都由杨主任担任，无线电由吴汝麟教授担任，而电信及水力发电则各聘请兼任教授朱一成先生及黄辉先生分别担任。热学、热机学及热力厂都由刘殿卿教授担任。直流电机及交流电机试验由助教计舜廷先生担任。修到三年级时，其暑期由理学院介绍到电厂或工厂实习两个月。自四年级开始，须选修毕业论文。

各主修课程每年只开课一班，如有一科不及格，必须耽搁一年，因此同学对功课至为认真努力。在试验方面，每星期有两个下午，每次要做三至四小时，而试验报告要作试前报告（即预习报告）及试后报告两种。试前报告内容包括其试验之理论、方法及预期结果。试验结果如与理论数值差异较大，须重新试验。写报告也是最费时间的工作之一，因为报告要用英文写作，且每字都要用正楷写。如上所述，该系二、三年级学生平时功课甚为繁忙。至于暑期工厂实习，该系规定每星期要将实习情形与心得向系主任及工厂主管提出报告，并于实习结束后，提出实习报告，分送系主任及工厂主管评分，作为实习成绩。

金陵之光
遠涉重洋闡揚科學
鵬飛萬里發展母

上图
理学院电工学会，也是一种学术组织。图为电工学会成员合影。

对页图
电机系欢送出国同学纪念合影。前排左二倪教授（无线电）、左三刘硕浦教授（物理）、左四杨简初主任（电机）、左五李方训院长（化学）、左六吴汝麟教授（物理）、左八严一士（电机）、左九曹守恭（电机）。二排左五熊德伟（学生）、二排右一杨家琪（学生）、右二谢杰（助教）。图中理学院大门横批：金陵之光。对联：远涉重洋阐扬科学道理；鹏飞万里发展母校精神。表达了学子远涉重洋求知的渴望和金大人弘扬母校精神的决心。照片摄于1948年。（熊德伟提供）

该系还积极推行建教合作。如 1937 年暑期代资源委员会中央电工器材厂训练电工技术工一班，后迁至四川完成学业，该厂亦迁至昆明，本班同学对该厂顺利建厂与开工多有贡献。

第八节　汽车专修科

鉴于抗战时期对交通人才的需要，于 1939 年举办汽车专修科，共举办七期。该科主任由杨简初兼任，专科课程分请专家担任，基本理工学程由本院各系教员分担。

第九节　影音专修科和影音部

电化教育事业是金陵大学理学院具有开创性且影响遍及全国的一项工作。1925 年魏学仁在美国留学期间，察及视觉教育当时在美国的迅速发展，即预料此项事业对于我国教育乃至建设事业，必会有极大贡献。工作之余，注意电影技术，收集资料文献，并与从事此种业务的机关取得联系。1928 年，返母校任教，其时美国柯达公司上海分公司已经有教育影片多种。惜当时各方缺乏放映设备，识其重要性者亦少，影片搁置多年无人问津。金陵大学理学院成立后，即与柯达公司合作，借用其科教影片，以加强各系的教学，并于 1930 年成立电影教育委员会以推广之，以后扩充为教育电影部（这个教育委员会早于全国电影教育委员会两年，实际起了推动作用）。理学院由裘家奎负责，先选择与理化、生物、卫生等科教学有关之影片，译成中文字幕，在京沪杭铁路沿线各中学巡回放映。因此种影片皆在美国摄制，虽

理学院成立科学教育电影委员会。前排左起戴运轨、李方训、范德盛、潘澄侯、刘硕甫、胡玉璋、汤美森；后排左起吴惠津、裘家奎、魏学仁、吴征凯、杨简初。1930 年。吴惠津虽在外文系任教，但他在此担任摄影指导。此委员会的成立标志着金陵大学将成为全国教育电影的带头人。两年后，1932 年，我国教育电影协会才正式成立。

经加制中文字幕，仍有不符国情之处。于是乃采取第二步骤，由金大教育影片部自行摄制教育影片。金大教育影片部长期与教育部电化教育委员会合作，不数年制成影片 70 余部。其中尤值一提的，有《锦绣河山》一套计 20 余部，系与教育部合作摄制之我国地理教学影片，取材动人，景色秀丽，而且起到了激发观众的爱国情怀，配合抗日战争的作用。这套影片主要由孙明经等人担任制作，为理学院教育影片的伟大杰作。又有我国工矿生影片数部，系与资源委员会合作摄制。矿业电影不容易拍，比如《开采煤矿》一片，摄影者下到矿井时需签生死文书、责任自负。更不用说在地下黑暗世界里对电、灯光严格控制的情况下，坑道高不足一米，需要爬行，架灯拍摄真是困难重重。更有 1937 年日全食彩色影片，是与中国电影协会合作，参与国际科学团体日食观测，在日本北海道摄制。以柯达彩色胶片拍摄日全食电影，试想，柯达彩色片（kodacrome）1935 年才上市，性能方面、技术方面颇多困难，唯因事前业已妥为准备，届时幸喜天候尚佳，致结果优良。此片参与法国影片比赛获优奖，为在世界上第一次日食拍摄成功之先例。

金陵大学理学院的教育电影工作，不仅在中学推广，而且普及于小学及社会。金大教育电影委员会曾与南京市社会局合作，于每星期日早晨派员至南京若干影戏院放映教育电影，由南京市各小学教师率领学生前往观看。当试办之初，不时派人抽暇前往视察放映效果。某次放映影片《制革》，银幕上呈显牛皮一张，视察员询问某生该图为何物，该生回答“中国地图！”成了笑话。足见虽已加制中文字幕，仍嫌不足。遂后加派人员前往，随时解说片情，结果甚为美满。在抗战期又与美国新闻处合作，新闻及教育影片同时上映。重庆、成都两地，每年观众已超过一百万人。

特别值得一提的是，抗战西迁后，孙明经等人赴川康考察、拍片，历尽危难，保存了大量的电影资料。在西南期间，教育电影部不断组织电影放映。对普及知识，开发民智，进行爱国宣传，鼓励抗日，密切师生与当地民众的关系，起到了积极的作用。当时推行电化教育电影与播音两者并重。创办之初，所有各地干部人员均由理学院专设电化教育训练班代为培养。训练班以一年为期，由各省教育厅派员参加，除传授电影与收音器材的保养与使用的各项技术外，并重电化教育的基本原理与推行方法。该训练班历届毕业生服务全国各地，树立了我国电化教育的基础。

1938 年金陵大学理学院拟增设电化教育专修科，奉令与教育部合办。是以就人才训练及事业范围而言，金大实为我国唯一的电化教育机关。

抗战期间，国际运输困难，后方教育及研究所需的图书杂志，进口甚不易。我与英美三国有鉴于此，乃联合办理图书杂志显微影片的服务。由英美将重要杂志及若干种报纸、图书，逐页摄为显微影片，运至我国后方，以供应用。一切技术及管理方面，均由理学院负责办理。影片运至我国后，放映机又成问题，还是不能阅读。如果进口阅读机，军运繁忙，排不上队。理学院就自己负责试制，经魏学仁与胡玉璋多方努力，终于设计出一种阅读机，将微缩卷片放映于桌面白纸上阅读，与寻常书本无异。除镜头与灯泡仍需进口，其余一切机件，均由理学院自制，非常便利而且便宜。大学生们能几乎同步看上国外最新书籍与报章杂志，获益很大。

第十节　不遗余力培植理工专材

理学院成立以来，经费一直不足；而国家建设急需应用科学人才，如何兼顾工科？理学院采取集中力量于少数科系，期以有限的物力作最大贡献的方针。原来的数学、物理学、化学、动物学各系，为理学院基本学系；原有的工业化学科，则增加学程，添聘教师，增购设备，力求充实。后又新设化学工程及电机工程两系，聘请经验丰富的学者主持系务，罗致教师，机器、仪器设备亦逐年增加，因而选修同学踊跃，两系毕业生，头两年仍授以理学士学位，后依法授以工学士学位，就业机会大增。

抗战期间又增设电化教育专修科及汽车工程专修科，校外人士视金陵大学理学院为理工学院。从成立时的四个自然科学学系及工业化学科增至七个学系，一个研究所及两个专修科，学生人数自 70 人而增至 400 人。

抗战期间政府有补助私立大学的计划，理学院因此得以添置设备、增设讲座。而“教育部”培植工程人才计划，金陵大学是私立大学中的唯一奉令参加者。因此在抗战后期数年中，金大化工、电机、电（化）专及汽专学生所享受的公费及贷金待遇与国立大学完全相同。各科系的经费亦由“教育部”补助。虽然如此，仍时感经费拮据。

如建筑应用科学馆（即影音部所在楼）经费不足，学院不得已，只好将学生实验费每学程增加一元，以供科学馆建筑专款，才使该馆得以提前落成。

又如学院电影教育委员会于1930年在全国率先成立，可是当时连电影放映机、摄制机的购置经费都毫无着落。幸亏适有应聘教授一人因事不能到校，其课程乃由其他同人担任，将节余经费，移供电影教育购置费之用。其艰难令人难以想象。

理学院因经费困难，学生所缴实验费亦较重，尤其是化学系。计算药品损失及仪器破损的赔偿，也极严格。当时同学不免有怨言。然而赔偿损失一事本身就是一种良好训练。学生从事实验时，无形中养成审慎、爱惜物资的习惯，毕业后工作实受其益。

学术研究方面，化学系的师资设备较为完备，人才辈出，成绩斐然，便于1932年举办化学研究所，开始招收研究生，学制为两年，期满授硕士学位。化学研究所还要兼顾社会服务。如应江苏省政府之请，从事江苏省各地土壤分析与研究，以便解决施肥问题；抗战期间，解决合成汽油代用品等。化学所自成立以来在中外科学期刊上发表论文不下30余篇。其他各系研究成果显著者尚有新型干湿电池研究、边区动物标本采集、风洞试验等多项。

历届中英庚款，清华以及其他公费留学考试中，金陵大学理学院毕业同学录取人数，所占比例颇高，由此可略见该校培育科学人才成绩之一斑。

各系学术著作也相当丰富，尤其战时仍坚持不断，下面作部分展示。

第十一节　推广科学教育当仁不让

推广科学教育为理学院的使命之一。金陵大学理学院自创立伊始即多方协助中等科学教育。

1931年起正式成立科学教育委员会，由各学系主任及教授等富有教学兴趣及心得者组成。在理论上探索科学教育的原理与方针；在实际上，研讨科学教育的方法与教材，尤其侧重中等教学的实施及其与大学教育的衔接。

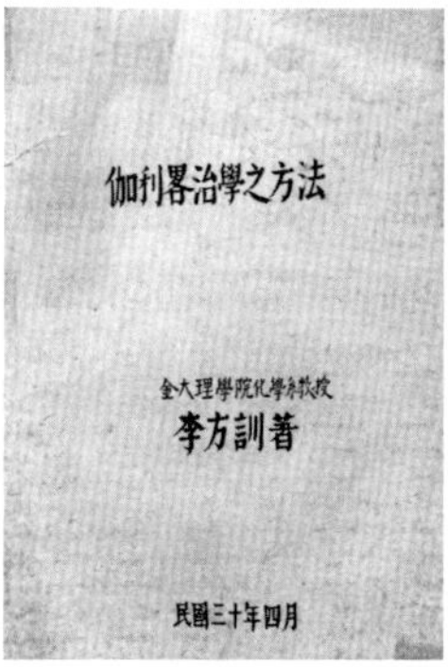

李方训著之《伽利略治学之方法》

周衍柏著之《天体物理学》

戴安邦著之《中国化学教育之现状》

吴汝麟著之《川省中等物理教学改进应行注意之点》

Contributions from the College of Science, University of Nanking

List of Chemical Research Papers

1. Hsuin-Tze Yu: The Methods of Decolourization of Tea-Seed Oil (*Nanking J.* 1931)
2. Han-Tsen Wang: An Investigation of Sulphur Black Dyes (*Nanking J.* 1931)
3. [illegible] (科學 1932)
4. [illegible] (金陵學報 1932)
5. [illegible] (科學 1932)
6. [illegible] (科學 1932)
7. Zen-Hwo Pan: Electrolytic Determination of Copper in the Presence of Iron (*Nanking J.* 1932)
8. Zen-Hwo Pan and Ching-Chong Tang: Prevention of the Formation of Colloidal Nickel Sulphide in Qualitative Analysis (*Nanking J.* 1934)
9. Zen-Hwo Pan and Chih-Hung Chiang: The Pyrophosphate Method for Determination of Zinc (*J. chinese chem. Soc.* 1935)
10. F.H. Lee, C.H. Lee and W.V. Evans: The Decomposition Voltage of Grignard Reagent in Ether Solution (*J. Am. Chem. Soc.* 1935)
11. [illegible] (化學 1935)
12. [illegible] (化學 1935)
13. [illegible] (化學 (1935)
14. [illegible] (金陵學報 1936)
15. [illegible] (金陵學報 1936)
16. [illegible] (金陵學報 1936)
17. [illegible] (化學 1936)
18. [illegible] (土壤與肥料 1936)
19. F.H. Lee and W.V. Evans: The Electrolysis of Ether Solutions of the Grignard Compound. Study of Cathodic Product (*Nanking J.* 1936)
20. F.H. Lee and T.C. Hsu: A Note on Chinese Catalysts (*J. Chem. Eng.* 1936)
21. F.H. Lee and K.H. Lee: Studies on Polyhalides, I. The Solubility of Iodine in Hydrobromic Acid (*J. Chinese Chem. Soc.* 1936)
22. F.H. Lee and Kwei-Ching Chen: Studies on Polyhalides, II. The Solubility of Iodine in Hydrochloric Acid (*Nanking J.* 1937).
23. [illegible] (1937)
24. [illegible] (金陵學報 1937)
25. [illegible] (金陵學報 1937)
26. [illegible] (金陵學報 1937)
27. [illegible] (金陵學報 1937)
28. A.P. Tai: Displacement of Hydroxyl Group from Aluminum Oxychloride Hydrosol and Basic Aluminum Chloride Solutions (*J. Chinese Chem. Soc.* 1940)

理学院战时出版的文论目录

所获心得则载入理学院独力刊行的《科学教育》季刊，供高等及中等教育界人士参考。科教委员会开展了以下工作。

1. 举办中学理科教师暑期讨论会与讲习会，聘请国内知名学者主讲各科最新进展，各科教材介绍，各科教学法的新趋势。1932 年开始举办，后又会同“金女大”、“中央大学”联合举办，直至 1937 年。参加的中学教师来自全国十余省市，对于中等科学教育，裨益良多。

2. “教育部”所颁布的中等学校数学、物理学、化学、生物学等科的课程标准，均有金陵大学校各系教授参加拟订，其标准设备亦交由暑期讲习会讨论，吸取意见。教育部颁布中等学校物理学、化学、生物学等标准实验设备的厘订，也由理学院完成。

3. 协助中等科学教育的仪器设备的采购与保养。提倡国货及土产代替品，保养方面则开放物理系及工厂代为修理。理学院还开放供南京若干中学借用。如化学系供应实验器材及药品，物理与动物系则开放实验室，由中学生分批来校实验。

4. 与四川省教育厅筹设科学仪器制造所。抗战西迁物资困难，教学器材尤为缺乏。科学仪器制造所由金陵大学物理、化学、动物系教授前往兼任所长及各部主任。制造所办理以来，出品优良，全国各地纷纷采用。教育部认为有推及全国的必要，于是另由部办科学仪器制造所，并借调金大物理系主任担任部办制造所所长。两制造所积极制造科学仪器，供后方各校教学之需。

5. 编辑大学、中学的课本及丛书，如大学物理、普通化学、无机定性分析化学原理、有机化学、优生学、无线电学等。

6. 由电机系举办电气技术训练班，毕业者 78 名，还举办一些电工班。

科學教育

第一卷 民國二十三年九月 第三期

本期要目

中國生物學之現狀
科學在中國之演進
高初中物理教材之重要順序
國內科學消息……國外科學消息……科學索引

金陵大學理學院出版

SCIENCE EDUCATION

Vol.1 September 1934 No.3

Published Quarterly by the Science Education Committee College of Science, University of Nanking, Nanking, China.

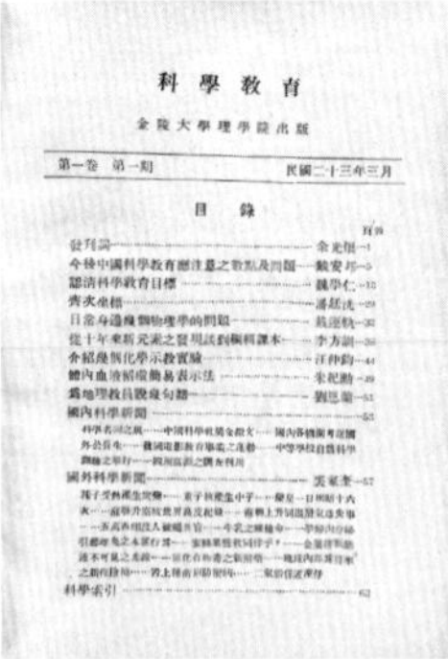
科學教育

金陵大學理學院出版

第一卷 第一期 民國二十三年三月

目錄

發刊詞……1
國內科學新聞……53
國外科學新聞……57
科學索引……62

理学院出版《科学教育》季刊受到科教界的欢迎和支持。从撰稿人和他们文章的题目可以看出，这些著名的教授们是多么认真地为提升我国科学教育水平而努力！

1

2

3

4

1. 1932 年戴运轨编著《开明初中物理教本》
2. 1936 年魏学仁主编《高中物理学实验教程》
3. 1936 年裘家奎著大学教本《无机定性分析》
4. 1947 年许国梁主编《大学普通物理实验教程》

第十二节　开创电化教育引领全国

理学院影音部的建立先于全国电影教育委员会两年，实有开拓意义。其拍摄的影片在全国放映，效果良好。办科过程中与联合国及英、美相关组织建立了业务联系，互通资料，这些在全国均属开风气之先，甚至为新中国成立后电影学院的建设打下了基础。

第十三节　实行建教合作成绩显著

美方不主张中国发展自己的工业。所以金陵大学没有工学院，工科薄弱。但理学院设立工厂进行制造颇有成绩。尤其在抗战期间，除独力设立变压器制造厂及化学实验工厂外，还与教育部合作配制无线电收音机，与交通部合办“中央湿电池制造厂”。一方面使学生有较充分的实习机会，又应抗战时期的急需。

中央湿电池制造厂的行政组织最为完备，由交通部与金陵大学派员组织理事会。该厂制造金大理学院三位教员所发明之隔层滤杯式湿电池，第一年就产出六万只，由交通部收买分发电报及电话机关使用，对电讯交通有极大贡献。

理学院重庆部分虽累遭敌机轰炸，校舍与设备颇有损坏，但因附设工厂一切损失，均由政府战时工矿保险负责赔偿，留学人员购买图书设备等节余款项也帮了忙。因而理学院得以弦歌不断，这也是理学院附办工厂的重要收获。

第四章 农学院

中華民國義農會南京分會成立紀念

第一节　沿革

农学院的创办首先应该归功于裴义理这位数学教授。一天讲解析几何，眼中却在落泪，盛传各国要瓜分中国，他满腔悲愤。他一直有个看法：中国这么多农民还吃不饱饭，且年年遭灾，别的什么教育都是次要的，先要办农业学校。辛亥革命以后，美国托事部同意裴义理的意见，决定金陵大学举办农科。

接着，奏响了两个响亮序曲。一个是裴义理和著名实业家张謇等组织的“中华民国义农会”在南京成立，招选贫民，开垦荒地，改良农艺；在“华洋义赈会”内，裴义理负责改良农事及植树造林。另一个是裴义理于1912年春拜谒孙中山先生，请求提倡造林，防止水灾，接着购买鼓楼校址周围山地作苗圃，政府拨紫金山荒地4000亩作为垦荒造林之用。

1914年金陵大学开设农科，1915年增设林科，1916年两科合并为农林科。由于裴义理乐于垦植救灾工作，乃由芮思娄教授接任农林科长，1925年芮思娄因病回国。过探先、谢家声先后任科长。1930年改组成立农学院，是我国大学农科四年制之最早者。

裴义理（Joseph Bailie，1860—1935），又称培黎，加拿大籍美国人，英国文学学士。1890年来华传教，1910年应金大之聘，担任算学教授。他的功绩多方面，包括农垦、造林，以及创办金大农科，受到国人崇敬，农学院楼被命名为裴义理楼。

芮思娄（J. H. Reisner，1888—1965），美国宾州人，曾获耶鲁大学森林学士学位，又获康奈尔大学硕士学位。1914年到金大任教，1915年接任科长职。主要贡献是以美国康奈尔大学农学院为样板，引入教学、研究、推广三方面相辅相成的制度，把别人不屑做的农业推广工作放在重要位置。他聘请美国棉作专家郭仁风（G. B. Griffen）来校主持棉作推广部，聘请美国农业经济专家卜凯（J. L. Buck）来校主持农业经济研究，如土地利用、

1911年义农会南京分会成立会议的合影。前排左三为裴义理，二排左六为鼓楼医院院长马林。（照片系马林后裔提供，翻拍自鼓楼医院）

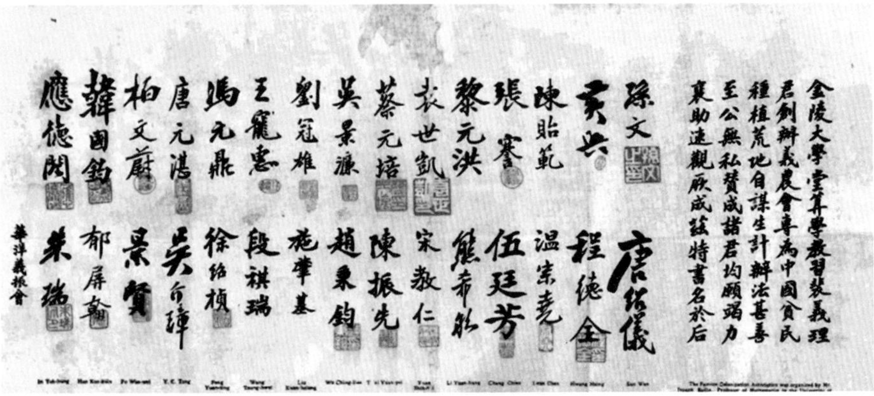

孙文等支持义农会的成立。（南京农业大学档案馆提供）

水灾调查等。而他自己也参加小麦良种的培育和推广。

过探先（1886—1929），无锡人，近代农业教育和棉花育种的开拓者。1910年庚款留美，获康奈尔大学硕士学位。1924—1928年任中方农林科长，1927年一度任金大校务委员会主席。虽英年早逝，但贡献很大，如选定老山林场、汤山林场作为林科师生实习场地；是我国棉花育种与推广事业的重要创始人，他改良的棉花命名为“过字棉”；发起组织“中华农学会”“中国科学社” 等。

1925年芮思娄因病回国，由过探先教授任科长。1929年过先生病逝，由谢家声教授任科长。1930年农林科改称农学院，谢家声任首任院长。

谢家声（1887—1983），安徽无为人。植物病理学家。1914年毕业于金大文科，后到美国密西根大学学习植物病理学，获硕士学位，1918年到美国康奈尔大学进修。曾任“中央农业实验所”首任所长、中央研究院评议会首届评议员。1920—1921年任金大农林科副科长，1930—1937年任金大农学院院长。章之汶教授在抗日烽火中继任院长，为发展大后方农业作出了贡献。

章之汶（1900—1982），安徽来安人。农业教育家和农业推广家。1922

裴义理，1914—1915年任金陵大学农科首任科长。裴义理还是我国植树节的首倡者。

芮思娄，金陵大学农学院创办人之一，长期担任金大农科美方代表，任期1914—1931年。

1916年清明节，中国第一个植树节。中华民国农商总长张謇亲自在紫金山植树现场种下第一株树苗。上图右一为提出创办植树节的金陵大学农林科教授裴义理，右二为金陵大学校长包文。

过探先

谢家声

章之汶

年毕业于金大农林科，1934 年获美国康奈尔大学硕士学位。金大求学期间，在美国植棉专家郭仁凤教授指导下，用中棉育成“百万华棉”新品种，开创了在我国以中棉作亲本培育成功优良品种的先例，1937—1948 年任金大农学院院长，在其主持下，金大农学院先后育成“小麦 2905 号”“大豆 332 号”等几十种农作物优良品种，这些良种在我国长江中下游各省推广后，久盛不衰。后改就中国农村复兴联合委员会、联合国粮农组织工作。著有《植棉学》《农业职业教育》《农业推广学》《战后中国农业建设计划纲要》等。

孙文郁（1899—1980），山西宁武人。1924 年毕业于金陵大学农科。1930 年获美国斯坦福大学食物研究所硕士学位。曾任金大教授、农业经济研究部主任、金大农业经济系主任、农学院代理院长（1945—1949），国民政府农林部农业经济研究所副所长。新中国成立后，历任农业部计划司副司长，北京农业机械化学院教授、副院长。毕生从事农业教育与农业经济学的研究。著有《农业经济学》《农业经济调查》，合著有《中国土地利用》。

靳自重（1907—1953），山东武城人。1932 年毕业于金陵大学农艺系。

1948 年金陵大学校门前，心怀感激的金大人热烈欢迎农学院首任院长芮思娄自美国返校。前排左一章之汶、左二芮思娄、左三陈裕光、左四焦启源教授。天津路二号的牌子、圆拱门上的 S 形花纹清晰可见。从照片上可以看出芮思娄先生心情十分愉快。

章之汶院长（前排左三）在成都，前排左二为秘书林查理夫人。（林查理女儿提供）

1943 年金陵大学农学院青年教师在华西坝农学院门前留影。他们以在农学院教书育人而自豪。左一为戈福鼎，左三为周本瑾。

孙文郁代理院长

靳自重

1936年留学法国。1939年获英国剑桥大学硕士学位。曾任金陵大学教授、农艺系主任、农学院代院长（1949—1952），美国哈佛大学研究员。历任金陵大学教授、农学院院长等。20世纪40年代初进行大麦属的细胞遗传学研究。对野生大麦种的亲缘关系作了论述。撰有《野生大麦之细胞学》《小麦的细胞学及其应用》等论文。

1950年，全院共设有农艺学、森林学、农业经济学、园艺学、植物学、植物病虫害学、蚕桑学、乡村教育（农业教育）、农业工程学九个系；专修科（含农专、林专、园专）；一个农科研究所，含农经学部、园艺学部、农艺学部、农林生物学部等，招收硕士研究生。

金陵大学农学院自1914年至1952年院系调整以前38年间，历届毕业生及在校生计有研究生56人、本科生1221人、专科生951人、函授班及短训班结业生600余人，特科、讲习班以及未毕业者还未计入。校友们有的成为著名专家，为国家的农业建设作出了重要贡献，其业绩永存史册，为母校增添光辉。

金大农学院的出版物特别多，除书籍正式出版外，各系、各学会还出版刊物，以资交流推广，也记录了历史。

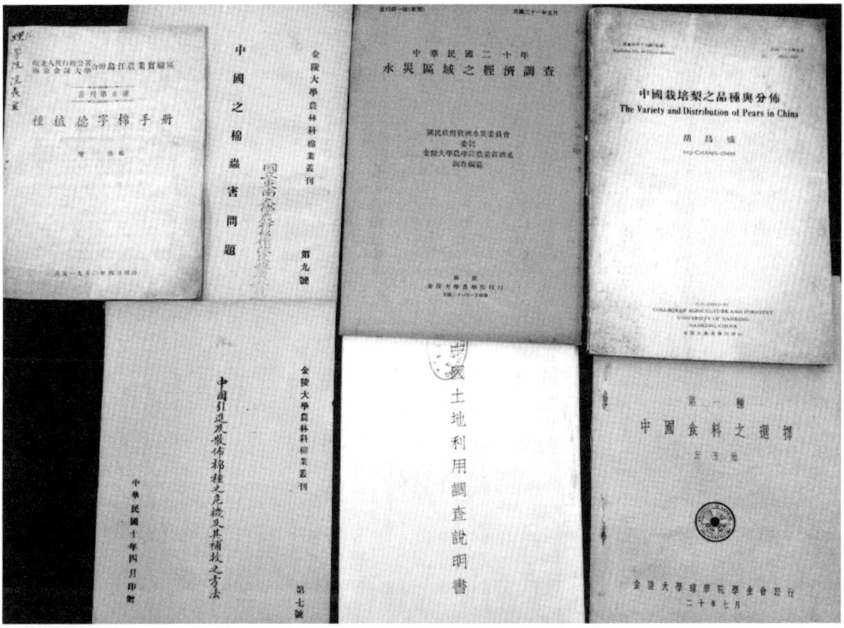

各种农学出版物

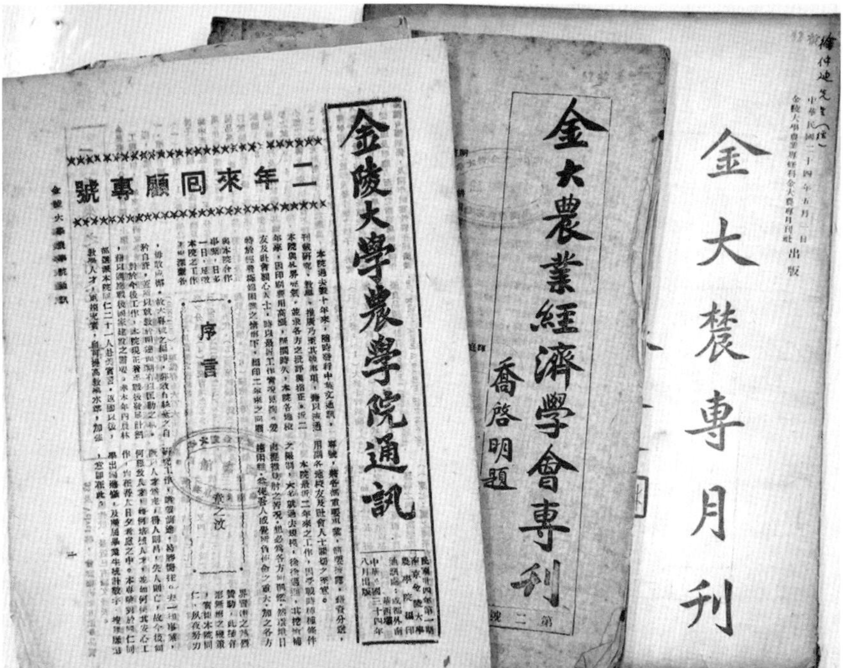

部分农学刊物

全院教师出版多种书籍，有的被作为大学教材。

第二节　学科建设与师资

1914年金陵大学首设四年制农科，开中国四年制大学之先河。金大农学院以美国康奈尔大学为样板，推行“教学、研究、推广” 三位一体的发展模式，使农学院成为造就各类人才，产生众多突出成果的基地，受到各级政府和群众，尤其是农民群众的重视，也越来越为农民所欢迎。

下面先介绍各系的构成和主要主持人及教授。

1. 农艺学系由农科转化而来，起初只有作物育种学组，1930年增设土壤学组，1932年增设农具学组。1937年，全系重新划分为作物育种学组、土壤肥料学组、农业工程学组（1948年独立建系）和农事试验场组。有农事试验场、作物改良场及推广区多处。先后主持系务的有祁家治（G. E. Ritchey）、郝钦铭、沈宗瀚、王绶、汤湘雨、靳自重、黄瑞采、马育华等。著名教授还有张乃凤、陈骥、洛夫（H. H. Love）、林查理、吴绍骙、顾维精、李景钧、韩珊（美籍）、高立民、裴保义等。

王绶（1897—1972），山西沁县人。农业教育家，我国作物育种学和生物统计学的奠基人之一。1924年毕业于金大农学院农艺专业，美国康奈尔大学作物育种系农学硕士。历任金大农学院教授、农艺系主任、农艺研究部主任，后又任西北农学院教授、中央农业实验所技正、农林部农业推广委员会粮食生产组主任等职。1949年后曾任农业部粮食生产司司长、山西农学院院长等。长期从事大豆和大麦研究，育成了“金大332”大豆（在

王绶

马育华

金大農院森林系教職員暨一九三五級同學留影 廿三年冬

国外称“南京大豆”）和“王氏大麦”（又称 Wang Barley）等优良品种。

马育华（1912—1996），广东海丰人。大豆遗传育种学家。1930—1935 年就读于金大农学院，1935—1945 年先后任教于金大农艺系、北京大学农艺系。1945 年、1948 年先后在美伊利诺伊大学研究院学习，获硕士、博士学位。1950 年后任金大农艺系教授兼系主任。在生物统计学和田间试验技术方面有很深的造诣，较系统地将数量遗传学介绍到国内，为我国高等农业教育和大豆科学的发展作出了重要贡献。

2. 森林学系由林科发展而来，设有树木造林学组、森林经营学组和森林利用学组，南京有苗圃及合作林场 2000 余亩。先后主持系务的有凌道扬、叶雅谷、李德毅、陈嵘、朱惠芳、朱楫等，著名教授还有李继侗、刘轸、朱大猷等。

在金陵大学老一辈教育家陈嵘、李德毅、黄瑞采、樊庆笙、魏景超、朱揖、周蓄源等教授精心教导下，为新中国培养了一大批林科科技工作者，尤其是 1952 年毕业的这一批，他们在农业、农垦、林业、科研、教育各岗位上，为我国林业、橡胶、热带作物生产和科研、教育事业的发展作出重要贡献。

陈嵘（1888—1971），字宗一，浙江安吉人，日本北海道帝国大学林学学士，美国哈佛大学树木学科学硕士。1913 年创办浙江甲等农业学校（浙江农业大学前身）并任校长。1915 年以后任江苏第一农校林科主任，1925—1950 年任金陵大学教授、森林系主任，1952 年任南京林学院筹委会主任，同年调任中央林业科研所所长。是中国近代林业科学奠基人之一，在树木学、造林学和林业史科研和教学方面做了大量工作，著作有《中国树木分类学》《造林学本论》《造林学各论》等。

3. 农业经济学系成立于 1921 年。1924 年开始分为农业经济学组、农场管理学组和农村社会学组。1939 年重新划分为农政学组、农业金融与农村合作学组、农业统计与农产物价学组、农场管理与农产贸易学组、农村社会组织学组和农业历史学组。先后主持系务的有卜凯、徐澄、孙文郁、

金陵大学农学院森林系教职员暨一九三五级同学合影，前排中坐者为陈嵘主任，左一为黄瑞采。（南京农业大学档案馆提供）

金陵大學農學院森林系
林業專修科
全體師生歡迎畢業同學合影
一九五二年七月十八日

1952年7月18日林科全体师生在北大楼前欢送森林系、林业专修科毕业同学留影。毕业同学们大都奔赴华南参加热带植物种植工作。
第一排左起：查全堂、方复初、虞汝南、虞岳世、朱荣耀、汪国良、丁存荣、陈晋元、吴家仁、徐荣生、葛企行、戴福厚、吴怀民。第二排：汪君洁、姜顺兴、周家树、经贞谦、石学良、王履祥、罗绍珍、周蓄源教授、陈嵘主任、朱大猷教授、陈如柏老师、林文棣老师、王开明、劳家骐、韩宗琪、胡明、徐中和等18人。第三排左起：徐均衡、曹其文、霍应强、殷乐信、徐家骅、毛子均、蒋建平等16人。第四排左起：陈庆章、王永淦、柏宏、高长生、吴宗庆、胡云龙、王景豪、陈信簪、吉钲、王秀华、张若蕙等16人。（南京林业大学提供）

乔启明、应廉耕、孙祖荫、李惠谦等，著名教授还有徐仲迪、张心一、杨蔚、刘润涛、欧阳频、邵德馨、崔毓俊、戈福鼎等。

4. 园艺学系成立于1927年，至1934年发展为果树园艺学组、蔬菜园艺学组、园艺利用学组和观赏园艺学组。在宁园艺场占地二百余亩。先后主持系务的有胡昌炽、丁锡文、李家文等，著名教授还有吴耕民、章文才、管家骥、沈隽、程世抚、沙凤获等。

胡昌炽（1899—1972），字星若，江苏苏州人，中国柑橘专家、园艺学家、园艺教育家。1920年毕业于东京大学农学实科，1924年再赴日本东京大学研究园艺学。1928年回国，后创建金陵大学园艺系，任教授兼系主任。这是我国高等学校设置园艺系的开始。1950—1972年任台湾大学园艺系教授、系主任。

章文才（1904—1998），浙江杭州人。果树学家、柑橘专家，中国柑橘学科奠基人之一。1927年金大园艺专业毕业，获“金钥匙奖”，1937年获英国伦敦大学园艺学博士学位，被推荐为英国皇家学会会员。1938—1945年任金大园艺系教授兼科学研究部主任，1947—1948年任金大园艺系教授，1949年后赴武汉大学、华中农业大学任教。毕生培养了大批果树园艺人才，为发展我国柑橘事业作出了重大贡献。

5. 植物病理学组建于1924年，原属于生物学系。1930年随植物学系自生物学系中分出。1934年独立为植物病理研究室。1939年又与植物学系合并为农林生物学系。昆虫学组建于1932年，原属于植物学系，后属于农

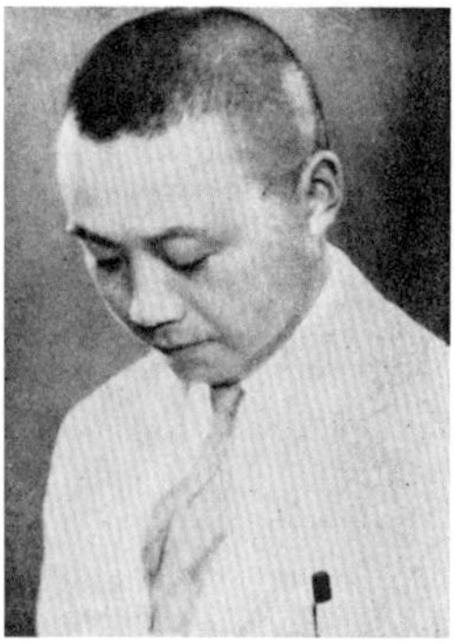

胡昌炽

章文才教授74岁高龄时仍在淮河上游的河南信阳市罗山县灵山农场指导农民种植柑橘，始终如一贯彻创新农业、服务农民的宗旨。

司乐堪

魏景超

林生物学系。1942年农林生物学系改组，恢复植物学系，植物病理学组与昆虫学组联合成为植物病虫害学系。由魏景超、程淦藩分别任正副系主任。先后主持植物病理学组工作的有博德（美籍）、戴芳澜、俞大绂、魏景超、樊庆笙等，该组著名教授还有凌立、林传光、方中达、殷恭毅等。先后主持昆虫学组工作的有司乐堪（A. B. Slocum）、程淦藩等。著名教授还有朱壬保等。

魏景超（1908—1976），浙江杭州人，植物病理学家，农业教育家。1930年毕业于金陵大学园艺系，并留校任教。1934—1937年在美国威斯康辛大学学习，获哲学博士学位。回国后，任金陵大学农学院植物病理学教授、植病组主任、植物病虫害系主任、金陵大学教务长、金陵大学研究院校务委员会主任委员，兼任国民政府农业复兴委员会病虫防治专门委员、中央研究院上海植物生理研究所研究员；1952—1976年任南京农学院植物病理学教授、植病组主任，兼任华东农业科学研究所植病虫害系顾问。早期致力于真菌分类和水稻与果蔬病害的研究，以后侧重于植物病毒和粮油作物病害的防治。对我国植物病理学、真菌学和植物病毒学发展作出了卓越贡献。

6. 植物学系于1930年自生物学系中分出。由芮思娄、钱雨农、陈焕镛等建立并形成该系重视采集标本的传统。曾与国内外很多植物研究机构建有交换标本的关系，先后主持系务的有史德蔚（A. N. Steward）、焦启源等，著名教授还有钱崇澍、李扬汉等。

焦启源（1901—1968），江苏镇江人。金陵大学毕业，美国威斯康辛大学博士。曾任金陵大学、武汉大学、四川大学、华西大学教授，金陵大学农学院植物学系主任。他在任上总是在假期组织师生在野外采集标本。1952年后任复旦大学植物生理教研室主任、上海植物生理学会副理事长。是中国研究芳香植物的专家。

7. 蚕桑学系成立于1917年，分养蚕学组和制丝学组。南京有桑园二百余亩。除本科教学外，曾举办特科、讲习班、女子职业班和女子训练班。先后主持系务的有吴伟士、钱天鹤、顾天虹、单寿父等。

单寿父（1898—1967），安徽滁县人。1924年到日本东京帝国大学农学部学习，师从著名学者田中义磨，毕业后在该校与长野县、上回市蚕业试验场从事研究。回国后长期担任金大蚕桑系教授、系主任，还在农业专

大學植物病蟲害系成立紀念及慶祝魏景超教授榮膺主任

史德蔚

焦启源

修科一度代理主任，专长蚕体解剖生理学。1952年后与夫人吴学谦副教授调安徽农学院工作。

8. 乡村教育学系成立于1924年。1939年更名农业教育学系。在成都时，曾接受教育部委托，代办园艺职业师资班，接受四川省教育厅委托，对八个中等农业学校的教学工作进行辅导。先后主持系务的有郭仁凤、章元玮、章之汶等。著名教授还有包望敏、管泽良、林礼铨、辛润棠等。

与该系关系极为密切的还有专修科、农林师范学校和推广部。这不仅为培养农业建设人才，还是农业教育系的实验场所，农专很快成为独立的科系。

章元玮（1900—1987），安徽来安人。我国农业教育与推广专家，现代蜜蜂业奠基人之一。1924年金陵大学农科毕业，留校任教，兼乡村教育系代主任、主任及农业专修科主任。1936年获美国明尼苏达农学硕士学位，回校仍兼两职，并任农业推广部主任。1949年后历任齐鲁大学教授、山东农学院教授兼系主任。退休后聘为中国农科院养蜂研究所顾问，并在南京

金陵大学植物病虫害系成立纪念暨庆祝魏景超教授荣膺主任留影。前排左四单寿父、左五胡昌炽、左六司乐堪（昆虫学组）、左七魏景超、左八柯象峰、左九靳自重、左十刘德林；三排右二夏师我、右四殷恭毅。

单寿父主任在金银街15号蚕桑系大楼前留影。

章元玮

郊区办养蜂场。他较早地引进国外养蜂技术并进行推广，发现、整理我国蜜源植物614种，著有《养蜂学》和《中国蜜源植物志》。

9. 农业工程学系由农业工程学组发展而来，成立于1948年，吴相淦任系主任。建系前后，著名教授有林查理、顾维精、韩珊等，还有兼任教授齐兆昌、沙玉清、胡乾善、高良润、钱定华等。

10. 农业专修科成立于1922年，开始时三个学期结业。1928年，改为学制两年。以农艺为主。1935年，分设农事组和农业经济组。1937年，停止分组办法。1944年，增招一个园艺班。1947年，增招一个农业工程班。1950年，增招一个森林班。先后主持科务的有章之汶、章元玮、周明懿、徐伯申、陈骥、单寿父、章祖鼐、潘鸿声等，著名教授还有朱雄、周蓄源、汪荫元等。

农专培养的学生众多，"农专的好汉遍全国！"这是专修科学生自诩之词，而"不怕苦、不怕累、工作踏实、会说能做"则是人们对专修科毕业生的赞誉和肯定。

11. 农科研究所成立于1936年。起初只有农业经济学部，由孙文郁主持部务。农艺学部成立于1940年，先后由王绶、郝钦铭、靳自重主持部务，1941年，增设植物病理学组和昆虫学组。园艺学部成立于1941年，先后由章文才、沈隽、胡昌炽、丁锡文主持部务。

有了这样一些科系和师资，使人才辈出，弦歌不辍。要列举有成就有

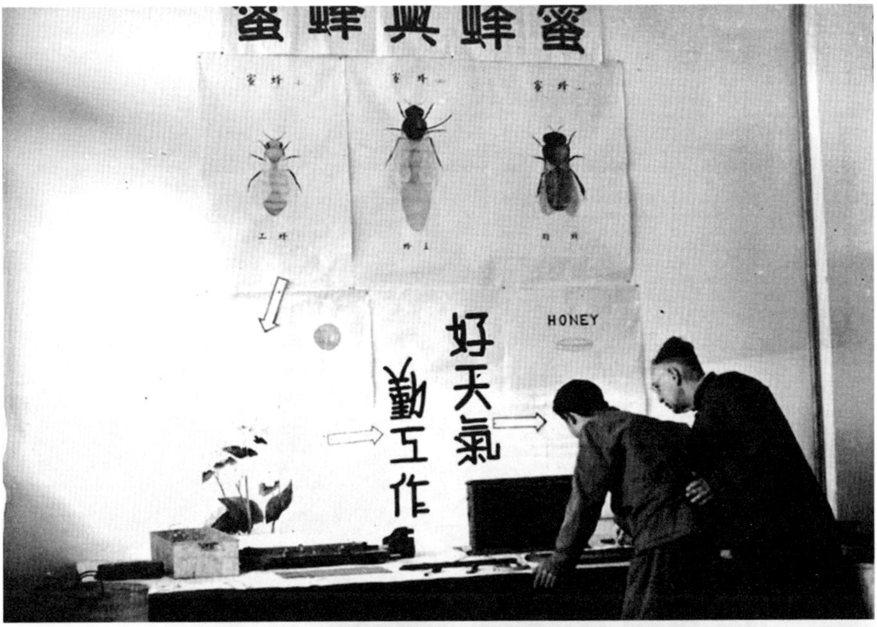

1948 年校庆，农学院蜜蜂研究所举办展览。

农业专修科学生在学校的农田里劳作。

贡献者，因为人数太多，只能在每个系列出一二名作为代表。

农学院教学点滴

园艺系校友许本勤、富迺康的回忆教学情况，生动地反映出农学院教学的科学性、超前性和培养动手能力的特色。

1. 无土栽培结硕果。现在人们赞美以色列的无土栽培。其实，我们园艺系早就开始了。园艺系的园艺场面积很大，温室有好几间，在温室中有十几个水泥槽铺满了小石子，用营养液作肥料搞无土栽培作业，种了许多结球莴苣（就是生菜），好像一朵朵绿色的花卉，整齐美丽。后来在南京的美军和美国领使馆人员每周都会有人来金大园艺场采购大量的无土栽培的生菜，生意好极了。因为那时南京的蔬菜都停留在人粪尿为肥料的阶段，外国人看到那种菜施肥的情景都敬而远之,有了金大园艺场清洁卫生的生菜，如同沙漠中发现绿洲，争先抢购!

2. 无籽西瓜栽种实验。担任我们园专的作物病虫害学的沈先生，那时还在研究所修硕士学位，正在试验以秋水仙素作西瓜染色体试验，其目的在求得“无籽西瓜” 的研究。听说以不同浓度的实验液、时间及西瓜品种等作研究。

3. 电化教育：看电影、写报告。在华西坝金大读书时，每星期都有一次到理学院电化教育专修科的电化教育实习教室（其实就是小型电影院）看电影。放映的片子都是进口或学校自制的与细菌、孢子，花开授粉、植物病虫害、野生动物以及自然景观等，那些算是补助试验的真的实习，回到寝室当晚要写报告，第二天上午要交，不然要被扣分。当时不觉得有此必要，可是现在回想一下，我们受益匪浅！当时是 20 世纪 40 年代抗战胜利不久的中国教育环境，设备及师资都不可能有的实习机会。母校施以电影（化）教育，这是我校同学得到其他学校没有的电化教育机会。

4. 不断倡议“节制生育”。金大农专主任章元玮先生，一副名士派，不修边幅，教授农业社会学，几乎每堂课都呼吁“节制生育”，以减少农村人口的压力，发展农村经济。当时正是抗战胜利之际，百废待兴推行农业建设，不遗余力，处处都靠人力，他居然提出“节制生育”这样的倡议。当时我们听了倒不觉得怎么样，可到后来，才理解章教授提出“节制生育”倡议的正确性和前瞻性。

5. 同学自办实业。金大同学务实用功，常思一展所学，不仅坐而谈，并且起而行。记得陈俊愉学长曾与朋友合办自力农场，新制花篮花圈名噪一时，传说有人空运自力农场制作的新娘捧花到西北使用，产品之好可见一斑。陈学长后来考取公费留学丹麦。另有园艺系周青龙、袁子静和陆之琳学长等合办甜橙贮藏室，用以延长甜橙的供应期。我们观赏组的同学也见猎心喜，合资买了些文竹等盆栽，预备小做一番，因抗战胜利而终止。

第三节　特色与成就

农学院自1914年成立至1952年，共38年，成绩斐然。其成就大体分四个方面。

一、农业教育体制的树立

教学、研究、推广三一体制的树立，是农学院能有卓越成就的最重要原因，也为我国大学农业教育开辟了新纪元。历年经费支配于研究工作所占比例高达40%，用于教学30%，推广工作占30%。有研究，教学才可日新月异，推广才有实际内容。更重要的是对推广人员严格训练，这样，推广工作方可适合当地农业的需要。“研究、教学与推广”三位一体，互有连环性而缺一不可。

如1920年在美籍教师郭仁凤先生的倡导下，成立了棉作改良部，从事中棉育种与美棉驯化工作。1922年开始棉种推广，1924年正式成立推广部，是我国大学农学院成立推广部中最早者。后来在和县的乌江设立了实验区域，推广优良品种，并组织农会及合作社，实验农贷及运销工作。这样的工作，即使抗战时期也未中断，在四川仁寿、温江、新都等县，亦均进行同样实验工作。

故事一：种植美棉被偷，反被奖励大洋200元。

1926 年由金陵大学农林科举办的暑期学校农业推广班在梯形教室进行，重视图片讲解。（南农业大学档案馆提供）

崔毓俊 1925 年金大毕业，回到家乡河北，接受了沧县乐善园农村师范学校的校长一职，作为他的第一份工作，除了管校务外，还教农学。期间，他带领学生推广种植脱字美棉，农民事先并不看好，不肯用这种种子。结果他们的实验很有成效。在 1926 年丰收的基础上，1927 年棉花的长势也很看好。附近的农民很想得到该美棉的种子，就于收成前的几个夜晚偷走了一些成熟的棉花。原本收成应该高于前一年的，因为棉桃被偷，收成仅和去年相当。他内心有些忐忑，于是写信将此事告诉了金大农学院院长芮思娄。哪知芮院长回信说：“你们种的棉花被当地老百姓偷了一些，说明你们推广工作做得好，特寄 200 大洋以资鼓励，并补偿经济上的损失。” 此事很让他意外，原本是报告自己工作的缺点，但却受到了表扬和奖励。这事生动地说明了金陵大学农学院的宗旨就是为中国农业的发展、为中国的农民谋福祉。

故事二：李洁斋在乌江成功的推广工作。

金陵大學農學院農業推廣部暑期農業推廣討論會留影
廿八年八月攝

为树立“教学、研究、推广”三位一体的联系体制，金陵大学农学院还办了农业专修科，学校在乌江镇成立农业推广实验区，作为老师学生的实习场所，并使学校的教学研究和农民的实际需要打成一片。李洁斋，就是毕业于金大农学院农业专修科的。李洁斋这位校友把他一生的心血凝结于这片推广实验区。

乌江镇属安徽省和县管辖，位于长江北岸，在南京西北不过 30 千米左右。也就是当年西楚霸王项羽别姬自刎的那个乌江。

1927 年，金陵大学经过努力，驯化成功一种爱字美棉（Acala），决定以棉产中心地区乌江镇为推广起点，并选派新毕业的李洁斋和另一位同学孙友农担负这项推广任务。

当他俩初抵乌江，在茶馆里一坐，原在座的农民神情立现紧张，低头窃窃私议。因为那时，城里人只要下乡，非催粮即抓人。正准备开溜之时，两人含笑起立请大家归座，并开始发言。使农民们惊讶的，是这两个城里人谈起大家最熟悉的种棉花的事；更奇怪的是他们谈起种田事头头是道，甚为在行，很快引起大家兴趣，纷纷落座听讲。接下来一星期内，他们除了和农民们恳切谈话外，还播放唱片给他们听。待两人感觉业已取得农民的信任，便从身旁大麻袋里取出棉籽，说是送给大家种，这下农民们愣住了！今天说是要“送”，却没有人敢伸手。最后还是一位年轻人走上前去，接过了一包。最后你一包，他一包，棉籽全都领了回家。农民们回家以后觉着情形不对，棉籽色白绒厚，嘴里一咬，软绵绵甚多油质，与平常绿色短绒或者黑色硬壳的小棉籽不同。农民们互相议论这种棉籽，用于榨油或许不错，如果种未必可靠，还是不要冒险为是。于是大家一致决定，把棉籽收集在一起，送进榨油厂换回一点钱来大家分用。

金大的李孙二人兴冲冲终于等到棉苗出土，两人到田间调查，发现并不是爱字美棉应有的特征。经了解，才知师生们数年嫁接培育的心血，全部付之东流，伤心之余，抱头痛哭一场，收束行囊，决心返回学校。

登上轮渡之后，面对滚滚长江，忽然想起老师们在推广学班上曾经讲

1939 年农学院农业推广部暑期农业推广讨论会留影。（南京农业大学档案馆提供）

烏江農業推廣實驗區第一屆合作講習會攝影紀念
民國二十五年三月四日

过："自然科学种瓜得瓜，种豆得豆，走的是直线；社会科学受环境和人为因素的影响，有时必须走曲线，以克服可能遭遇的困难。"于是提起行囊，重返乌江。

他们和当地小学接洽好，义务授课一班。历史故事讲得特别多，得到了学童们的爱戴，间接赢得家长们对他们的信赖。他们还自费开设小型诊所，免费为农民治病，药到病除。就凭着这些关系，爱字美棉终于第二年在乌江播种、出土，而且开花结实了。两人把全镇农民组织成农会，介绍银行对农民低息贷款，并购置榨花和打包设备。这是我国第一个实际推行业务的农会。棉花成熟后，其收获量较前增加一倍。加工打包后运至上海，直接出售于纱厂，每担售价 6.25 元，扣除运销费用，农民每担实得 5.50 元。和已往以土种棉出售给当地商人每担不满 4 元相较，增加收入甚多，于是皆大欢喜。

这一棉种迅速普遍栽种于长江沿岸的江、浙、皖、鄂、湘等省，而成为上海棉纱交易市场优良棉花的代表。到这时乌江农民才感到光荣，因为他们发现沿江各省所产的爱字美棉，几乎全部以"乌江棉"的名称在上海棉纱市场交易。

这个小故事，不但反映了金大学生品质、耐心和能力的造就，而且还说明了在农业发展中农业推广工作何其重要和不可或缺！

二、农村经济调查

除了推广，金陵大学的农业经济调查在我国也是创举。一为研究，二为施政参考，作为将来改良农业、制定全国农业政策的依据。先后曾进行了四次大规模调查，如中国农家经济调查、中国土地利用调查、四川农村经济调查以及 1931 年长江洪水水灾调查。上述调查报告，均成为研究我国

1936 年乌江农业推广实验区第一届合作讲习会的合影。人数之众令人佩服。可看见参加者多数为农民，经过一段推广，作物取得好收成，他们胸前戴着推广纪念章，满脸露出丰收的喜悦。在最右边的两位是金陵大学的推广者，手揣裤兜站者为李洁斋，右边前排带眼镜蹲者叫孙友农，满脸成就感。

《中国土地利用》及其他农经学调研报告

《金陵学报》上刊登《1931 年长江大水之水灾调查》全文，并附有一页半开纸大小的彩图，这在国内还是第一次。这次发表的调查报告堪称经典之作，多年后仍具参考价值。

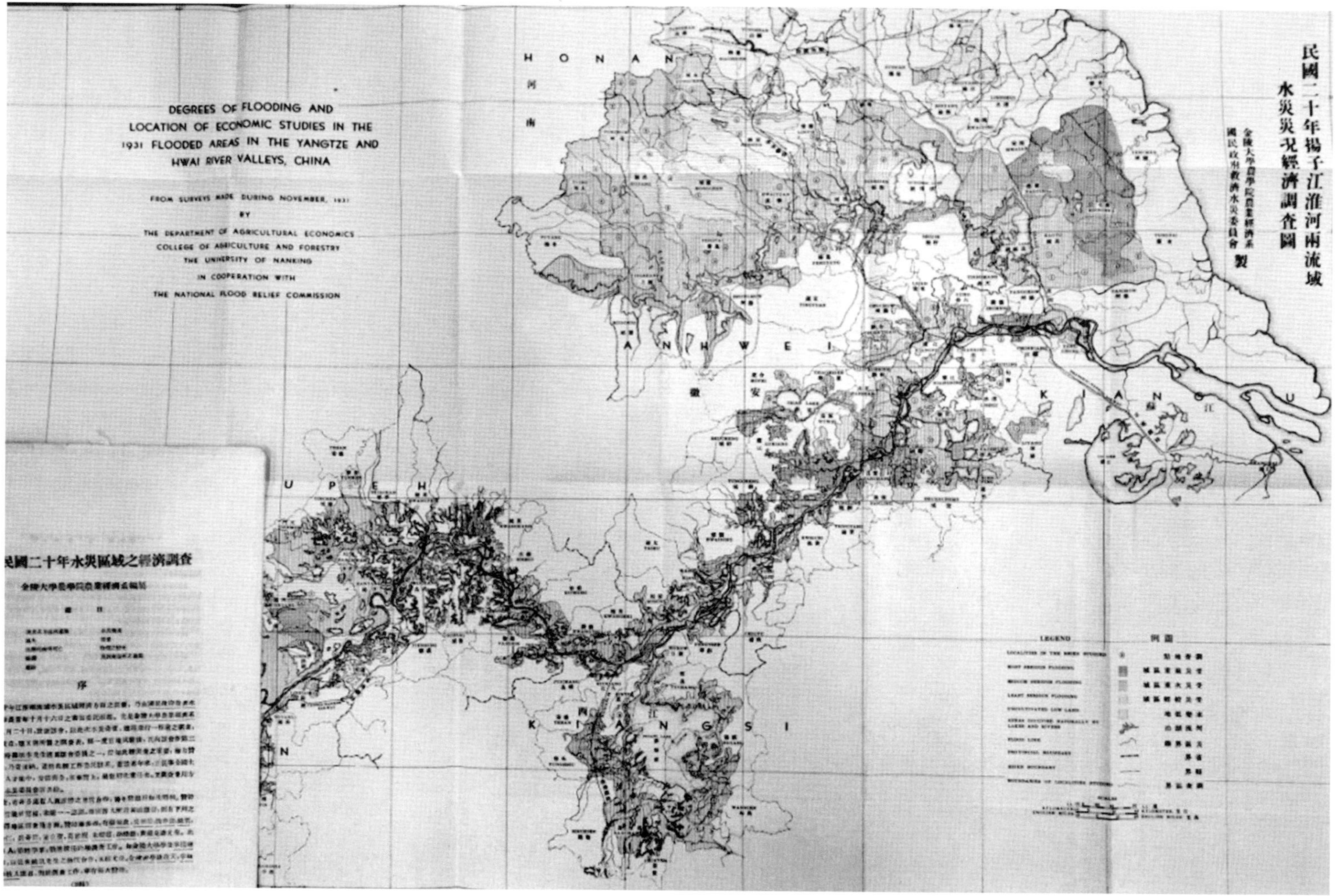
民國二十年揚子江淮河兩流域
水災災况經濟調查圖
金陵大學農學院農業經濟系
國民政府救濟水災委員會 製
DEGREES OF FLOODING AND
LOCATION OF ECONOMIC STUDIES IN THE
1931 FLOODED AREAS IN THE YANGTZE AND
HWAI RIVER VALLEYS, CHINA
FROM SURVEYS MADE DURING NOVEMBER, 1931
BY
THE DEPARTMENT OF AGRICULTURAL ECONOMICS
COLLEGE OF AGRICULTURE AND FORESTRY
THE UNIVERSITY OF NANKING
IN COOPERATION WITH
THE NATIONAL FLOOD RELIEF COMMISSION
HONAN
河南
ANHWEI
安徽
KIANGSU
江
HUPEH
KIANGSI
江西
LEGEND
例圖
民國二十年水災區域之經濟調查
序

农村经济的最重要文献。其中尤以全国土地利用调查范围最大，普及全国22个省，168个区，而中国农家经济调查亦及7省17个县，2866个田场。资料分田场、农业概况、地价物价、运销、农事食物、生活程度以及人口等调查。

三、作物改良

农艺学系致力于作物改良，1924年与美国康奈尔大学等单位合作，协助我国作物改良及训练作物育种人才，设置作物试验改良分场和试验场，向农民推广。在作物育种改良方面多有成就，改良作物计有小麦、棉花、水稻、大豆、小米、高粱、大麦、马铃薯、玉蜀黍等。育成优良品种达40种以上。各品种产量，超过农家品种者，自10%至100%不等，推广面积约一万亩，而后来由政府机关推广者，数十倍于此。

在国际合作改良我国农作物方面，与康奈尔大学合作，自1925年，康校先后派遣洛夫博士、魏庚博士（R. G. Wiggans）等数名博士相继来华，主持研究工作，这对于我国作物育种改良工作的推动，贡献殊大。

1939年在《金陵学报》上发表的总结文章《玉蜀黍之改进》，就是利用前人保存下来的我国和美国玉米自交系进行人工杂交和产量比较试验的总结。单交种#206和#236的生长强势，植株整齐，在通县、保定等地表现很好，比当地对照品种显著增产。这是我国玉米杂交育种的一项好消息。以后由于侵华日军的占据和破坏，玉米试验被迫停止。

把抗旱的、抗涝的、抗虫灾的、谷粒饱满的、果实多的都放在一起，互相杂交，产生了中国自己的品种，金大的育种工作是非常艰辛、细致、了不起的。证明了中美之间的合作是互益的。

四、标本采集与林业调查

关于标本采集方面，计有植物病害标本、昆虫标本、树木标本以及木材标本，总计达数十万之多，为国内少有的标本汇集处。

1. 树木标本：中国各地树木竹类及特产的种类，经调查采集并制为标

南京郊区农学院小麦新品系繁殖区，摄于 1934 年。

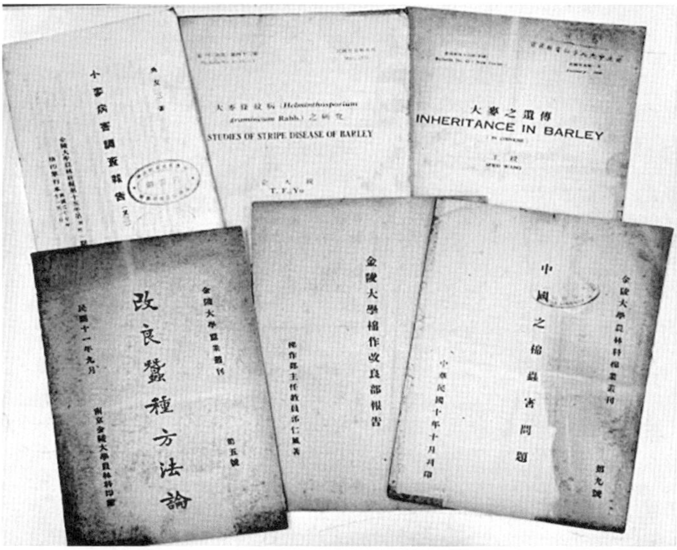

作物改良报告种种。

来华主持作物育种改良工作的洛夫博士（右）与芮思娄（左）在商讨工作。（南京农业大学校友会提供）

本者，计区域达 15 个省，标本 3 万余份，为我国两大树木采集场所之一。并印有《中国树木志》及《中国树木分类学》。

2. 木材标本：例如 1929—1935 年对中国木材硬度的试验研究，对有关硬度的因素，如树种、比重、含水量、湿度、位置、与土地、树脂及其他物质含有量，材的构造，树体的部分，外力的方向侵入物体的形状及作用，均一一加以测定。计测定者共 181 种，2991 个体，21716 次。

3. 林况调查：对晋、鲁等多省进行林况调查，已分别印有山西、察哈尔等省林况调查报告。又于 1939—1941 年，就川康原始林作实地勘察，编有大渡河及青衣江等森林资源调查报告。

4. 植物标本：每年利用假期至各省采集植物标本累计达数万份，除学生外教授也亲临采集，史德蔚、焦启源等教授在标本上留下名字。

农学院一直把标本采集作为一项长远的工作来抓，图为1934年的禽类标本室。

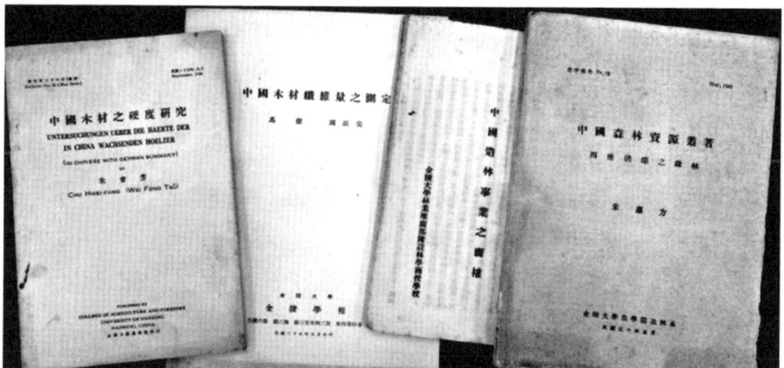

出版关于森林、木材硬度及纤维量的著作。

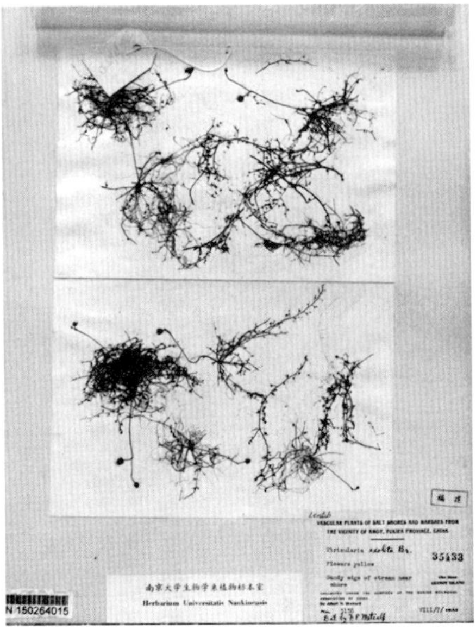

左图

金陵大学植物标本：大叶锥栗（Castanopsis tibetana Hance），1935 年 10 月采集于湖南。金大与哈佛大学阿诺德植物园合作项目标本，由 C. S. Fan 和 Y. Y. Li 收集整理，前者即樊庆生。现存于南京大学生命科学学院植物标本室。

右图

金陵大学植物标本：少花狸藻（Utricularia exoleta R. Br.），福建厦门周边海滩和盐碱地维管植物。中国海洋生物协会赞助项目，由金大植物学系主任史德蔚教授 1933 年 8 月 7 日在厦门采集。摄于南京大学生命科学学院植物标本室。

5. 植物病害标本：植物病虫害系曾至中国各地采集植物病害标本，并印有《中国真菌录》。

6. 昆虫标本：昆虫标本自 1927 年开始采集，迹遍安徽黄山、浙江天目山、莫干山。学校西迁后又深入峨嵋、青城诸崇山峻岭，并至松、理、茂诸边陲山区，采集标本。所得标本，大半已经过校内外人士逐一定名。

1926 年农林科暑期学校的展览室，展出标本和书籍资料。

蝴蝶标本照，1943 年金陵大学校庆时展出。

1934 年金陵大学蚕桑系陈列室，右站立者为系主任顾青虹教授。

第四节　农学院的故事

一、蚕桑系采风

蚕桑系是较早（1917 年）成立的一个系，全系上下就像养的蚕一样，人人不停地工作，从种桑养蚕到制机纺丝，还要不断研究改良，教育学生，同时要对苏浙皖产丝地带广泛进行人员培训和指导，下面几图让大家看看他们的日常工作写照。

二、金陵大学最大的一个系——农业经济系

1919 年，农林科主任芮思娄邀请卜凯到金大组建农业推广系或农业经济系。经过实践他们认识到，西方人自己做农业推广，还不如培养一批中

金陵大学蚕桑系的大片优良桑树品种——低矮（便于采摘）、不结果实只长桑叶。图为桑田景观，摄于 1948 年。

国内成立较早的金陵大学附属养蚕科毕业摄影（1918. 6），第一排左三为主任吴博士（C. W. Woodworth）主任，系昆虫学家。（南京农业大学档案馆提供）

1. 1934 年蚕桑系工人赶制纺车。
2. 1940 年金陵大学蚕桑系制作纺车。
3. 1939 年金陵大学蚕桑系工作人员用自制脚踏纺车纺丝线。

卜凯

崔毓俊

国人去推广好。卜凯到任后，迅速开了四门课（“农业经济学”“农场管理学”“农村社会学”“农家经济调查”），还编出教材，公开发行，被各校农学院采用。在卜凯的领导下，农经系开展规模浩大的农村调查，农村调查较重要的有中国农家经济调查、土地利用调查、人口和生命统计调查以及中华民国廿年水灾区域经济调查四个方面。

《中国土地利用》1936年发表。这一巨著是金陵大学农经系献给中国和世界农学界的珍贵科学资料，为世界各高校和大图书馆争相收藏。该书调查历时五年，参与者有数百人之多，规模之大，内容的深度广度以及数据的处理上，在中国的农业史上都是首屈一指的。

为培训调查队伍，卜凯先后从世界各地请来著名专家多人任职讲学。这极大地充实和活跃了农经系的教学阵容和学术空气，更重要的是在贫穷落后的中国，开展这种带根本性问题的调研具有极大的指导意义，即使今日观之也是很先进的。

一个系拥有一座大楼，在全校首屈一指，教师人数从1925年的5人，到1930年代的60余人，再加上职工，多达150余人。在当时是金陵大学人数最多、阵容最强的一个系，在国内也是首屈一指的。

卜凯（1890—1975），是个传奇人物，他出生于美国一个农家。1914年毕业于康奈尔大学农学院，次年被派遣到中国安徽省宿州任传教士，向农民推广农业技术。

1917年与赛珍珠结婚，赛珍珠获诺奖后与之离婚，但仍保持着前夫卜凯的姓。抗日战争开始后，卜凯也随金陵大学迁到成都。在那里，卜凯和农经系的工作人员张洛梅女士结婚，并生儿育女。1944年春，卜凯偕眷返美。卜凯著作《中国农场管理学》和《中国农家经济》被当时国民政府教育部推荐为部定教材，影响深远。返美后，曾任职于美国农业部和联合国粮农组织。他把自己的青春年华奉献给了中国的农业，并为中国培养了一批高级农经人才。

崔毓俊（1901—1998），河北盐山人，1922年秋由燕京大学转入金陵大学农学院学习，师从农经系卜凯教授，1925年毕业。1949年以前大多时间在金陵大学农经系任教，除教学外，多次进行农村调查，调查足迹遍及十多个省份。主要著作有《中国土地利用》（参编），《豫鄂皖赣四省土地分类调查报告》《到西南去》等。崔毓俊在金大贡献其大半生。

1923年春，在上“农家经济调查”课时，卜凯教授要求每个学生利用暑假回老家农村做调查。按他的要求，崔毓俊回到盐山老家，保质保量地完成了150个农家经济的调查任务，其调查报告的质量深受卜凯教授的赞许。1924年夏，卜凯教授在崔毓俊的陪同下，再次来到盐山县，对他感兴趣的农家作进一步的了解，并和农民座谈，进行现场指导，最后完成了“盐山县150户农家的调查”的论文。

1925年毕业后，崔毓俊去河北沧县任农校校长一职，发生了前面所说的“种棉被偷，还获奖励”的故事。

1929年回金大后，即被任命为华北区冀、鲁、豫三省的调查主任。工作了近三年，走遍了三省的主要县市的农村，完成了调查任务。

1932年又去云贵两省调查，绕道香港、河内、河口而到昆明。在云南调查了楚雄、大理、玉溪、蒙自、个旧、曲靖等十几个县市，最后进入贵

1950年农经系全体师生合影，南京农业大学档案馆提供。
一排：左八起夏琼花、左九嵇才华、左十巴庆春。
二排：左二起王青石、杨家骆、戈福鼎、孙祖荫（系主任）、潘鸿声、崔毓俊、李惠谦、汪荫元。
三排：左一起叶怡曾、陶亦工、汪恩明（女）、钱士安、周铭、龚某某、马家盈、邵之一、吴至宁、汪愚、崔震春。
四排：左四起谢基夜、单人耘、颜若良、丁文元、傅厚、左十四冯复初、左十五孔令衡。

金陵大學農學院農業經濟學系全體師生員工合影七.四.

州的六盘水、镇宁、安顺、贵阳、遵义、都匀、独山，进入广西。1933 年冬才返回南京，历时一年。

1934 年春，崔毓俊受中国农业银行的委托，进行豫鄂皖赣四省的农业经济、土地利用分题调查。历经两年，走遍四省的 30 多个县，搜集了大量数据和资料，写出《豫鄂皖赣四省土地分类调查报告》，于 1936 年出版。抗战时期在成都主持与四川省政府合作，开展四川省各县土地分类调查。先是调查温江、双流等 10 县，接着是金堂、德阳等 20 县，再接着是灌县、资阳等 30 县的规划，至 1945 年抗战胜利前完成。

这种基础性的调查渐为当时政府所重视，对以后的农业发展起着指导性作用。

三、金陵大学最后成立的科系——农业工程系

农业工程当时在中国是个新概念。已经到了 20 世纪中叶，在我国农民还靠人力耕作的背景下，他们提出机械化的重要。为了中国农业现代化，金陵大学 1949 年建立了农业工程系，它也是金大最后建的一个系。

虽然只有三年时间，总计毕业生约 80 人（包括 1950 年入学，在金大学习两年，1953 年在南京农学院农机化系毕业者），却涌现中国工程院院士一人，担任高等院校领导者五六人，多数在学校、科研、工厂第一线。注重实践的同时，注重宣传，为中国农业现代化出力，成就斐然，这首先应该归功于林查理教授多年的准备和经营及吴相淦教授的努力。

林查理（1892—？），美籍教授。1930 年应聘金大农学院农艺学系开设农场工艺课程，为全院必修课。1932 在胡家菜园（小桃园西面）增设农具学组和农具厂、农具研究室，开设农具学为农艺系必修课，这些项目均由林查理主导。抗战前夕，吴相淦等三名毕业于农具学本科。林查理受金大人爱戴，不仅是他为农业工程系的建立打下结实基础，他还在抗战初期留守南京，与贝德士等外籍人士一道为保护难民区国人而奔波。他的夫人是章之汶院长的英文秘书，也是金陵中学的英文老师，常邀请青少年到她家里作客，也用这种方法引导学生对英文产生兴趣。

吴相淦（1915—2005），湖南常德人。中国农业机械、农村能源专家；

1948 年金陵大学农业工程系成立大会，地点为今南京广州路儿童医院后面。前排左起吴相淦教授、吴起亚教授（与吴相淦同时留学美国、当时任中央大学农业工程系副系主任，教授）、孙文郁教授（农经系主任）、陈裕光校长，二排右一为戴邦彦教务处长。

农村能源博士生导师，终身教授。在南京金陵大学农学院农艺系农具学组，师从林查理教授，1937 年毕业（毕业论文为“犁”），后留校任教。1947 年获美国衣阿华州立大学农业工程系硕士学位。回国后，任金大农业工程系首届系主任、教授。以后历任南京农学院农机化分院、镇江农业机械学院（今江苏大学）农机化系教授、名誉系主任。1985 年任南京农业大学农业工程学院（今工学院）教授兼农村能源研究室主任。在美国实习期间提出的拖拉机前、后双向行驶的原理，获得美国专利权，是中国首次在国外获得这方面的专利。主要著作有《农业机械学》《农业拖拉机》《耕作原理》《农村能源》等。

有人戏称农工系是金大的“短命三郎”，其实也是“拼命三郎”。短短三年他们拼尽全力，影响长远，留下丰富的图片和成果，展览在他们自己动手盖起的农业工程馆内。

1950年农工系研究生毕业与老师合影。前排左起：章道元、林查理、吴相淦。后排左起：吴春江（任北京农业机械化学院教授）、赵人鹤（任山东省农业厅处长）、史伯鸿（任东北农学院院长、教授）、蒋亦元（任中国工程院资深院士，东北农业大学教授）、沈美容（任东北农业大学教授）。

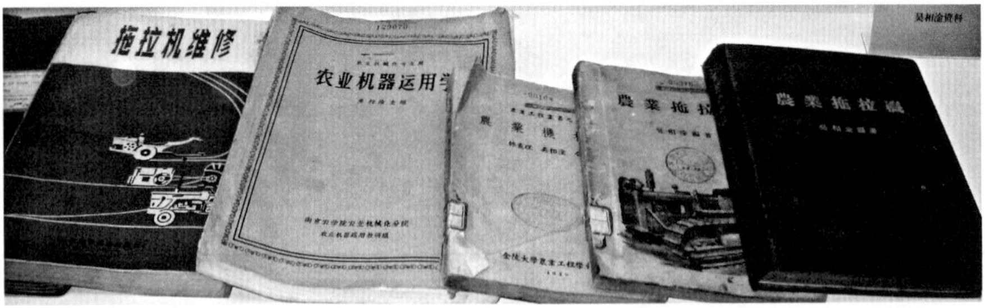

吴湘淦教授译著展示，左起《拖拉机维修》《农业机器运用学》《农业机械》《农业拖拉机》等，均为高校课本及参考书。

林查理展示他发明的简易农具。

農業工程館
金陵大學農業工程學系欢送首屆畢業同學留影 一九五〇、六

学生在自建房舍。左图为学生在砌地基，右图为学生在搅拌水泥。

在农工馆内实习。左图手持水管者是蒋亦元，右图为吴春江、赵人鹤检修拖拉机。（照片系林查理之女 Edith 和吴相淦之女吴恩泽提供）

对页图

1950 年 6 月农工系欢送首届毕业生合影。

第五章 其他部门

中国文化研究所同人于20世纪30年代考察南京郊区的辟邪。左起:徐养秋、赛珍珠、商锡永、李小缘。

第一节　中国文化研究所及文科史学部

中国文化研究所成立于1930年，至1951年被撤销，共办了21个年头。

该所的创立应当归功于两个人。首先是陈裕光校长。他认为金陵大学虽然是教会学校，但它首先是中国的学校，不是外国的学校，中国人应该研究中国的文化，不但不能忘记它，还要研究它，发扬它，还要让外国人知道这些。另一位实业家，霍尔（Hall），因制造铝合金而成了富翁，他本人对东方文化事业有兴趣，捐助事例已有多起。1930年，他由美教会纽约托事部转金陵大学60万美金，其中30万元指定研究中国文化之用，金大便决定成立这个研究所。作为金大的独立机构，由学校直接领导，即相当于学院。金大所谓“三院一所”，一所就是这个文化研究所。

前期该所设于小陶园农经系大楼三楼。

该所的成功运行应归功于徐养秋教授和李小缘教授。成立初期学校便请金大老校友徐养秋教授执掌主任职，延揽人才，开展研究，一时人才荟萃，吸引许多名家来做学问。因徐教授在中央大学有课，在外交部又兼职，便请李小缘专任研究员，襄助办理所务，至1939年小缘先生接替主任职。所以，小缘先生是建所21年唯一的全程参与者和见证者。

文化所经办有两个高峰，一是在抗战前（1930—1937），第二个高峰在1938—1946年。其成就有以下几方面。

1. 网罗人才。1933年《金大一览》记载，有王古鲁、商承祚、徐益棠、贝德士、陈登原、黄云眉等为专任研究员，也邀请如吕凤子、杭立武等任特约研究员，人数已达13人。抗战爆发，人员星散，然而不久即请到吕叔湘、刘铭述、史岩、王伊同等来所做学问。

2. 出成果。成果涉及史学、考古学、文法学、民族学、目录学、哲学、外国人士关于中国文化研究等方面。出版甲乙丛刊17种，论文多篇。

3. 收集图书。除专收史部书籍共3万余册外，西文日文著作、西文日文东方学学报等多种，搜集四川方志200余种、四川金石拓片2000余种。吸引郭沫若等名流学者常来函索取或借阅。

4. 古物收藏：认为古物足以证史，亦足以纠史，而其弥补史阙，功用尤大。为此开展长沙、寿县、四川多地的考古工作。

小克鼎系1890年在陕西省扶风县法门寺任村出土。鼎高28.5厘米，口径29.0厘米，圆形，直环耳，方唇宽沿，腹略鼓，兽蹄足（见图）。鼎的口部有饕餮纹一道（三组），腹部有环带纹，足部有饕餮纹，在所有的花纹图案中都有雷纹衬底。鼎腹内铸有铭文72字，翻成今天的话大概意思是：周王命令膳夫克到东部新都城周（洛阳）发布命令，整肃王的部队成周八师。就在这一年克作了这批纪念其伟大祖先季并置于其宗庙中的宝贵彝器。克每日用它来祭祖先，同时也就每日在宣传他的主人周王的厚重美意。用来祈求康顺、福佑、高寿、长命、善终。愿克万寿无疆，克的子孙后代永远宝用这批彝器。

18世纪东方学杂志，现存于南京大学历史系。

这件鼎在制作技术和造型艺术上，都代表了当时青铜工艺的高峰，特别是造型的浑厚雄伟，形象的端庄稳重，结构的完美精致都充分表现了实用性和艺术性的高度统一，为西周后期青铜工艺中的代表作。

这里要讲一讲福开森捐献文物的故事。20世纪20年代末，每年福开森要到南京来参加校董会，就住在陈校长家。在一次闲谈时，福开森问陈校长，他自己的古玩是捐献好还是拍卖好？陈校长建议说，你是汇文书院创办人，又是金陵大学第一任校长，一贯致力于中国文化教育事业，将古物赠送给金陵大学是最好的纪念。1930年陈校长赴北平接洽福开森捐献之文物，1949年10月由李小缘等一行四人到北京正式接受古物，运回南京。由文学院几个系教授参加，一一清点对帐，并作了一次公开展览。

据考古系蒋赞初教授1986年说，现在南京大学历史系文物室所存古物，由文化所搜集发掘的文物为数最多，估计占一半左右；论价值，以福开森

金陵大学在川期间，从民间征集众多汉代文物和唐宋窑址出土文物。其中有东汉陶俑、彩绘青釉器及加彩俑具有浓厚的地方特色。图中左一为陶踞坐俑、左二为陶舞俑、左三为陶抚琴俑，均为东汉时期文物。

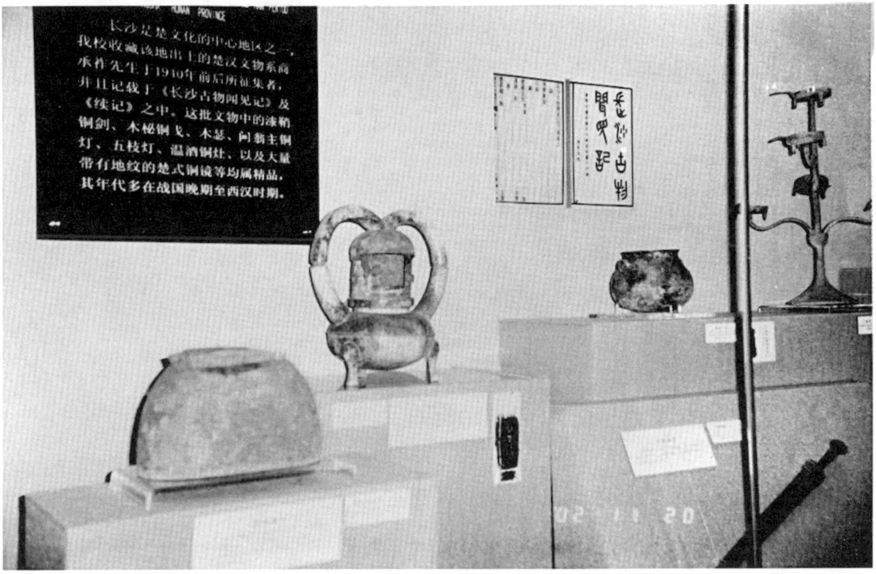

长沙是楚文化的中心地区之一，金陵大学收藏该地区出土的楚汉文物系商承祚先生于1940年前后征集，并且记载于《长沙古物闻见记》及《续记》之中。图中闵翁主铜灯（左二）、温酒铜灶（左一）、五枝灯（左四）等均属精品。

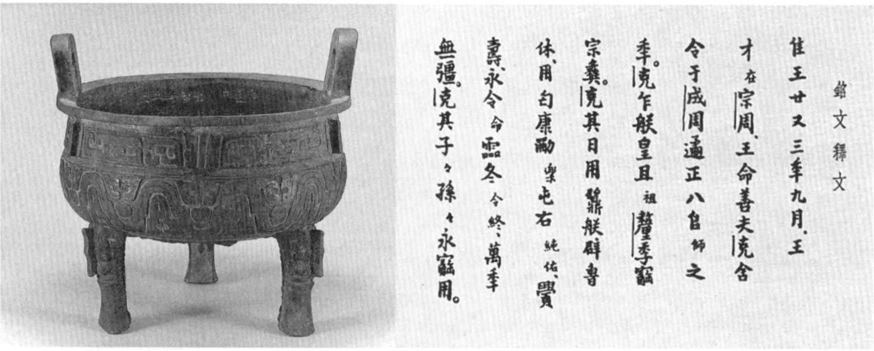

福开森捐赠给金陵大学的文物数量大、精品多，有南唐、北宋时期的字画和商周青铜礼器。小克鼎是福开森捐赠品中最为珍贵的一件西周青铜器。现存南京大学的这件小克鼎，带有铭文 70 余字，有着极高的研究价值。

李小缘先生等一行 1949 年赴北平故宫博物院负责运回福开森捐赠的文物。左起：赵东初、李小缘、黄玉瑜。后为陶振玉。

所赠之文物为最，数量占十分之三；新中国成立后发掘出的古文物居第二位。这些文物便是今日考古专业建立的重要物质基础。

5. 编辑出版《金陵学报》共11卷，在成都与华西大学等四校联合出版《中国文化研究汇刊》共10卷，还刊行《边疆研究论丛》，吸引像王重民、向达、闻一多、常任侠等学者投稿。学报编辑严谨，印制精致，采用横排等特点在国内领先。

1937年，七七事变发生，研究所先迁安徽屯溪，为避免散失，善本书和西文杂志等存放婺源郎中吴先生家。胜利后，藏书安返南京，演绎一出“婺源藏书”的故事。

1936年教育部核准成立金陵大学文科研究所史学部，由中国文化研究所担任导师并开设课程，图书设备由该所提供，主任由李小缘担当。但因战事原因，至1940年才正式招生，先后招三届四人，均获良好成绩，这大概是中国较早的史学研究生。值得一提的是，利用当时学者云集成都的有利条件，为研究生延聘专家学者如陈寅恪、蒙文通、钱穆、徐中舒等为导师。

学者称这里“四壁图书”，愿意来这里上班。吕叔湘教授回忆说：“这个所请一些人来作学问，我在这里，就像养的蚕，吃桑叶，吐丝不多。但后来吐丝多了，就是在金大吃的桑叶，在金大外吐的丝。……尤其是小缘先生，把研究所搞得井井有条，给研究人员创造了很好的环境。”

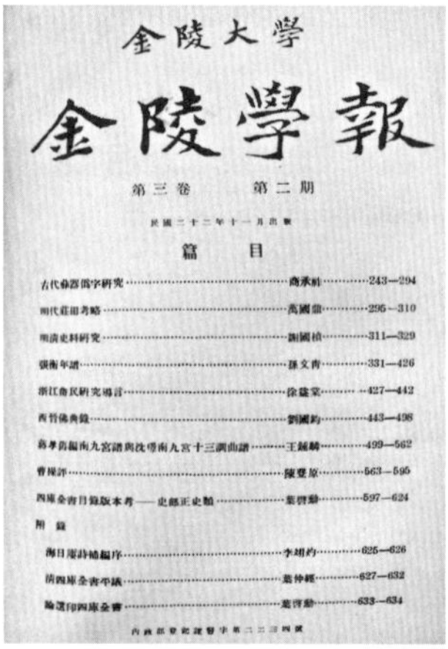

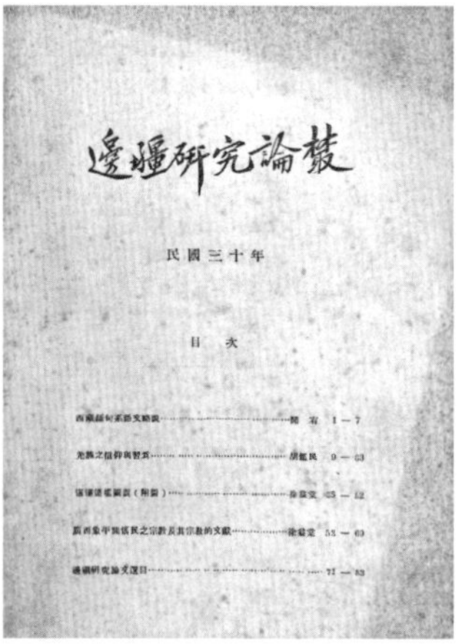

编辑出版之期刊《金陵学报》《中国文化研究汇刊》《边疆研究论丛》

战前文化研究所出版的书籍

1. 中国文化研究所出版物目录（木刻）
2. 商承祚著之《十二家吉金图录》
3. 商承祚著之《殷契佚存》
4. 贝德士著之《西文东方学报论文举要》
5. 王伊同著之《五朝门第》
6.《浑源彝器图》
7. 李小缘著之《云南书目》
8. 商承祚著之《长沙古物闻见记》

金陵大學中國文化研究所叢刊（甲種）

福氏所藏甲骨文字	商承祚	一册	玻璃版
殷契佚存	商承祚	二册	玻璃版
十二家吉金圖録	商承祚	二册	玻璃版
渾源彝器圖	商承祚	二册	玻璃版
南陽漢畫象彙存	孫文青編 商承祚校	二册	玻璃版
歷代著録畫目	福開森編 商承祚校	六册	鉛印本
古今僞書考補證	黄雲眉	一册	鉛印本
邵二雲先生年譜	黄雲眉	一册	鉛印本
顔習齋哲學思想述	陳登原	二册	鉛印本
天一閣藏書考	陳登原	一册	鉛印本
詞源疏證	蔡楨	一册	鉛印本
河徙及其影響	孫媞伊	一册	鉛印本

金陵大學中國文化研究所叢刊（乙種）

西文東方學報論文舉要	貝德士	一册	鉛印本
雲南書目	李小緣		鉛印本

1

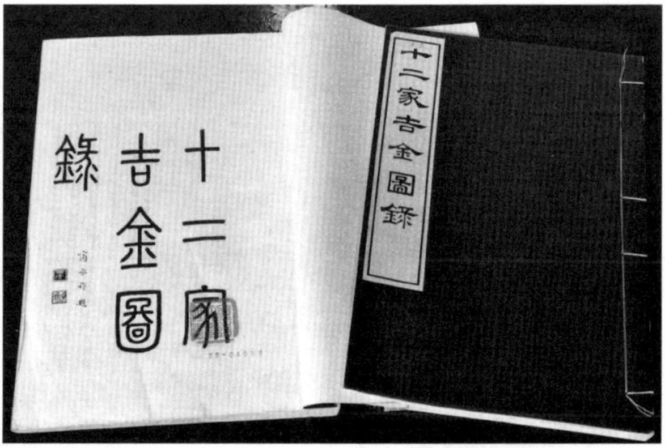

2

3

4

5

6

7

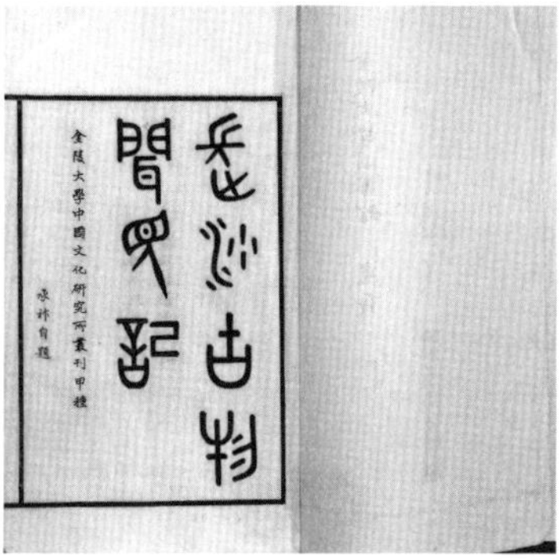

8

抗战胜利时，李小缘先生在食力村书库前。（陈长松摄）

金陵大学文科研究所史学部师生合影。前排为教授，左起：吕叔湘（留英，语言学）、徐益棠（留法，民族学）、李小缘（主任，留美，目录学）、刘继萱（留日，中文）、王绳祖（留英，历史）。后排为毕业之研究生：程天赋、刘骏、汤定宇、张继平。此照中唯缺王伊同。

金陵大学成都食力村宿舍，右侧为书库。后排右起：辛天华、李文秀、两位母亲。前面是小孩玩球。刚刚胜利，即将复员，大家显得非常愉快！（陈长松摄）

金大 60 周年校庆古籍展，李小缘为观众讲解。

第二节　图书馆和图书馆学系

现在称高校图书馆为“辅助教学和科学研究的学术性机构”，而过去称图书馆为“半个大学”，这一点儿也不假。往往老师开具书单，叫学生到图书馆里找，或将老师自已的书暂放在图书馆特定的书架上，称之为“教师指定参考书”，学生在这里寻求知识，学习研究方法。

金陵大学图书馆有许多故事可讲。首先是它的所在地，在金大历史上可谓三易其址，最早在现干河沿金陵大学附属中学青年会楼。

学校一直重视图书馆建设。最早，大学和中小学图书馆设在一起。

金大图书馆 1919 年始搬至北大楼。1936 年在天津路南侧建成新图书馆楼。复员后中国文化研究所设于图书馆三楼。今前楼为南大校史馆。

首任图书馆馆长、美国图书馆学家克乃文先生，1913 年在学校开设图书馆学课程，同时兼英国文学教授。

最早的图书馆楼。该楼是青年会所在地，有地下室。张勋军队抓剪掉辫子的青年，有学生便躲藏在地下室而免于遭难。

新图书馆楼系由著名设计师杨廷宝设计，地处学校中心位置，风景优雅，东侧有水塘，鹅群在嬉水游荡。南侧相连建筑（图左侧）为书库。今池已不存。（孙明经摄，田立卿提供）

克乃文的弟子洪有丰（1893—1963），先留校任副馆长，后留学归来后任东南大学图书馆馆长，开设全国图书馆学讲习班。李小缘，由克乃文推荐赴美留学，又在哥伦比亚大学研究社会教育，发出“图书馆即教育”的呼声。归国后推动成立全国图书馆协会、召开中国图书馆协会第一届年会、创办中国大学第一个图书馆学系——金陵大学图书馆学系、发表《中国图书馆计划书》，推动第一次公共图书馆运动。李小缘先后数度任金大图书馆馆长，他长于历史目录学，为许多学者提供研究线索解释难题，被誉为“教授的教授”。

在金大图书馆学系任教的还有刘国钧（1899—1980），曾赴威斯康辛大

金陵大学图书馆阅览室一瞥

克乃文

李小缘在图书馆馆长任上。

1929年中华图书馆协会第一次年会在金陵大学召开，会上提出了诸多重要提案，成为我国近代图书馆发展的重要节点。图为全体代表在大礼堂前合影。

(一)在金陵大學大禮堂前

1929 年 12 月，金陵大学图书馆学系师生合影。

复员南京后，在图书馆二楼阅览室举行一次编目测试，在测试学生识别和编制卡片的水平。这是图书检索课程，是选修课程之一，为的是提高学生使用图书馆的能力，也为他们增加一种就业能力。站立持扇者为李小缘馆长，其后戴眼镜者为陈长伟副馆长。前排左一为吴光，左二为余辉音（余光烺之女）。

学深造，获哲学博士学位。长于中文编目，主编《图书馆学季刊》。曾任金大文学院院长，北大图书馆学系教授。万国鼎（1897—1963），农史学家，为近代中国农史学科创始人。

今天的学科交叉在金陵大学时期就有跨系辅修的传统。图书馆学系是主要的选修辅系之一。卢震京（冀野）、吴光清、钱存训等知名学者都出自该系。抗战时又办起图书馆专修科。其实，图书馆学作为选修课一直在开设。

1978年南京大学恢复专修科，1985年恢复图书馆学系。今已发展为信息管理学院，含图书馆学、情报学、档案学、编辑出版和信息资源管理五个本、硕、博专业。

金陵大学图书馆的出版物也不少，学术性参考性很强。仅在20世纪20年代就出版有印刷精致的丛书系列多种。

金大图书馆的特色，除了思想新、方法新、设备新外，还包括地方志、东方学、目录学、边疆文献等收藏丰富。如在抗战期间曾发动四川籍学生回家乡时寻觅方志、东方学杂志多种，许多是从外国旧书店淘来的。并入南京大学后，中国文化研究所的藏书也并入了校图书馆。

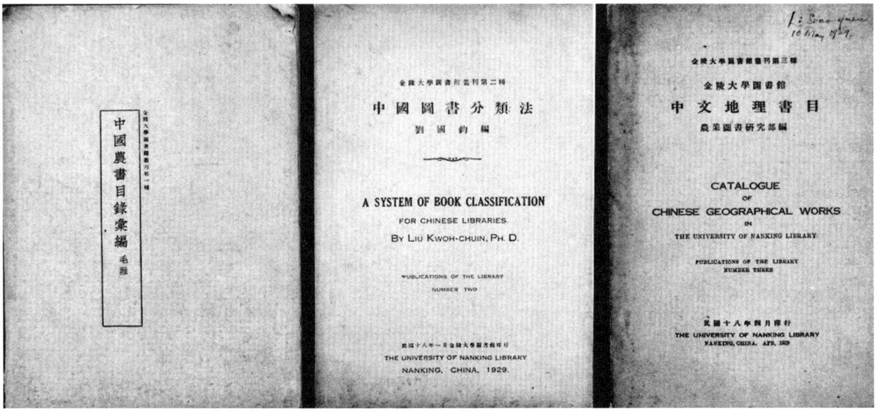

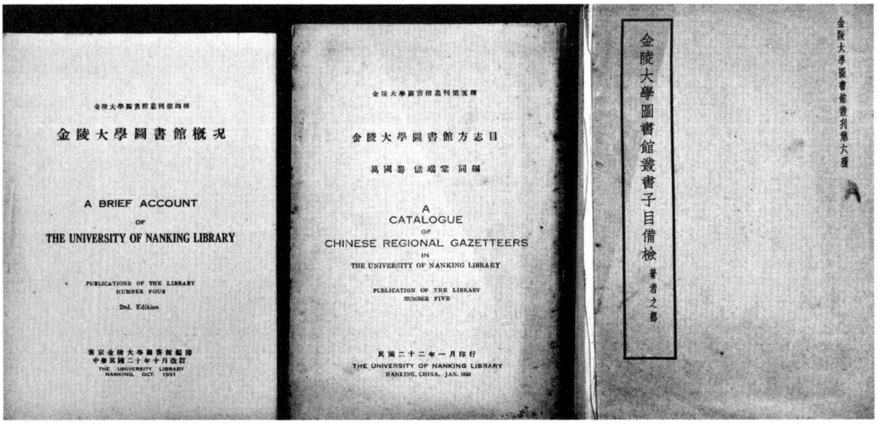

金陵大学图书馆丛书之一至之六：
毛雝《中国农书目录汇编》
刘国钧《中国图书分类法》
《中文地理书目》
金陵大学图书馆概况
万国鼎、储瑞棠《金陵大学图书馆方志目》
《金陵大学图书馆丛书子目备检著者之部》

第三节　鼓楼医院

马林（1860—1947），加拿大人。多伦多大学医科毕业。1892 年曾在鼓楼建成四层楼的基督医院，即后来的鼓楼医院，为南京第一家西医院，百姓称为“马林医院”。

鼓楼医院几度属金陵大学。原名基督医院，1911 年金大设医科，是该科的实习医院，1914 年改称金陵大学鼓楼医院；1917 年与齐鲁大学合并，医院被征用；1918 年金大与美以会等接收合办。1941 年后遭日寇占用，不得已改为同人医院；日本战败投降后医院又回到金大的怀抱。至 1951 年 6 月，附属金大时间达 32 年之久。

该院除日常医疗和救治外，还对百姓开展疾病预防和身体检查，包括宣传、下乡服务等。

1911 年春夏之交，江南一带发生了罕见的特大洪水，无家可归者不计其数。当时鼓楼医院一方面积极免费救治患病的灾民；另一方面马林院长利用回美国休假的机会，寻求最适合中国种植、饲养的庄稼和家禽，并在医院周围种植水果、蔬菜，饲养蜜蜂、牛羊，救济灾民。

马林除对民众做大量宣传教育外，还教人养奶牛、种地，以补充患者的营养，利于恢复健康。

1930 年秋，美籍医生谈和敦（J. Horton Daniels）接任院长。谈院长也是一名医术高超、心怀百姓的好医生，他也给我们留下了许多故事。

鼓楼医院是国内最早创办培养四年制高级护士的学校之一。学员在校期间，不仅学习基础课，还要学习多门医科学如内外科、妇产、小儿、耳鼻眼科护理，药物、细菌、人体解剖、营养等学科，并重视学习精神、社会、心理、音乐和家政等方面知识。从 1918 至 1949 年 10 月毕业了 24 期，毕业生被全国各大医院接收，如北京协和医院、湖南湘雅医院和山东齐鲁医院等。毕业时，除医院院长参加她们的典礼外，陈校长有时也来参加。

创办人马林像

创立于1892年的基督医院（今鼓楼医院），是中国最早现代医疗机构之一。图为1892年建成的医院主楼。

该楼1931年大修后情况，右侧大门上有“基督医院”四个字，左大门框上有“光绪十八年”及“1892”字样。

鼓楼医院大门前人来人往，这里是看病首选。摄于 20 世纪 30 年代。

马林院长在作卫生教育，他的汉语很好，甚至用说唱方式开场。

马林院长开展红十字会宣传。

马林院长（中）和员工一起饲养奶牛。

马林院长在鼓楼岗开荒种地。

1928 年医院成立社会服务部，1933 年成立乡村卫生科，走村串巷，免费为民众服务。图为院长谈和敦骑自行车送医途中。

1949 年 9 月，金陵大学医学院护士专业毕业班举行毕业典礼，陈裕光校长（左二）和谈和敦院长亲临参加。

金陵大学医学院护士专业某毕业班同学合影。

第四节　金陵中学

金陵大学附属中学简称金大附中或金中，她成立的时间和金陵大学一样，也在 1888 年，此后一直延续到 1951 年，与金陵女子文理学院附中合并改称南京市第十中学，1988 年又恢复南京市金陵中学校名至今。她的生命一直延续着，不断发展和创新，现除干河沿的高中部外，还建立了金陵中学河西分校（2003 年）、金陵中学国际部（2008 年）、金陵汇文学校（2008 年）、金陵中学实验小学（2008 年） 等六所学校。金大附中有个好传统，经常出版一些校史资料和图片。在这里，我们将重点介绍抗战时期的金大附中，主要是万县金大附中，此外还有驻蓉分班在第六章中介绍，以及在沦陷区的金大附中（先后称为鼓楼中学、同伦中学等） 在第八章中介绍。

1937 年抗战开始，附中仍按时在南京开学。但秋季开学二十多天后，

金大附中得天独厚，与大学共用一个校园，后来全盘接收了汇文书院的校舍，而金大附中也源源不断地输送优秀学生进入金大。图为汇文书院中学部学生在东课堂教室读书。

九一八事变后，金大附中加强了对学生的爱国主义教育，特别是每周一的周会。图为张坊校长（右一）在钟楼前向学生作抗日救亡演讲，旁为王佐周老师。（1937年摄，校友夏道生存，金大附中校史馆提供）

局势严重恶化，只得通知停课闭校。为了继续完成办学宏志，张坊校长决定全校随金陵大学迁往四川。金陵大学校长陈裕光便委托金大政经系一年级学生张廉在四川找寻校址，由于张廉是万县人，便在万县西郊约七里的沙河子杨家花园找到校舍。因地方太小，容纳不下金大，便让给附中。金大附中师生便在万县落脚。

一、有担当的校长

张坊（1893—1959），字孝侯，江苏南京人。1919年毕业于金陵大学获文学学士学位。1922年留学美国普林斯顿大学、耶鲁大学，获教育硕士、神学博士。1925年回国，任金陵大学神学教授兼沛恩堂牧师。因善言辩，有南京三大演说家之一的美誉。1930年秋被金陵大学校长陈裕光及校董会聘任为金陵大学附属中学校长。1937年抗战爆发，率部分师生西迁四川万县坚持办学。胜利后率众迁回南京，与南京金大附中（同伦中学）合并，仍担任金陵中学校长。1950年，辞去校长职务。

张坊

二、金大附中的一批名师

张坊校长是很爱才的，还有前任刘靖夫校长，他们请了一大批饱学之师。王佐周是金陵大学英文系得到过“金钥匙”（ GOLDEN KEY ）的。冷仲瑶是金大英语系毕业，人们常说他教英文，若用布帘将冷先生隔开，他在里面说英文，你一定以为是外国人。许国梁、孙明经、何锡嘏、周伯埙、冷仲瑶等，离开兼课的金大附中到大学便是正教授。还有向培豪老师，金陵大学数学系第一期毕业的数学名师。金大附中这所名校，培养了一大批人才。为了保护这批精英，也为培养和保护这批正在成长的学生，一所私立中学，尽一己之力从南京搬迁至千里外的四川万县，并按时开学，严格教学，实属不易！

名师聚集的照片是1939年万县金大附中毕业班师生合影。最后排右起的老师有：右三汤文耀、右四王佐周、右五向培豪、右六张坊、右七冷仲瑶、右十何锡嘏 。

金陵中學一九三九級春季畢業班全體師生合影紀念 民國廿八年七月四日

抗战时期在万县金大附中任教的几位教师合影。左起：姜本铭、许国梁、彭重熙、向培豪、何锡嘏。

金大附中部分教师合影。左二起：许国梁、孙明经、韩发义、汤文耀、王实铭。孙明经在金陵大学读书时就在金大附中任教。

万县金大附中校舍原址是万县著名的杨家花园。从上图有台阶的大门进去，正方向和左边是金大附中，右边有个门是孤儿院。整个建筑群很大。

万县金大附中校景之一，此照片是从饭厅向北拍的。第一层台阶上的两侧是教室，再上小台阶进去是女生宿舍。饭厅的二楼有一间教室，其余是男生宿舍。

1943 年 5 月万县金大附中毕业班留影之私人收藏。照片不仅显示出大家饱满的精气神，左边放大的花白头发的校友头像，当年在前排左一的位置。一生怀念母校心系母校，令人感动。后排右一为冷仲瑶，右三为张坊。

抗战胜利了！万县金大附中即将复员，1946 年 4 月毕业班的合影个个精神抖擞。前排中为冷仲瑶老师，前排左三为朱祖恒。由于战争原因，这张照片反映了当时学生年龄参差不齐的状况。

第六章

举校西迁

第一节　西迁华西

一、面临抗战烽火，举校西迁成都

1937 年 7 月 7 日卢沟桥事变，日军侵占北平，后八一三事变中又进犯上海，10 月强占苏州，日机频繁轰炸，逼近威胁南京，学校已无法上课，金陵大学校长陈裕光决定迁校入川，并已经租好船只。而国民政府却希望南京能有一所高校留下。理由是金陵大学是美国人办的，又是教会学校，估计问题不大。再说，从 8 月中旬日本轰炸南京后，稍稍消停了一阵。陈裕光只好同意留在南京继续办学。

二、开学上课

校友徐国桢回忆：1937 那一年，金陵大学决定新学年于 9 月中旬在南京开学。由于战争关系，注册报到的人数仅一百余人，其中以江、浙两省的同学居多。我们分别住在戊、己、庚、辛、壬五幢宿舍楼的地下层房间里。教室也安排在各院楼的地下层内，气窗外堆着沙袋，白天开着电灯上课，作为空袭时掩护之需。记得每天中午后，在紧急警报的汽笛声中，日本轰炸机飞临南京上空。就这样，在硝烟弥漫中上了一个多月的课。迨 10 月 26 日淞沪战场上传来了大场失守的消息，我军退出第二道防线，上海岌岌殆危。当时南京一片混乱，所有机关先后搬迁一空。

实际上，陈校长早有打算，“在 8 月 20 日致电华西大学，探询其合作的可能性”。在“得到华西协合大学热情和肯定的答复”后，因形势急剧变化，在开学不多日，教育部为保存实力，突然紧急通知闭校停课，却又表示无法帮助解决所必需的交通工具。陈校长先前订好的船只已被官方征用。金陵大学只有发动师生员工，四处借船只和车辆。另外派出先遣人马，主要是柯象峰教务长直奔成都，与华西协合大学联系商借校舍和教育设备，安排招生与开学等事宜。不久，南京金陵女子文理学院、山东齐鲁大学，以至后来的燕京大学，也与成都华西协合大学联系，迁至成都华西协合大学校园，并在师资等方面与华西协合大学互相交流充实，实行合作办学。华西坝集中了五所教会大学，成为当时一大盛事。

1937年11月下旬，金陵大学从南京举校西迁成都华西坝。金大迁校是分批由指定的教授与教师率领行动的。第一批在1937年11月25日动身，这是人数最多的一批，乘“长沙号”江轮溯江而上，由裘家奎教授和孙明经老师率领，由于江面即将封锁，可能是最后船只，逃难人家纷纷往这班船上冲，乘客太多，因此船上非金大的乘客不少。船上拥挤不堪，厨房不能按时做饭，师生曾经在四天四夜中只吃到两顿饭，轮船共行驶4天抵达宜昌，适逢长江上游浅水期，只能在宜昌等待小轮船或木船。11月29日一批师生又乘另一条船。至12月3日，最后一批行政人员始告撤离，也是南京未沦陷前最后西撤的船只。

孙明经回忆说：11月25日，金大师生数百人集体分三批撤离南京，乘江轮“长沙号” 溯江而上，学校任命化学系老教授裘家奎和一名助教孙明经为领队，照料行进中秩序。江轮过载，拥挤不堪，以致吃饭时间，饭筐难于送到乘客跟前。如说我是领队，这是我做成的唯一的事情，金大以外的乘客，杂乱地混在每一堆乘客中间。在人群中，我偶然发现有穿金大义勇军服装的年轻人，我便号召他们一起来维持秩序，打通送饭通道。在这种情况下，我们所占的空间才获得吃上两顿饭的机会，那是四天四夜的事情。当我们吃上第一顿时，周围的杂乱问话说：“他们怎么先吃？”其实说话的人已吃了好几顿，我们才吃第一顿，我们算有幸，事前与船公司联系好包了一个货舱。在铁板上铺上自己的行李，紧挨着躺在一起，倒也别有情趣。人太挤，饮水也不易得，带着娃娃的老师们不得不用行李绳从江里提水给孩子和奶粉，包括教生物的教授，人到什么时候说什么话。这时吊上点儿江水的人没有说不卫生的。在那以后，几乎什么艰苦的生活都未曾抱怨过，且甘之如饴。

我们是以难民的身份在武昌、宜昌等待换乘较小级客轮，这段旅途成了了解我国伟大的江流和水运以及轮船上各种设施的常识的大好机会。所见胜景，更远超出预期。沿途的物产也留下难忘的印象。沙市以上桔柑之便宜出人预料，但越往上水越便宜。到了重庆，到熟人家，主人拿一毛钱叫孩子去买，买回摆满一桌子；而我们过去竟全然未知有此等事。

几批师生先后到达重庆时，均由农学院王绶教授、理学院马杰教授，会同在重庆工作的校友们负责接应，并联系解决去成都的公路交通问题。

当时，重庆与成都间只有一条公路，依靠少数以烧木炭为动力的汽车行驶，车速很慢，由渝到蓉需要3天或更多时间。全校教职员工约500人，学生200多人，大家心向母校，虽备受艰难险阻，仍毫无怨言，终于在1938年初到达成都。是年1月在蓉第一次招生，2月即复校，3月1日正式开学上课。

金陵大学理学院的电机工程系因为电机等机械过重，无法由重庆运往成都，只能滞留重庆，而重庆的工业较为发达，对教学实习有利，理学院院长魏学仁会同该系、科师生即留在重庆教学上课。后来新建的电化教育专修科，汽车专修科等班次便也设在重庆。

据孙明经回忆在重庆的情况：1938年1月到达重庆，逃难的一群如一家人。在重庆先住社交会堂，睡长椅上。不久，挪小什家、文德女中，以后挪曾家岩求精中学。曾住其主楼上，又转口字房北端，再转春森路一小楼，又转静卢住三楼。以后魏学仁在求精校园造了简易三层楼，老师住二楼，一楼为金工厂和电机系实习场所（杨简初、魏学仁均住在二楼）。楼在院北端，以后又造了防空洞，洞口朝嘉陵江。空袭惊险最多时每天入洞1~2次，曾有几天以在洞为主，仅上楼几次，空袭次数达百次以上。后来，只来飞机盘旋不断，叫作疲劳轰炸，使市民根本不得正常工作和喘息。

这段西迁的过程，很少留下照片，编者只能以校友的回忆来描绘。

校友王焕如回忆：1937年日寇占领上海向南京进犯，母校被迫西迁。当时我是学生，想帮着植病系装箱。俞大绂教授对我说："你是学生会主席，要料理的事很多，这里不用你帮忙，什么时候该走，你告诉我好了。"当时植物病理系装了近50箱，所有图书仪器都搬走了。

学校租了一只轮船，船到达南京时我对俞先生说："该走了。"章之汶院长特地嘱咐我："你一定要让俞先生离开此地。"我通知学生们全部离校后，到船上找俞先生，却到处找不到。没想到他作为教授却在轮船的最底层和同学们在一起坐在地下。当我见到他时，他对我说："快来，快来，向来办事的人都是最后一个到，我替你留了地方。"

到武昌后，学校需要继续西迁。动身前，俞先生语重心长地对我说："我要负责运东西，你们先走吧。对植病系的人，你要劝大家都走，不要散了。"俞先生留在宜昌。负责运全校的物资西上。当时日本飞机对宜昌狂轰滥炸，我们不在俞先生身边，对他的安全却都感到十分忧虑。事后俞先生趣味地对大家说："不要紧，一颗500磅（1磅≈0.454千克）的炸弹，炸15立方米的坑，中国面积之大，日本能有多少炸弹呢？"当我们在成都欢迎俞先生来到时，大家心情非常激动，有如迎接来自前线的亲人。

人们不应当忘记政治系的马博庵教授，是他好不容易帮助租到了一艘船。到苏州沦陷，南京危急时，长江下游特别是上海招商局的江轮，为阻止日舰西进，均凿沉于江中。南京已没有船只可租，马博庵教授知道后即赶回家乡仪征，通过熟人，费了很大气力租到一条船，即11月25日南京出发的"长沙号"江轮，有人称这是东方的"诺亚方舟"。非常遗憾的是马博庵教授在租到船后即去接家眷，待接来时船已开走，从此马教授再也未回金大而去江西就职去了（这段故事我们已经找到马教授之女93高龄的马宝章女士核对过了），的确很遗憾！

卢作孚的长江航运公司发挥了巨大作用，承担了搬迁运输的主要任务。由于遇到水浅期，江轮无法前行，该公司专门有大动力的小船，金大师生家属只能排队等待这种木船。所以在宜昌耽搁了前后近一两个月时间。

校友李佛续回忆：在宜昌理学院之图书仪器改用四只大木船装运至重庆。长江三峡地带经常有土匪出没抢劫，为保护图书仪器安全起见，理学院魏院长学仁老师商得兵工署协助，借用该署运兵工器材入川名义运送，并请派8名武装卫兵护送，于每船分驻两名，同时指派林慰桢、徐承德、马燮芳与我四人押运（当时四人都在理学院任助教）。我们四人同乘一船，于1938年1月2日登船，每船船头插一兵工署旗帜，前后衔接，扬帆西上。

进入山峡之后，河谷渐窄，但江流湍急，1月27日上午8时左右船到万流下游数里处，船员看见南岸山崖上有一些可疑的人在走动，即告诉我们那是土匪，有下山抢劫的可能。因土匪有枪，要我们提高警觉并避入舱内，此时我们的卫兵向空中开了一枪，以警告他们，这是军船，有武装，不要来犯，同时船即加紧赶路，傍晚到了码头停泊后，卫兵就在江边隐蔽处放哨巡夜以防土匪来袭。如此连续警戒两三天，直到过了白帝城为止。自宜昌至白帝城一共走了11天。

2月16日船靠近重庆，江中往来的船只越来越多，岸上的人也渐见热闹起来。但见有一队敌机沿江北上空飞往重庆空袭，其返航飞临江中，忽以机枪向船只扫射，幸未射中，逃过一劫。是日下午船抵重庆码头停靠，魏院长派人前来接船，并接我们到租借的求精中学。自宜昌至重庆，水路长达649千米，共航行28天，终于顺利完成了西迁护送图书仪器的任务。

柯宁美校友是教务长柯象峰之长女，因为当时她已十几岁，又是跟她父亲一道西迁的，父亲直接受命于陈校长，所得消息最快最准也最连贯，因而她的回忆更具价值！

柯宁美回忆：1937年七七事变后，日机不断对南京轰炸，父亲将我们送到采石矶我大姑父的家乡暂住，他自己一人在南京主持金陵大学教务工作，招收新生，安排开学。

八月初的一天，采石矶火车站传出消息，日机正轰炸南京，火车不通了。后来父亲利用开学那几天，教务处的工作告一段落，送我们回到贵池老家。

两个月后，父亲从南京来信：国民政府准备迁都重庆，金大校董会决定迁校成都，借华西大学校舍继续开学。告诉母亲在十一月底带着四个孩到安庆与他会合。父亲头一天到安庆，会合后乘大火轮后面的木拖船，两天后到达汉口。父亲安排我们住进旅馆后，自己渡江去武昌，与教会办的“华中大学”联系地方，准备为后续到达的金大同人家属找落脚的地方。最后华中大学答应将体育馆腾出来给金大用。

在武昌半个月，父亲天天跑轮船公司，终于包租到一艘小火轮，让金大教职工带着家属，和一些刚到武汉的金大学生上了船。船长见我父亲带几个孩子上船来，已没有什么空余的地方，便将自己的房间让给我们。十二月长江是枯水季节，小火轮又是逆水行舟，为行船安全，小火轮昼航夜泊。

实际上是母亲十一月底带我们从安庆出来，一路上车船转换，忽停忽行，有车船了，便赶紧打整行李上路。父亲只能顾到在外面跑联系交通工具和停留下来寻找住宿的地方。父亲照应不着家里了，均由母亲独自承担安排一家人。

这天小火轮到宜昌，为过三峡做准备，在宜昌又停靠一天。一早小火轮起锚准备过三峡。水湍急凶险，船只在江中吃力地上水行船，十分缓慢。终于到了重庆，大家舒了口气，在朝天门码头上岸。我们在青年会里住了半个多月，等待父亲包租去成都的大客车，记得是在重庆过的1938年元旦。父亲作为教务长，借校舍、开学、招生、工作在等着他，好不容易租到一辆大客车就先动身去成都。车上除我们一家人外，还有叶南薰等数家，头天宿内江，第二天下午到成都。

次日一早，大家还在休息，父亲便去华西坝与华西大学接洽借校舍开学的事。傍晚父亲徒步回来了，高兴地对我母亲说：借校舍的事谈妥了！父亲在这寒假中，一方面筹办金大借校舍开学的事，也抽空在华西坝附近找出租房。不久在南门外大街国学巷找到一幢叫“觉庐”的刚造好的简易二层楼房，就在华西大学校园的西北。我们家住楼下左边两间，楼上是数学系叶南薰家住了，其余的留给蚕桑系单寿父家和另一家住。

华西大学在艰难岁月中以兄弟学校的情谊借了一部分校舍给金陵大学……

忘不了在抗战的艰苦年代，政府不但没有放弃大学教育，更是让大家团结互助，互通有无，不遗余力地坚持办大学。抗战前中国沿海的正规大学，不但得以保存，还有所发展，为国家培养了多少建设人才！

抗战胜利后，交接工作、学生补课、等待车船，直到第二年1946年5月，金大分批东返南京，我父亲也是打前站的那一批，首先回到南京，为金大作准备招生和开学工作。（柯象峰之长女柯宁美之回忆《我生活的客观世界和主观世界》，2005，82—110页）

第二节　记忆中的华西坝（一）

手绘华西坝图说明，单明婉绘制，陈永椿、李永泰校订。根据单明婉手绘抗战时期华西坝六大学建筑分布图，摘其有关金陵大学部分修改而成。

1. 钟楼
2. 荷花池
3. 三台山
4. 体育馆
5. 郝斐院
6. 化学楼

7. 生物楼
8. 女生院（女生宿舍）
9. 懋德堂即图书馆、博物馆
10. 琴房
11. 华大北门
12. 高琦中学
13. 广益学社
14. 陈裕光校长住宅
15. 怀德堂即事务所，华大行政楼
16. 教育学院，金大行政楼和教室
17. 万德门，五大学共用的理科楼
18. 金女大体操房
19. 明德楼，金大校本部及园艺系址
20. 金大教室
21. 美国空军医院
22. 新医院
23. 弟维小学
24. 觉庐
25. 金大桑园
26. 金大附中驻蓉班
27. 金大学生宿舍
28. 电台
29. 成师华西附小
30. 麻疯病院
31. 加拿大小学
32. 华西协合中学
33. 张群公馆
34. 金大农专教学楼
35. 骆园
36. 农园

37. 奶牛场
38. 洋坟
39. 食力村
40. 华西坝大操场
41. 丁克生家
42. 苏木匠家
43. 张凌高家
44. 郭有守家
45. 孙文郁、孙明经家

第三节　记忆中的华西坝（二）

校友崔肇春

我们离开华西坝虽已有70多年了，但当时的情况仍不时在脑海中回荡！金大师生在民族危亡之际，为了保存国家的这支文脉力量，携家带口，历经千辛万苦，长途西迁，历时数月，终于来到静谧优美的华西坝。它不仅为金大，还为金女大、齐鲁大学、燕京大学等学校提供栖息之地，它的主人叫华西协和大学，他们为远道来的朋友竭尽所能提供种种方便和条件。我们在感激之余，循着记忆，勾勒出许多地标，并注明编号，可以引出许多背后的故事来。

如果以华西坝大操场40为中心，那么现在沿逆时针方向转一圈吧！

在东面，有座钟楼1，是地标性建筑，就像金大的北大楼。南侧有半圆形的荷花池2，是青年男女谈情说爱的地方。右边是三台山3，为一小山丘。与西面大操场40遥相对应的是郝斐院5，华大划出部分房间给金大作办公楼，也是理科上课的地方，主要是物理系。南面是体育馆4，给金大用作活动场所，先作为食堂，后为金大礼堂。钟楼往北为化学楼6，是1941年金大与金女

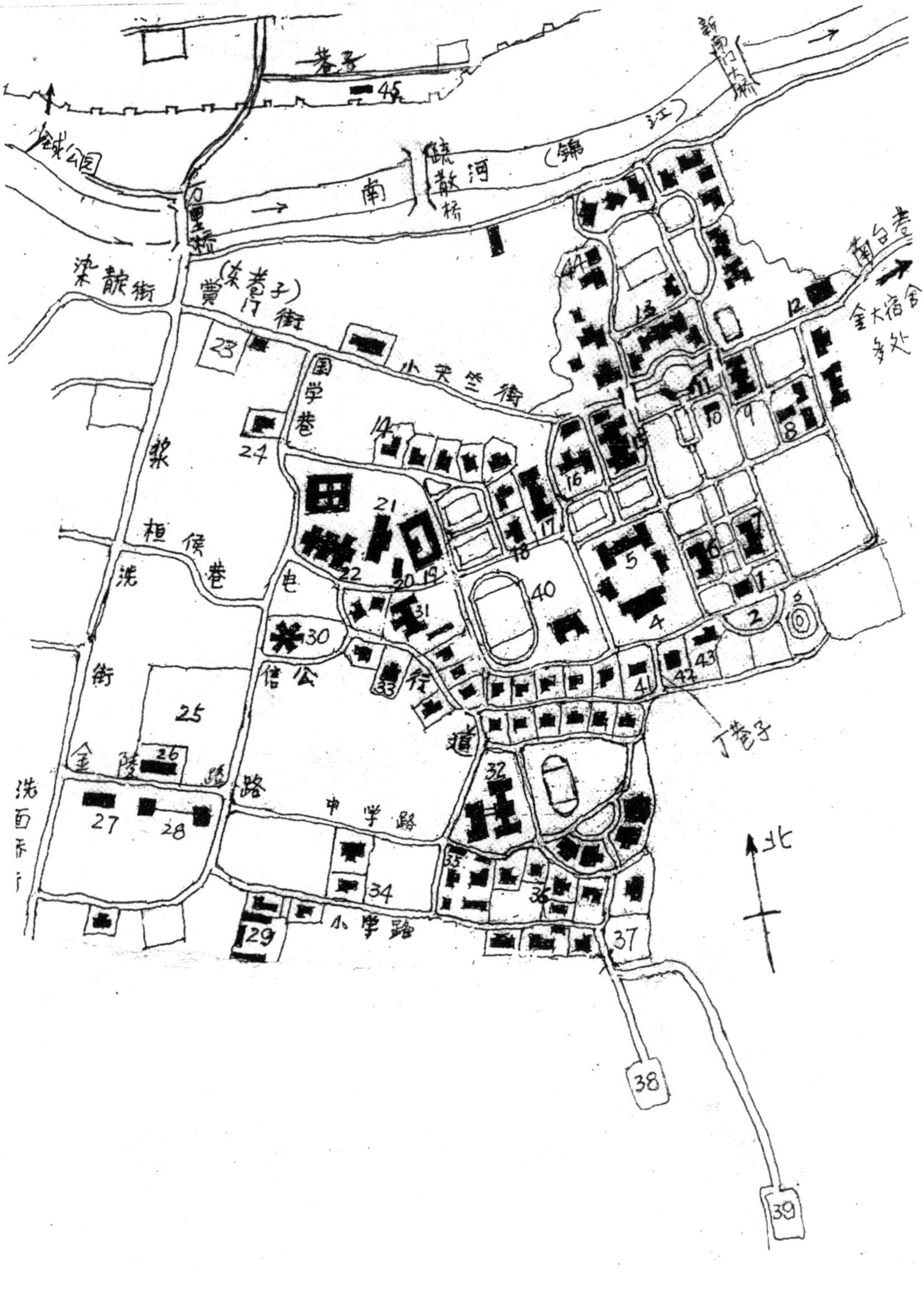

巷子
45
新南门大桥
锦江
南河
万里桥
染靛街
(东巷子)
小天竺街
国学巷
桓侯巷
金陵路
中学路
小学路
丁巷子
南台巷
北
1 2 4 5 6 7 8 9 10 11 12 13 14 16 17 18 19 20 21 22 23 24 25 26 27 28 29 30 31 32 33 34 35 36 37 38 39 40 41 42 43 44

大齐鲁大学合建，由华大建筑师苏木匠设计的。对面为生物楼7，这两座楼也是金大教学的地方。再往北偏右侧便是华大图书馆9，五大学共用。它的背面是金女大自建的琴房10，优美的钢琴声响起，那真是“对牛弹琴”！因为它的前面空地正是种牛种羊场。

再往北，出了华大的北大门11，就是广益学社13，是文科教学和办公的地方。其东面是高琦中学12。在锦江南岸，有许多教师的住宅，像芮陶安、陈校长就住这里。后来因日机轰炸，陈校长住宅受损，就迁至南宿舍14了。

小天竺街是条重要的路，出北门往西，有TipTop西餐馆，小学生得奖往往来此取一份西点，还有邮局、银行。

绘图人单明婉是单寿父之女，在清华大学学建筑，后去成都工作，这是她学生时代照片。

北门往西，排着几所建筑：事务所15是华大行政楼，教育学院16是金大行政楼和教室，万德门17也是座楼，西侧明德楼19，金大园艺系就设在这里，20为金大自己盖的二层教室楼。18为金女大舞蹈教室。再往西，是华大医学院21（美国空军医院）和新医院22，金大中国文化研究所就借设在新医院楼下。

在东巷子南，有弟维小学23。觉庐24曾是金大教师住宅区。麻疯病院30也是个地标。加拿大小学31因日机轰炸学校撤离后成为金女大第二宿舍，吴贻芳校长曾住此。

华西坝西南面有个桑园25，是金大蚕桑系教学基地。南面高耸电台铁塔28，附近修建了金中驻蓉班教室26和金大学生宿舍27。金大学生从教室到宿舍相距二三里，原为田埂，为便于来往，金大动员师生修建了一条路，校长陈裕光与农学院长章之汶、文学院长倪青原、理学院长李方训等荷锄上阵，掘土动工，师生高唱《开路先锋》，挥汗劳动金陵路始筑成。至今该路已成为大路。金陵路东侧34为金大农专教学楼，不远处是骆园35，

钟楼，堪为华西坝的地标建筑。1926 年建造，整点时钟声自动敲响，声音浑厚，可传到远处。

金大教职员宿舍，住有戴运轨、柯象峰、单寿父、陈纳逊、胡昌炽、应廉耕、蔡乐生、朱雄、徐绍武等十家。农园 36 住有章之汶、章文才、高立民、林礼铨等多家；还有的宿舍分布离华西坝稍远一些，如东面的南台巷、红瓦寺宿舍，东郊金大新村宿舍就有三处；南郊的洋坟 38（丁庭洧、谢启适等住此）、食力村 39（李小缘住此处并藏文化所图书）等。

为使适龄子弟入学，除华西坝原设有华西协合中学（高中）32、高琦中学（初中）12、弟维小学 23、第八小学外、又在金大教师们努力和四川省教育厅长郭有守支持下，新设立了成都师范附小华西分校 29，以及前面提到的金大附中驻蓉分班。

南端有奶牛场 37 南北共两家，南面是南京遗族学校迁来的。他们的父亲都在北伐和抗战中牺牲，培养他们大家都关心。北面是加拿大人“丁矮子”丁克生的，丁克生是华西协合大学生物系教授，他不但养牛，还饲养大熊猫，引来大家的目光。41 和 42 分别为丁克生及苏木匠的家。苏木匠是华西协

华西大学赫斐院，部分作为华西协合大学和金大的理科教室。

合大学建筑师，就像金大的齐兆昌建筑师一样，这位漂洋过海来到中国的苏木匠，建筑了多座华西协合大学建筑，也帮金大盖起了一些简易教室和宿舍。43 为华西协合大学校长张凌高家，44 为郭有守家，45 分别为孙文郁、孙明经、陈守株、谢湘家。

华西坝的地理中心是大操场，比两个足球场还大，这里经常有集会、球赛，甚至还有滑翔机表演。说到踢足球，小朋友有场地没有球，便到柚子园采摘柚子来当球踢。

我们在这里观看了东方足球队和大学联队的精彩比赛，亲眼看见东方足球队的球王李惠堂表演高超的百步穿杨，他一人能旁若无人地盘球穿过对方许多防守猛将。在足球场上，从缅甸撤过来的英国皇家空军 RAF 常来打（cricket），大家挖苦他们说 Run Away First（逃跑第一名），因为是被咱们远征军在缅甸抗击日军打了几场大胜仗解救出来的，为中国人长了志气。

金大影音部放映电影也很活跃，先是在郝斐院外西面，后来迁至教育

半月形荷花池。是当年青年学生谈情说爱的地方，至今仍吸引民众前来垂钓。

学院南面的小操场上放映，成为周末的一项活动。另外，影音部的音响设备非常先进，一处设在华西坝的球场西北角上，另一处设在少城公园外的运动场，每有球赛或运动会，都能听到它的声音。

看，这就是抗战时期西迁后方金大师生临时的驻地，反映了团结奋斗的画面。每块石头，每段小事，都有故事，将记录下那段历史！

此为化学楼，1941 年由金大、“金女大”、齐鲁大学三校合建。规模宏大，实验条件充足。建筑悬挂匾额“所过者化”，系为弘扬我国蒸蒸日上的化学事业，高调赞美化学所产生的“化”的作用。化学楼与生物楼很相似，房顶都有两对怪兽咬住一团火，以达到镇邪防火之意。化学楼前有一座小亭，专门用于储放易燃易爆的实验物品。小亭有助区分当年化学楼与生物楼的差别。

成都华西坝华西协合大学校园内嘉德堂——生物与预防医学楼，屋顶有两对二龙吐火脊饰，门口有宽宽的台阶，是同学们喜爱留影的地方。摄于1939年5月。

20世纪30年代末，在华西坝金陵大学农学院实验田边拍摄校景，背景可见钟楼（右）和生物教学楼（左）。此时化学楼还未建。但过不了多久，化学楼将在小孩站的地方拔地而起，成为一道风景线。

新落成的华西坝金大教学楼，位于华西协合大学校园内。摄于 1939 年 5 月。

华西协合大学北大门初建成的情景。

华西协合大学的大门，又称华西协合大学北门，位于校区中轴线北面。出校门往左便是小天竺街，上邮局、银行、万里桥都走这里。

华西协合大学事务所，又叫怀德堂，系华西协合大学行政楼。

华西协合大学教育学院，华西协合大学借给金大作为行政楼和教室。门前广场为露天电影放映处，放映机放在二楼，投射到外面的大白布银幕上，布幕前后均可观看，吸引众多观众前往。

华西坝华西协合大学校园的万德门，五大学共用的理科楼。屋顶有中国古典园林建筑式攒尖顶圆亭。孙明经拍摄于 1939 年 5 月。

加拿大小学。小学师生撤离到仁寿县后成为“金女大”第二宿舍，吴贻芳校长也住在此。

丁克生女儿与幼崽大熊猫“潘多拉”。

原来这大熊猫还有一番故事。1869 年，年轻的法国生物学家传教士阿尔芒·戴维，受巴黎自然历史博物馆派遣到中国采集动植物标本时，在雅安地区发现的。作为生物教授的丁克生也十分关注大熊猫的情况。

1937 年 9 月一只大熊猫幼崽在四川灌县（今都江堰市）出生，次年 4 月被猎人捕获，随后卖给了华西协和大学。负责此事的生物教授丁克生将其带回成都后，养在华西坝家中，取名为潘多拉（Pandora）。在华西坝上生活两个月后，潘多拉辗转重庆、上海、香港，远渡重洋，于同年 6 月 9 日抵达美国旧金山，最终落户纽约布朗克斯动物园。1939 年，潘多拉被送进纽约举行的世界博览会游乐区。在为期一年的展览期间，有超过 13 万的美国人购买门票观看了生性活泼的潘多拉，当时美国最具影响力的《LIFE》周刊还进行了专门报道，熊猫成了中美文化交流的使者。

第四节　自己动手，战胜困难

初至成都，虽然东道主华西协合大学已尽其所能提供帮助，但因西迁来坝上的学校多，人员多，实在不能一下子全部安排。特别是师生住房、教室、实验室明显不足，于是金陵大学立即动手自建多处教工宿舍和教室。宿舍均为草屋顶简易结构。

物理系许国梁老师的长子许世杰回忆道：我们家就在新村的最后一排。最后一排和第三排间的通道往东有一座大门，出了大门往东北方向不远，就是有名的九眼桥。东门外过了马路是一片农田，再往东就是四川大学。望江楼在其东南。紧挨着新村西北面，修建几排类似新村的茅草屋，作为金大的学生宿舍。出了北门，左边是一个篮球场，我们小孩把它当作足球场。

据资料记载，新村先后住有数学系余光烺、叶南薰、张继华；化学系戴安邦、李式金；化工系张玉田；物理系钱保均、程守洙、许国梁；森林系朱大猷；农艺系张学明、谢启群；生物系范德盛；农经系孙文郁、崔毓俊、李惠谦等多家。

另外还有金大一宿舍叫宁村，金大三宿舍叫唐村，也是这样的草房。

华西坝西电台附近，建了男生宿舍、金大附中驻蓉分班教室，但只有窄窄的小路相通。为方便交通，校领导决定自己动手筑路。这条路当时称为金大路，至今尚存，现改名为金陵路。

成都地处四川盆地，古称“天府之国”，周围崇山峻岭，地势险要，日寇未敢贸然进攻。尽管如此，空袭仍极频繁。成都平原没有山洞或地道等防空设施，每逢敌机进犯，先敲打竹筒，作为飞机入川预防警报的信号。这时，人们即应离开城市，向农村田野疏散。金大学生宿舍位于南门外浆洗街，靠近郊区，一般要到空袭警报（汽笛）发出时才离开住地。日子一久，逐渐麻痹大意起来。1939 年夏天某傍晚，敌机突然空袭成都，在浆洗街、新南门城墙角和祠堂街一带投下了大量炸弹，瞬息间，城内一片火海。这次轰炸，伤亡惨重。救护队立即投入新南门外茶馆地段抬架伤员工作，四个人一组，扛着一块门板，把伤员抬到华西坝教育学院医务室，作临时性敷药包扎，伤势危重的连夜送往城内医院治疗，也有来不及抢救而已经死去的，尸首堆放在楼梯转角处，为数不在少数。有一位植病系的川籍同学

开始教职员宿舍多在城内，因敌机一再来袭，遂商请成都市政府在华西坝东近望江楼处借地 16 亩，除建学生宿舍 3 座供 160 名学生寄宿外，还建了 7 座教职员宿舍，除前排一座供单身教职员寄宿，其余六座计房 40 余间，可住十数家。这就是金大第二宿舍——新村宿舍。虽草顶、灰壁、外加地板，在国难时期，得此蜗居，亦可安住矣！图为宿舍刚刚建成，等待入住呢！

被大梁压死，当时丧仪队抬着棺材经过华西坝赫斐院大门进行路祭时，全校师生同仇敌忾，义愤填膺。

西迁以后，根据抗战形势需要，金大成立了多个部门，如汽车专修科、化工研究所等。总而言之，抗日期间，国家缺什么，金大就办什么，而且金大校友一直坚守完成任务，缺少汽车，就办电焊培训，缺少汽油，就办化工研究（生）班，以便研究酒精代替汽油等。金大并不是把实验室的结果直接上交，而是亲自驾车、风餐露宿、历经艰辛、冒着被日寇轰炸的生命危险，记下精确数字，证明实用以后才会上交推广。

1938 年春，化工系规划筹备成立军用燃料补给系统。广大的西南山

许国梁一家在新村金大教职员宿舍前。屋前搭的架子是给自家种瓜用的棚，以解决生活之需，又可蔽荫。1941 年摄。

金大搭建的二层楼学生宿舍区，中间为水井。
（取自南京大学展览）。

金大师生在华西坝举行筑路开工典礼，陈校长讲话。

区仅赖以公路运输。在地点、储量和油料种类上又要随战争需要作机动性调整布局。日军对我国封锁很严，库存有限。用油单位须按规定申请核准，凭电报点发放，紧急时期通宵值班，工作十分忙碌。为了节省一点油料，工作人员不厌其详地反复核算，他们一边打算盘，一边草拟电文。有一位校友就是这方面的能手，对雪片飞来的要油急电，每天不到几个小时就处理完毕。“油贵似血”，只有身临其境者才能体会出真正意义。汽油是易燃物，在日军频繁轰炸的情况下，汽油运送规定严格，每辆车只限量运送 1 至 2 大桶（如果是 1 桶油，可以将油桶快速推下，驾驶员可以迅速跳离逃生，如果塞满了，车行驶速度就会变慢，逃生机会为零）。因为一旦遭到轰炸，必然是人车具毁、化成灰烬，但是金大人为了节约运输过程中消耗的汽油，加大了单车单次运输量，冒着生命危险前行。

武汉失陷后，原从广州、河内等地进口少量油料的路线也被日军截断。油源（贸）易处，将面临枯竭之虞，也曾向苏联洽购，未获结果。于是筹办军工燃料厂，生产代用品和开展人造汽车的科研工作应运而起。先后在四川、贵州、广西、陕西等省筹建燃料厂 10 多个，其中还利用精炼植物油代替柴油。成立燃料研究所，利用煤裂化干馏制取汽油，同时筹建综合汽油厂。为了取得应用酒精汽油的科学依据，有的校友还驾驶汽车沿成渝公路试车，试用可能代替的比例，冲力测验和机械磨损率、消耗量等。有的奔驰在川黔公路上的崇山峻岭之间，试验代用品的爬山性能，并在滇缅公路上测定进口汽车的行车耗油定额，他们都置危险于不顾，餐风露宿更是家常便饭。在当时油源枯竭，进口被封锁的情况下，对开源节能起了积极作用，在战时科学技术领域是有一定的重要性的。先后参加此项工作的校友，当时分散到各部门的，据粗略估计金大参加此工作的近 30 人。大家都是报国心切，不辞艰辛，在各个工作岗位上，发扬“求效率、讲实际”，贯彻了金陵传统校风。

抗战后期，油料进口只有绕道缅甸仰光，经云南遮放唯一进口线路。滇缅公路是当时陆地国际通道。中外军用物资交流在这里频繁运输。为了充分利用这一路线，提高运输效率，从重庆经贵阳到达昆明，然后沿滇缅公路到叫作遮放的地方，沿途设置军车加油站，减少军车携带本身耗油所占吨位。滇缅公路西南终端遮放，距缅甸边界仅 50 千米，为云南省白彝族土司所管辖，十分落后，生活非常艰苦。这一国际通道的内地东西两段在贵阳和昆明各设总站，从事管理制度，分别由金大校友担任，出色地完成了任务。

又如，金陵大学是私立学校，3/4 的经费来自学费，西迁后人数减少，艰难维系，这时实行了精兵简政。许厥明回忆道：在母校学习时，深知母校尽可能把经费用到教学上，在行政管理上真正做到“精兵简政”。在抗日战争期间，学校迁往四川，分住重庆、成都二地，校本部在成都。规模如此大的学校，管理人员、校长仅陈裕光一人，校长办公室仅设一人。教务长仅柯象峰一人；图书馆馆长亦仅一人。每逢开学，教务处注册组及总务处事务组亦仅二三人应付，成效卓著。教务处注册组仅二人，一人是组长，一人是组员。学籍组仅一位女组长。事务组只有陈老师带了几个工友而已。如此机构，真乃精兵简政，经费当然用到教学上去了。

母校领导处校长陈老需全面照顾、工作特忙外，其他领导均亲自兼课。柯老教社会学、倪老教哲学，章院长讲授农业教育学、魏院长在重庆教电机原理、李院长在成都教理论化学等，各系主任除任课外，还领导科研。这样对教学情况，学生思想、学习、生活等情况，均能在教学过程中全部掌握，解决教学问题自然及时。

第五节　园艺系的柑橘事业

金陵大学在抗战时期，因地制宜进行新的学术领域研究和创新，文学院开展西部社会、民族、文物的考察；理学院开展湿电池研制、西部环境科考、大量科教片的摄制、放映机研制、微缩胶卷阅读机制作等；农学院则继续在西南尤其是对四川土地、土壤、农产物价的调查，进行果树品种改良，特别是柑橘，因而促进柑橘产业的大发展。

迁到四川以后，柑橘研究成了重要课题。四川是柑橘出产大省，过去因为采摘运输不当损失严重，缺乏优良品种，质量、产量均待提高。从胡昌炽教授 1928 年创建园艺系以来，便将果树分类及品种改良作为研究重点，园艺系遂对柑橘，从品种到种植，从采摘到后期处理，每个环节都认真过细地研究、实验。终于成就了一个大产业，为我国中南、西南各省区发展作出贡献。他们不懈的努力可从照片中看到。

一、人才荟萃

诚然，成都处于战时状态，但是新从外国留学归来的海外赤子，不顾关山阻隔，生活艰苦，却远涉重洋，纷纷投入祖国的怀抱。读书期间（本科三四年级 1938—1939 年，研究院 1942—1944 年），仅农艺、园艺两系的老师有汤湘雨、靳自重、章文才、吴绍骙、李景钧等教授，加上原先任教的老师如郝钦铭、梅藉芳、顾元亮、高立民、黄瑞采、马育华、胡昌炽、汪菊渊等，极一时人才荟萃之盛。还不止这些，还加上五大学的农科教师，当时的师资极为雄厚，课程十分丰富，实习农场很多，可以算得上是达到了世界“一流学科、一流大学”的标准，学生真正做到理论联系实际，受益匪浅。

二、华莱士访华

1943 年 11 月中美英三国首脑在埃及首都开罗开了一次国际会议，发表了开罗宣言。金大电化教育系主任孙明经将这部纪录片在华西坝广场上放映，让人们察觉到法西斯末日即将来临，抗战胜利的曙光依稀在望。1944 年 6 月，美国副总统华莱士访华，还特地来成都了解中国农业情况，他毕业于美国依阿华大学，与金大林礼铨教授是前后同学，曾任美国农业部部长，金大农学院与四川农改所联合布置了一个农业展览馆，供他参观。他赠给我国一个新品种的甜瓜，当时称“华莱士瓜”，后改称“白兰瓜”，适合于西北地区栽培。五大学在校园广场上临时搭台，邀请华莱士演讲，由燕大校长梅贻宝担任翻译，盛况空前。

1940 年农学院柑橘采摘，配挂柑橘篓筐子。

1940 年农学院柑橘精心采摘，使用梯子。

柑橘按序号分捡。

柑橘装箱，箱底有绳网状保护，摄于 1940 年。

过去柑橘在运输过程中损坏严重，箱底绳网保护是一个较好解决的办法。

1943 年金大五十五周年校庆时，农学院特别展出了优良的柑橘。

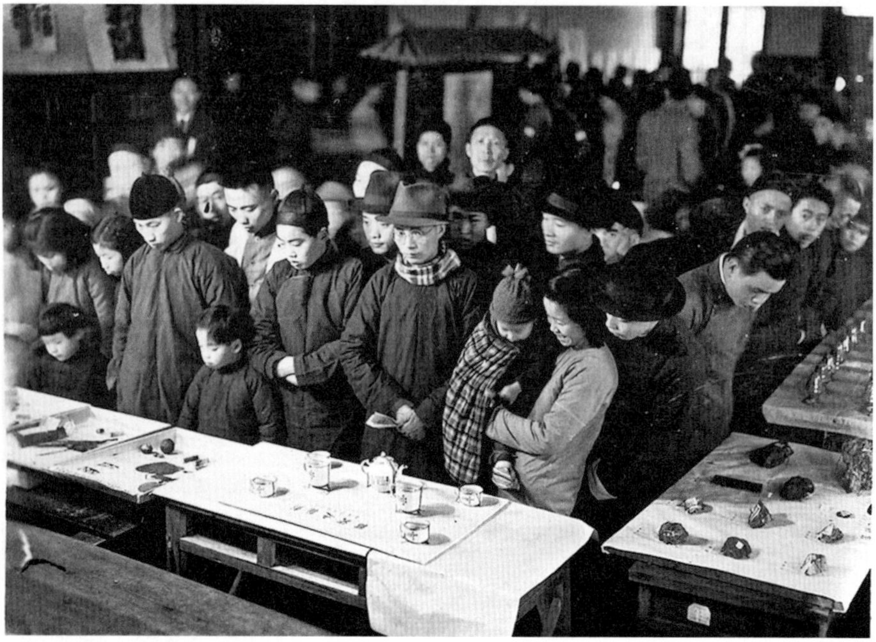
农学院展厅里观众热情高涨。

1943 年金大五十五周年校庆时农学院展出的果树苗。

1943 年金陵大学 55 周年校庆展览，农学院同学独出心裁，他们用柑橘搭建成一座高高的金字塔，很有创意，特别吸引眼球。顶端有箭头写道，发展我国生产事业。四层塔基从上至下标出农学院所负之责任，推广应用、作育人材、研究改进。底层左边用箭头标出政府机关社会团体所负之责任，补助经费给予便利（厚厚的第四层）。赞扬了研究方面得到一定经费的事实，和需要更多政府方面的拨款。把奋斗目标、工作成就、研究方向、自己的责任、社会的支持讲得一清二楚。访华的美国副总统华莱士（他本人是农民出身）参观了这座柑橘做的金字塔，非常震撼，在金字塔前伫足良久。

第六节　露天电影

金大人在华西坝如何休闲？有人说到华西坝看球赛，有人选择到少城公园走走，但更多的人则回答：周五晚在华西坝上看露天电影！

金大有这个条件。有个强大的影音部，有影音专修科师生的支持，尤其是孙明经教授多年苦心经营，在拍摄、冲洗、剪辑、制片、放映、解说、播音、印制发行等方面取得很好的成绩。每当放映之时，万人空巷，先是看彩色幻灯片和战事新闻片，再看自家拍的纪录片、科教片，然后有进口或国产的故事片，真是莫大的享受！集知识、趣味、技能培训、战争动态报道于一体。既是休闲，更是学习。露天电影也成了抗战时期华西坝的文化符号。

金大影音部电影放映队，不辞劳苦，奔走四方，把电影送到乡村和偏远工厂。这支放映队分工合理，相互配合，边放映边讲解。解说词一般由孙明经、曹守恭负责。影片接洽由欧永祥负责。当地百姓看电影是大事，像过年一样张灯结彩。娃子们总是涌过去看热闹，非常好奇，问题多多，却很害羞。身挂相机的孙明经统筹全局，电机工程师曹守恭亲自操作机器，并协助保养。图中此次由录音师孙良录（右）进行讲解，欧永祥随时更换相关的音乐唱片，起到烘托气氛，调动感情的作用。在黑白默片时代，把电影放得有声有色。

每逢周五，露天电影海报内容早就贴出，下午五点半左右，天还没黑，百姓扶老携幼从周边赶来看电影，挤满了广场。5 点 50 分，按照孙明经事先的安排，金大影音部的扩音器开始播放《杜鹃圆舞曲》，悠扬的圆舞曲，杜鹃的叫声，召唤着邻近的农民和远处的中小学生。来的晚的只能坐在或站在银幕背后观看。那真是万人空巷。散场时百姓举着花五分钱买来的一节旧拉纤用竹篾作为火把，沿着田埂往回走。几个人一堆，边走边议论，十分热烈。“嘿，我们的兵个个是好汉，左手也能开枪杀鬼子！”一听就是那些来自银幕背面观众的赞叹。下图是“万人空巷”的场景。值得注意的是银幕垂直下方，和与银幕平行的地方也站着很多挤不到位置却仍然不离开的“听电影”观众。

夜晚常常风大，银幕被吹得起皱，却巍然不动，十分结实，那是采用

金大在四川最受欢迎的一支放映队。他们巡回放映电影，受到各界欢迎。

我国乐山市（当时叫嘉定）军用降落伞厂的厚丝绸特制的。银幕下方赫然落款 “金陵大学理学院教育电影部” 让人们记住了金陵大学和她的教育电影部。

抗战期间，孙明经拍摄的军事教育片，如《防毒》800尺（1尺≈0.333米）二本（1936） 和《防空》1000尺三本（1937），在教育和保护广大民众生命方面起到了很大的作用。为了表达中国人民抵抗日寇的决心，孙明经一方面竭力向后方观众展演前线实况，一方面教给百姓敌机来轰炸之时，如何保护自己的常识。四川观众看电影非常专注。当时有很多地区百姓中文盲率高达90%。东三省被占领，却有老百姓甚至不知东北在哪里。迫切宣传抗日的任务就这样压到了金大影音部头上。孙明经又要拍摄，又要放映，又要讲解，又要上课，又要安排学生实习，为了培养更多急需的电影人才，他的任务颇为艰巨，常常感到力不从心。一己之力难免有限，就这样

华西坝观影

还是把影音部办成了一个教学、摄制、放映、编译的名为“三电”的战斗团队。白天上课，办杂志，宣传，晚上放电影。十点电影散后，收拾电影机、扩音机、电线等等，吃完饭已经半夜，第二天清晨又出现在办公室。游创新同学纪念孙先生的文章中说，“从来不给补假，我们不知道什么叫休息，但是大家目标明确，学到了很多东西。”由于严师的带头作用，大家干劲都很高。

从当时的海报可以看出华西坝露天电影内容丰富多样，有动画片《驴与狮皮》，讽刺幽默，很吸引儿童；有手工技能片，如《地毯制造》，为教给百姓生活技能；《空军战报》《伞兵》，为普及抗战知识，战报则顶替着战争年代没有电视、广播、报纸的不足，将欧洲战场情况通报给大家，鼓舞抗日士气。《电化家庭》展示电气化的西方现代化家庭生活。海报上还可以看到为响应“青年科学周”而特别约请刚从美国讲学归来的中大医学

专注的观众。图为在华西坝广场放映孙明经拍摄的军事教育片,如《防毒》《防空》等。

露天电影放演海报

影音部为发布消息而建立的移动式公告栏，引来过路师生观看。

部学者做科普演讲《科学与手脑》。指出后方广大青年学习科学的重要性和方法。这张照片右侧可见一位影音部学生站在海报前偷着乐，这是当时的一道风景。农民兄弟大多觉得自己识字不多，羞于伫立细观海报，大学生用自己做诱饵，百姓有从众心理，只要有一人看，便凑上来看，当影音部同学要求为农民兄弟在海报前拍摄留影时，他感到十分拘束，很不自在，匆忙之间没有来得及扣上衣服纽扣。此外，海报也标出华西坝演出地点：教育学院广场。广场不够大，因此常常比较拥挤，后来迁至大运动场。

由孙明经亲自设计的移动公告栏，随时更换最新消息和公告，是最受五大学同学欢迎的阅读报刊、新闻的形式之一。由于公告栏自带轮子，可以随时推到同学们集中的上下课必经之地。有时也用来发布电影广告。

第七节　华西坝的典礼

1941年，成都华西坝华西协合大学、金陵大学、金陵女子大学、齐鲁大学联合举行毕业典礼。这是毕业生步向礼堂的入场式。特点为教师夹道列队于路的两旁向毕业生行亲切的注目礼。

1941年毕业典礼中，金陵大学毕业生们走向礼堂。

1943年，迎来了金大史上的三个庆典，一是金大西迁5周年，二是农学院成立30周年，三是金大建校55周年，一个比一个重要，如何充分庆祝这三重庆典呢？金大校务委员会决定有四：召开纪念会；办展览，特别是农学院成果展；举行灯火游行晚会；出版建校55周年纪念册。总结经验、肯定成绩、表彰先进、以利再战。四项任务皆胜利完成，为金陵校史留下丰厚的一笔。

金陵大学的毕业生们正走向礼堂参加毕业典礼。沿用了金陵女子大学典礼传统，每校前皆由两位女士担任引领员。

华西坝五大学校长走在毕业典礼的路上。右三穿中式长袍者为陈裕光校长，右五着深色旗袍者为吴贻芳校长。金陵两位校长皆穿中式服装，已成特色。

1943 年金大农学院建院 30 周年大会在华西大学事务所隆重召开。四川省长张群（左一）、金大校长陈裕光（左二）、农学院前院长芮思娄（左三）、教育部副部长杭立武（左四）、农学院院长章之汶（左六）等嘉宾缓缓步入会场。

西迁四川香火未断，为了适应战时人才大量需求，除增设英语、国文、国书馆、汽车修理、电化教育、农业多专修科外，在培养研究生方面，文学院设史学部（由中国文化研究所负责），社会福利行政特别研究部开始招生，理学院原设化学研究部继续招生，1938 年第一届研究生毕业，金大成为经教育部核准授予硕士学位的第一所大学。毕业者沈彬康就是最早用植物油炼制燃料油，以支持抗战的人。原有的农科研究部又有所发展，根据需要，1940 年增设农艺学部，1941 年又增设园艺学部以适应新的人才需求。1946 年后分别改名为农业经济研究所、农艺研究所和园艺研究所。

抗战期间金大农学院 1941A 级毕业照。他们是 1938 年金大西迁后不久春季入学的。农学院仍保持了金大在南京开设的各种丰富多样的专业。前排左起：柯象峰教务长、陈裕光校长、农学院章之汶院长。二排左起：徐学训（森林）、吴中伦（森林）、林如皋（农经）、向治安（园艺）、王世墉（农经）、欧阳茆（农经）、廖天任（农经）。三排左起：章学登（农艺）、陈延熙（农林生物）、景雷（森林）、丁巨波（农艺）、杨家骀（农经）、王金陵（农艺）。（南京农业大学提供）

金大农学院农科研究所农业经济部1941B级毕业生照。前排左起：柯象峰教务长、陈裕光校长、农学院章之汶院长。后排左起:胡国华、林玉文、陈兰英、戈福鼎（后来留校任教）。（南京农业大学档案馆提供）

在华西坝虽然条件较差，但重要的事不能马虎。1943 年 12 月 18 日陈裕光在金陵大学西迁五周年庆典上讲话，回顾了金大如何举锄开路、借屋办学、建造宿舍、建立简易教学楼、发展专科与研究生教育，进行图书、师资、电影等资源共享。图片显示主席台是露天搭建的简易竹棚，靠芦席挡风，扩音器得用竹竿吊起，座椅需从教室搬来。但仍然不失一次金大人隆重、难忘的五年回顾和意义深远的纪念。

第八节　金大附中驻蓉分班

抗战时期成都华西坝上中等教育的一枝奇葩

——金陵中学蓉分班的故事

洛杉矶校友崔肇春

一、缘起

抗战时期金大附中也内迁了。由于种种原因，它没有随金陵大学迁到四川成都，而是迁到了四川的万县，距离成都较远。金大教职员工送子女到万县上学也不实际，留在成都念中学更是困难重重，除了学费比较昂贵外，教学质量也常受到家长们的质疑。家长们时有不如自己办学的议论。此议得到支持并很快付诸实施了。

二、筹建

当时陈裕光校长责成农学院院长章之汶领衔进行可行性评估。章院长首先找到有在安徽办中学经历的中文系丁廷洧老师，问他是否愿意出来主持办学。到了第四天，丁老师表示愿意，并告知办学的初步方案，还建议由家长组成董事会。章院长听后有了底气，旋即着手组织中学董事会班底。陈校长及时将此事通报大学校务会议。校务会议上决定再增加英文系教师陈竹君（陈校长胞妹）半专职协助丁廷洧办学。丁老师主要主持校务（包括教务、总务甚至上下课打铃等），陈竹君担任主任，并主持对外联络。二人配合很默契。董事会成员包括章之汶、陈鲍敏、戴安邦、李方训、李小缘、柯象峰、陈纳逊、余光烺、林礼铨、桂克美、孙文郁和谢湘等十二位董事。校名定为：金陵大学附属中学驻蓉分班，简称为蓉分班。

三、办学特点

办学方案是因陋就简，少花钱多办事，教师由家长尽义务承担，免

1943 年在成都金大附中新建成的教室前。后排左起：崔肇春、陈农安、焦瑞之、谢焘、杨汉生、郝文康、孙恪生、章伯苓、田见义、朱昌延、姚继、刘洪廷。前排左起：李继芬、吕霞、陈纲、郝文英、侯励存、林查理夫人、吕敏、余辉音、柯宁白、焦谦之、朱培萍。（连老师共 23 人）

费用大学无课时的教室，不设训育主任，学生有课则来，无课在家。体育、音乐、美术等升学考试不考的科目由家长督促自学，宗教及政治课及活动学校不管。教室设在华西坝明德楼内。建议大学部的课尽可能排在上午，教室下午留给中学部用。经过积极的筹备，1941 年秋季蓉分班终于开学了。那时共有从初一到高二的五个班，学生总数有 80 余人。开学后由于大学及家长的支持，实际比预想的要好很多。例如，后来又添加了体育课和音乐课。男生的体育课是由徐绍武老师任课，音乐课和女生的体育课是由金陵女子大学音乐系和体育系的老师给学生上。男生都喜欢徐绍武的体育课，每次上课他先点名，然后带领大家做体操，他站在一旁喊口令。他的口令很特别，既神气，又俏皮，我们念初中时年纪小，有点怕他；要是谁做得不认真，他就厉声训斥，但是厉声中又饱含慈祥，有时也不免让我们笑起来。做操后，他就领着大家在足球场外的跑道上跑上两圈，然后就发一个足球给大家玩，

几年后的驻蓉分班第五班 1946 年返宁前合影。学生增加了，也成长了许多。前排左起：崔肇春、刘洪廷、吕敏、候励存、田见义。二排左起：吕德丽、吕霞、汤鈾亮、韩启文老师（班主任）、张锡瑜老师（化学）、姚继、谷家骊、谢启文。三排左起：李继芬、朱培萍、陈纲、余辉音、焦谦芝、柯宁白、刘开勲、王钟浩、陈农安。后排左起：夏人仪、冯克辉、杨安楠、郝文康、谢焘、吴文焯、张继忠、焦瑞之。（谢启文提供）

他就不管了，我们玩够了把球交给体育系的工友老张。当时我们踢球，为了省鞋，多半是光着脚丫，有时踩在奶牛的粪便上，踢完后就在球场旁的清澈溪水里既洗脸又洗脚，然后背上书包回家。

由于师资水平的高精，蓉分班迅速名闻遐迩。尤其具有特色的是初一的英文教学。那时金大校长室的英文秘书林查理夫人，她的女儿不在身边，每天下午都有时间出来上课。她上课用直接教学法，不说一个中文字，训练小孩子们不经翻译直接理解和说话。她要求把她的课排在下午最后一堂，以便于把学生带回家继续上课。为了提高兴趣，她用纸片画上钱币的金额发给学生，她自己装扮成老板娘，又自制了不少的点心，让学生在下课前一定要把钱花光买点心吃。那些可口的点心的吸引力很大，每个学生都能把假币花光。这个老板娘很会表演，有时她装作耳聋，让我们再说一遍，直到她满意为止。把上课搞得兴趣盎然，在玩耍中就学习了英文。数理化的教师也都是大学的名师，如数学的张继华、邢漪珍，化学的汪仲钧，物理的周伯勛，生物的诚庄蓉等。那时理科的实验课（包括物理、化学、生物）都在大学的实验室里上，这是一般中学做不到的。也聘请了一些成绩优秀的金大学生来教国文，这包括以后成为作家的朱声和钱瑛。那时美国空军时常出现在街道上，和商贩打交道语言不通，有时我看到后自动上去担当临时翻译，促其成交。商家问小同学哪个学校的，答蓉分班的。这样一传十十传百，就给蓉分班做了广告，使其知名度急速攀升。

四、扩大招生

蓉分班名气在外，使一些社会名流人士千方百计地送其子女入学。恰逢那时明德楼已容纳不下低班的学生，亟待扩建，并正在筹集资金。西康省主席刘文辉得讯后，迅速答应捐助12万元，供在华西坝无线电台旁修建茅草房八间用（初高中六间教室，外加办公室及礼堂两间），条件是要收取他的女儿刘元悌就读。在此前后，其他送子女就读的知名人士有十数人，其中包括张群（儿子张继忠）、杨森（儿子杨汉生）、卫立煌（儿子卫道然、女儿卫道蕴）、荣毅仁（外甥李季荃、何毓颖）、郭有守（女儿郭久亦）等军政商界人士，还有学界的戚寿南（儿子戚继华、戚仲偶、女儿戚伯双）、程玉麟（儿子程光华）、侯宝璋（儿子侯励存）、陈寅恪（女儿陈流球、陈小朋）、《新民晚报》女主人邓季惺（儿子吴敬琏）等等。就这样，不少非金大子弟也入了学。学校的经费也有所改善。1943年春，蓉分班离开明德楼，搬到了新建的电台旁茅草屋校舍里去了。在那里又待了两年多。

五、告别历史

1945年日本战败投降，1946年春金陵大学复员回南京，蓉分班也随之解散，完成了它光荣的历史使命。日本投降那年我15岁，但是我和我的同学们都记得日本飞机对成都狂轰滥炸时的血肉横飞，我们记得英国空军在华西坝打板球带给我们的好奇，我们记得美国空军在华西坝打棒球所带来的轰动，我们记得钻空子绕过收票处看球王李惠堂在华西坝表演百步穿杨，我们记得美国空军 B29 空中堡垒清晨从成都附近起飞轰炸日军设施的惊喜，我们记得陈纳德飞虎队和中国老百姓的友谊，我们记得大学生在明德楼圈楼地上吃午饭的艰苦情景，我们也记得华西坝男女大学生“吊膀子”散步的甜蜜时光。这些记忆，永远抹不掉。深盼我们的后代，也能读读抗战的历史，把我们的记忆传承下去。

六、回馈历史

五年之内，蓉分班共毕业三个班，毕业生共 33 人。就读生总数达 166 名。回南京后，金大教职员子女中的男生大都转到南京金陵中学，女生大都转到中华女中。非金大子弟们大都各奔西东完成学业。后来，蓉分班校友多人在大陆学界成为中科院院士、知名教授学者或知名工程技术专家。也有校友移居外国的，为所在国的科技作出了杰出贡献。

第九节　东还

1945 年 8 月 15 日，日本投降，抗战终于以胜利告终，每个人脸上都充满了喜悦。为了迎接即将到来的复员，陈校长年底飞回南京，了解南京校产情况，安排接收事宜。事毕于 1946 年 1 月赶回成都，最后，由复校委员会决定 4 月 15 日提前放假，4 月底开始复员，举校东还。

大部分教职员和学生则沿公路北上出广元至宝鸡，乘火车经陕豫苏三省，另一部分则由重庆乘轮，先后回到南京；图书仪器则于 10 月底方到，附属中学亦自万县迁回。抗战胜利后，幸赖全体师生员工的努力，不仅圆满完成艰巨的迁返任务，还维持了教学的正常进行，使金陵大学于该年 9 月在南京如期开学。

孙明经回忆复员东返时说：

在成都期间，1946 年 3 月 15 日夫人生了建和，40 天时学校动员东返。

1946年春天来临，又是金大农经系成立25周年，即将离开华西坝的农经系教师们，在华西大学1946年旋转年历前留影，向华西坝告别。左三为戈福鼎，左四为孙文郁，左五为陈植。

带40天的孩子怎么上路？林春敬的夫人刘贵兰为我们买了个长竹筐，铺上褥子，加盖纱布为帐子，成为极好的摇篮。我一手提篮子，一手提他的一切用品。约十余辆大卡车，乘坐者回南京的金大师生及家属，有些要乘船的人在重庆干等了多日排不上队。

我们一行浩浩荡荡，经川北公路，出阳平关，跨秦岭，抵宝鸡，换乘火车东行。在西安等车休息几日，住中华圣公会，学生孙龙光曾到宿处看望我们。在郑州，初尝黄河鲤鱼三吃法，得知河南确有个习俗“敬菜”。且

抗战胜利后金陵大学师生分批复员南京。物资多由水路东下，人员主要是走旱路，即乘车到陕西宝鸡，然后沿陇海铁路至徐州，转津浦铁路至南京浦口。一路非常辛苦，尤其乘卡车一段，二三十人的行李放在车上，人坐在行李上，一路颠簸，非常危险，路上常见有翻车留在路侧的山谷中。这张照片真实记录返宁师生出发前在华西坝的愉悦心情。

可由顾客决定，甚至先问清敬什么菜，再点菜，以便概括得广，而不致疏漏，点鱼先选看活鱼，再烹。

在陕南境内，途经过不少古迹，例如纪念张良的张良庙，萧何月下追韩信的遗迹。途经黄河花园口决口处，决口刚建了临时桥梁，用枕木搭成桥墩，车过其上，极险，如同船只静漂，生怕出现险情。我们无不捏把汗，屏住呼吸，幸得安全渡过。

在开封，车站早被炸平，只有铁轨尚容许车辆驶过，天虽热，但景象至为荒凉、凄惨。车到徐州后，南转，心情才逐渐平静。各行各业的乘客也又显得活跃起来。未经计划和预料的“西游”才又在南京结束。

回到金大校园时，让我十分惊讶的是，天津路 2 号那个绿草如茵的校园，巍峨的三座大楼，甚至新建的应用科学馆（影音部大本营）仍完好如旧，连窗玻璃竟未出现破损，真是奇迹。1937 年 11 月 25 日，我们临行时曾有几名校友愿意留守，度过那八年亡国奴式的生活，把校园保持得如此完好无损，以致全校很快便恢复了教学秩序，并有了新的迅速发展。据我所知，几位志士是如下几人。

陈嵘（陈宗一）：森林系教授兼主任。日本留学生，日语流利。

齐兆昌：金大基建工程师，基建办公室主任。

顾俊人：金大事务主任，但不仅是主任，许多事物他都亲自上阵。

毛德林：基建办公室人员，《大学之声》的线路是他带头安装的（影音部到北大楼塔顶）。

我们要向这些奉献者致以崇高敬礼！

复员路上，拜谒张良庙。笔者孙建秋时年 6 岁，1946 年 4 月随金大复原车队第 11 队全体人员一起沿途瞻仰了汉臣张良庙。此庙位于川陕交界的汉中留坝县，张良这位汉代重臣，出将入相，为后世所景仰。父亲孙明经以尚处篮中的婴儿——我的那个出生仅 40 天的小弟弟孙建和的口吻，对张良庙进行直观描述，是直接流露情感。竹篮中的“胜利宝宝”（the victory baby）会“说”张良是“the first minister of the Han Dynasty”（汉代开国元勋）。

这是有缘故的，因为当时复员时间紧迫，父亲养成了多年手记的习惯，又不愿错过眼前的胜景，因此只能以一只铅笔，用英文抢记、简记。以刚生下仅 40 天的襁褓中的婴儿的口吻叙事，则不会显得仓促、苍白，反倒增添了不少天真童趣，直白、清新，语气中透露着大人们喜悦，颠簸之中返宁、翘盼回家的心情。这种叙述方式独具一格、别出心裁而又深有用意。为及时向国际友人宣传金大胜利复员实际情况，《胜利宝宝回南京》报道共用了 30 余张照片。照片背面是父亲用英文涂写的笔迹。

在风云际会之时，激流勇退，隐居成仙，张良与韩信、萧何并称为“汉初三杰”。在遣兵之道上，萧何善于养兵，韩信善于用兵，而张良则善于调兵，在养兵与用兵之间巧妙地起到了中介桥梁作用，有效地协调好了战时的分工合作。他满腹韬略，却又淡泊名利，功成身退，归隐山间，一身清白，而又富有过人之智慧，无怪乎有云：“大隐隐于朝，张良之谓也。”张良当年在“三杰”中的协调中枢作用，就如同抗战将士之同心协力。瞻仰张良

一车人行至陕南汉中庙台子张良庙（又叫留侯祠），便下车参观。看得出来，这里有老师及家属还有学生，后排右一为本书编者孙建秋，右五为刚出月子的产妇吕锦瑗，右六为孙明经。前排左二为胡昌炽，下面左三为胡慧玉、左四为胡慧琳、左六为胡慧珠，她们是胡教授的三个女儿。还有孙宏宇、伍正亮、涂秉恆、臧人苏等人是助教和学生。张良庙现为国家重点文物保护单位。

金大复员第 11 车队人员访问张良庙，在碑前留影。前排左三为孙明经、左四为胡昌炽。

庙也是对抗战将士的景仰。张良成就汉业，以成大汉王朝之基本格局，更由此而积淀了汉民族乃至汉文化、汉文明的基本形态、特征。须知汉民族、汉文化、汉文明是中华民族、中华文化、中华文明之根与魂。汉朝的建立，具有奠定华夏主体性的重要历史意义。从这个意义上来说，张良的历史地位在华夏民族的心目中更加突出、彰显，特别是在驱逐日寇、振兴中华的复员人员心中。

照片中可以隐约看到，紫柏山麓，祠内殿宇亭台回廊拥簇，牌匾楹联碑刻林立，有着丰富的文化信息量。古柏环绕，青松曳影，古朴典雅；鸟语清脆，空谷传音；庙宇玲珑，楼台迭现。在此逗留，是休息，更是享受文化盛宴。

东还南京除陆路外，还有一条水路，即由岷江而下经宜宾入长江顺流而下至南京。水路主要是运输仪器设备和书籍。

1946年押运金大物资东还的哲学教授倪青原到达下关码头，由彩色电影《民主前锋》里的镜头记录了下来。只见他赤膊上阵，汗流浃背，皮肤已晒得黝黑。金大是私立学校，人员紧凑，许多教授都身兼着总务、后勤或物资管理处的工作。爱校如家，所有的物资不论巨细，全部运回，以保证回到南京后能立即顺利恢复上课。

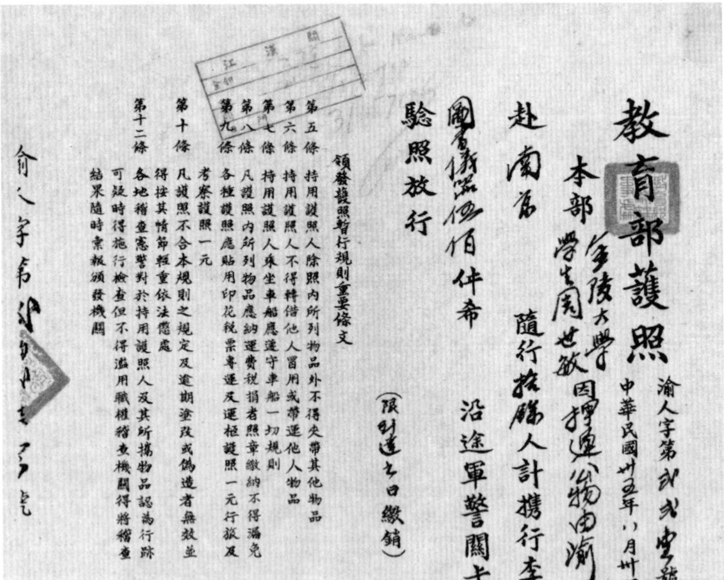

渝人字第弍弍叁號

中華民國卅五年八月卅日

教育部護照

本部金陵大學學生周世敏因押運公物由渝赴南京　隨行搭船人計携行李

圖書儀器伍佰件希　沿途軍警關卡

驗照放行

（限到達之日繳銷）

領發護照暫行規則重要條文

第五條　持用護照人除照內所列物品外不得夾帶其他物品

第六條　持用護照人不得轉借他人冒用或帶運他人物品

第七條　持用護照人乘坐車船應遵守車船一切規則

第八條　凡護照內所列物品應納運費稅捐者照章繳納不得漏免

第九條　各種護照應貼用印花稅票專運及運柩護照一元行旅及考察護照一元

第十條　凡護照不合本規則之規定及逾期塗改或偽造者無效並得按其情節輕重依法懲處

第十二條　各地稽查憲警對於持用護照人及其所攜物品認為行跡可疑時得施行檢查但不得濫用職權稽查機關得將稽查結果隨時稟報頒發機關

金大学生周世敏办理押运500件公物由重庆至南京的教育部护照，以求沿途军警保护与通行。时间在1946年8月底。这张护照很有意义，所含信息特别多！一是那么多公物要运，而且是从成都运至重庆等待船只，已经是胜利一年多了，眼看南京那边就要开学，任务非常紧迫！二是怎样保证安全，教育部非常重视，特别发了护照！三是南京即将开学，师生已聚集南京，叫谁来押运？学生周世敏勇挑重担，最终完成了任务。（南京大学档案馆提供）

金大师生终于回到汉口路校园大门口，九年西迁终画句号，兴奋心情无以言表！

第七章

西部科考

第一节　孙明经1939年、1944年西康科考与宣教

孙明经（1911—1992），祖籍山东，生于南京。著名电影教育家，我国高校电影学科奠基人之一，联合国教科文组织中国委员会委员，一生从事电影教育。编写7部电影、摄影教材，拍摄电影约50部。

1939年和1944年，孙明经两次深入西康省，对西康的资源储备、基础建设、百姓生产生活等状况进行了考察。考察范围之广，细节之详尽，令人叹服。笔者整理选编了孙明经西康之行随身携带的两个笔记本的内容，拍摄的8部纪录片的解说词，1万余幅照片及部分书信。孙明经以其缜密的思考、丰富的学识、横溢的才情为我们还原了一个鲜活的西康省。

1939年，抗日战争进行到第三年，国民政府从南京撤到武汉，后又从武汉撤到重庆。日军的轰炸也一步步深入内地，在1938年初，日本人开始对陪都重庆狂轰滥炸。1939年1月西康省紧急成立，成为撤退的备选之地。摸清西康省的资源储备、基础建设、百姓生产生活等状况，成了当务之急。

孙明经在西康电影说明书一开始写道，“西康省面积45万平方千米，东界四川，西通藏卫，南临阴缅，北接甘肃，地当国际路线，并有汉藏桥梁之形势。”这里，“地当国际路线”是因为贸易通向印度、新加坡，远及中东，西北部直达中苏边境。因此，茶马古道研究的专家们大多认为，孙明经当年考察的路线属于当今“一带一路”的研究范畴。在此背景下，1939年7月孙明经随川康考察团深入西康省，历时半年，行程近2000千米，途中最高海拔达5000米以上，过半路程独自一人考察。

孙明经两次赴西康考察，第一次是1939年，进行了为期半年的深入考察，主要考察西康的资源、手工业及工农业发展的潜力；第二次是1944年，利用暑假带学生进行短期考察，并为藏胞放映他1939年前拍摄的电影。1939年的路线是：雅安—天全—荥经—汉源—泸定—康定—道孚—炉霍—丹巴—甘孜—德格—白玉—沙马—巴安—义敦—理化—雅江—康定—泸定—汉源—荥经—雅安。其中从雅安到甘孜这段路线属于集体考察路线，到了甘孜之后，当局官方告知考察团前方路线有危险，宜返回，因此，从甘孜到

孙明经放映他所拍摄的 8 部电影时亲自制作的电影放映海报

康定这段西部路线是孙明经自己独立不畏艰难险阻完成的。

孙明经外出拍摄，有随时记笔记的习惯。笔记内容丰富但字迹潦草。孙明经在出发前作了较充分的准备，考察重点在矿物、森林、水利资源，同时对荥经、雅安、康定、德格、巴安等文化古城都做了充足功课。如此，他既抓住了资源考察的核心，又记录了丰富珍贵的人文景观。

1939 年第一次入康时孙明经 27 岁。他加入中英庚款川康考察团的地质矿业组，小组加上孙明经助手范厚勤共 9 人。迁校四川后，考察、拍摄、科研重点转移至大西北和大西南。1939 年，孙明经由重庆出发，先抵成都，然后到雅安与各地代表集合。

西康省刚刚于 1939 年 1 月建立，这一全新的省份由四川省西部、青海省东南部、西藏东部合并而成，共分三个区：雅属、康属和宁属。孙明经集中考察西康的雅安、康定一带的雅属及甘孜、巴塘一带的康属地区。西

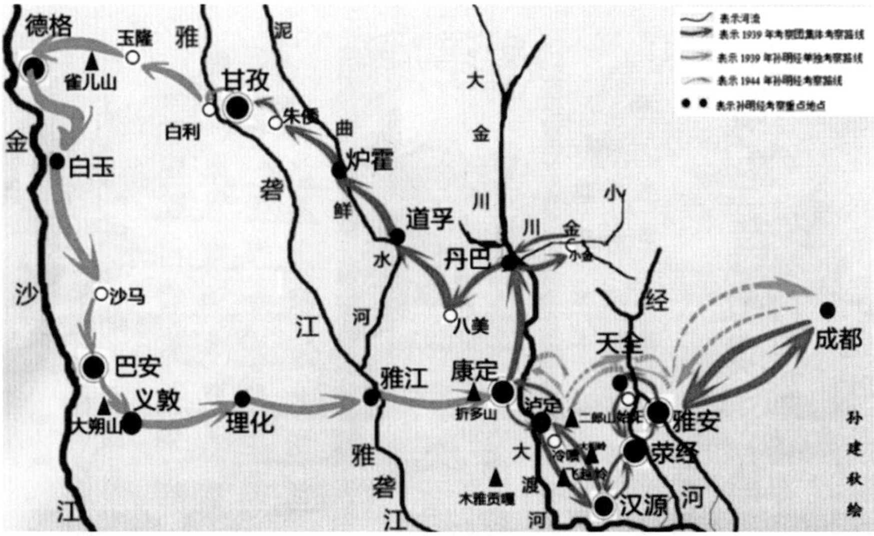

1939 年集体考察路线（以红色标出）。因为土匪出没安全没有保障，代表团沿原路线返回。孙明经个人冒着生命危险从甘孜出发，经过 5000 米的雀儿山，到达德格王国、白玉县，经过凶险的沙马地区（也曾是古代王国），到达巴安、义敦、理化等地继续考察，收获很大。1944 年孙明经带学生暑期考察路线以橘色标出。

康居民 300 万，其中倮族（彝族）占 150 万，多集中在宁属凉山一带，藏族 30 万，汉族只占 1/3，百姓多是杂居。康巴人，就是居住在西康的藏族同胞。孙考察的沿途地区，藏胞占居民的大多数。为此，考察期间孙明经口袋中总放有一本自制手抄的《英藏辞典》，为沟通方便随时查阅。前胸小口袋里还贴身装一本袖珍小本本，记日志、采访内容，随时摘录重要资料。为了更好地了解藏胞，孙明经事前进行大量阅读，并随身携带所摘录的笔记要点。他所做功课在日后的照片、电影中可体现出来。另外学习日常用语。

孙明经于 1939 年 7 月 4 日从重庆出发，7 月 5 日到成都。7 月中旬，考察团一行 49 人在雅安集合，然后地理组从雅安经天全、荥经，翻大相岭到汉源，再过飞跃岭、冷碛沿大渡河而上到泸定，8 月下旬抵达康定，康定当时是刚建立的西康省省会，是西康省的政治、贸易、文化中心，是

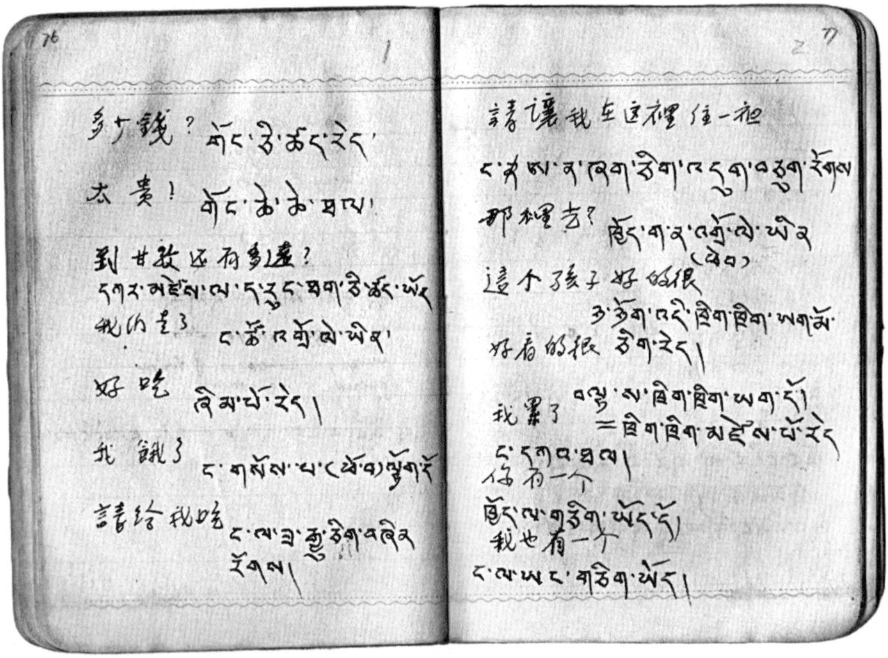

孙明经随身携带所摘录的笔记

“全康有五大横断山脉，六大急湍河流，交通极为困难，渡越急湍之河流，常以竹为索，缘索溜达彼岸。”携带摄影器材十分困难，海拔高，缺氧，体力消耗极大。当时川康公路自雅安至康定段正在建筑中，有些地方还没有路。

多民族聚居，多元文化共存的城市，所以考察团对康定进行了为期 5 周的重点考察。略作休整之后便开始了康属之行：他们从康定出发，到达八美、道孚，从道孚去丹巴，渡过大金川到达懋功（今小金县），最后抵达甘孜。在甘孜考察十余日。出于安全考虑，当地政府建议考察团行程到此，结束甘孜考察后立即折返，到沿途较为安全的地区继续考察。孙明经不愿折回，决定单枪匹马继续前进。只身翻过 5000 米的雀儿山口。克服高寒、饥饿等重重困难后终于到达德格、白玉等县。然后从白玉到达巴安（今巴塘）进行重点考察。再到义敦、理化（今理塘）、雅江，然后又回到康定。前后途经 12 个县，行程数千千米，历时半年之久。全程没有汽车、火车，全凭骑

1939年7月川康科学考察，泸定桥上。左一为韦润珊，左三为范中廉，左四为郑家锐，左五为孙明经，右三为黄国章，右一铁索上为范厚勤。

马、滑竿和步行，这不能不说是一大壮举。

“到巴安放电影，当时真的万人空巷，齐集城外广场，可惜天公不作美，下起雨来，放映人员，正要收场，观众静候不散，放映人员，大受感动，便在雨中放映，历二小时，观众皆作落汤之鸡，淋漓尽致。语言，文字，汉藏之分，全不成问题了。”视觉的媒介跨越了语言与民族的障碍。

孙明经的考察路线与茶马古道一南一北两条主线完全吻合。德格到巴安的路线属于更加古老的支线。但孙明经并没有在手记中使用“茶马古道”这一名称，这是因为西康省刚刚成立，道路多以两端城市命名，如川康公路、雅康公路、青康公路、乐西公路（乐山到西昌）等。

此次考察，孙明经携带了两台 16 毫米电影摄影机：柯达 A 型（Kodak A）和柯达特种摄影机（Kodak Special），照相机是德国生产的“蔡斯依康”，使用 120 胶卷。电影胶片每本 400 英尺（1 英尺 ≈ 0.3048 米），但胶片数量有限，在拍摄电影以外，多依靠照片补充细节。此行，孙明经共拍摄电影 1.2 万英尺，西康系列电影包括《康人生活》等共 8 部，每部片长 400 英尺。

孙明经在天寒地冻、荒无人烟的义敦县东10千米郊区露宿。支起帐篷后，要挖沟渠以防虫蛇伤害。帐篷内温度为5度，睡前需烤火取暖。一夜之间，气温骤降至零下3度，下起大雪。历来常有人在这一带冻死。“从赵尔丰起，三十里一尖（供饭食）、六十里一宿”的规定基本遵守。此处露天宿营，得自己搭建帐篷，为防蛇虫不敢合眼，又劳顿不堪。

孙明经从德格归来时的照片。孙明经德格归来，12月4日回到康定。经历了4个多月的马背生涯，变化很大。皮肤黝黑，留着一字胡须，穿着皮衣、马裤和长靴，身后放着毪子、帐篷等宿营的物件。

1944年，孙明经应刘文辉邀请第二次入康。与1939年第一次入康时以考察、拍摄电影和拍照为主要任务不同，此次入康以为康巴百姓服务、放映电影为主。他们为当地群众放映1939年拍摄的电影，同时举办时局图片展览。由于抗日战争进入更为艰难的阶段，向百姓宣传抗战，宣传欧洲战场反法西斯的胜利消息成了重要任务。同时进行一些科学教育电影的播放。拍摄的照片则注重反映西康建设的成就。

1944年，孙明经带几名学生和同人利用暑假访问雅安、康定共40天，途中遭遇大暴雨耽搁，实际工作约28天。夫人吕锦瑗以联合国影闻处巡视员的身份一同前往，她负责巡视川康72个站点的工作。此次考察，胶片比较宽裕。雅安共拍得7卷。

西康之行，孙明经留下了大量珍贵的手记、影像资料。他在手记中记录了考察地区的地理环境、人口结构、经济状况、宗教信仰、国防部署及人文景观。考察范围之广，细节之详尽，令人叹服。他对“边茶”的生产贸易尤为关注，花了很大篇幅记述茶叶的生产、运输、交易过程。记录了各地矿产的储量、产量及用途。遇到摄影器材无法表现的地理环境时，就手绘等高线地图。行经风景优美之处，常以诗歌韵文抒发情怀。

孙明经的科考与其他社会学家的科考有所不同，他带着摄影机和照相机，以及金大支持的大量胶片，给中华民族留下了可贵的影像遗产。更多详尽资料参见《孙明经西康手记》（1939—1944），在此只摘录部分珍贵照片以飨读者。

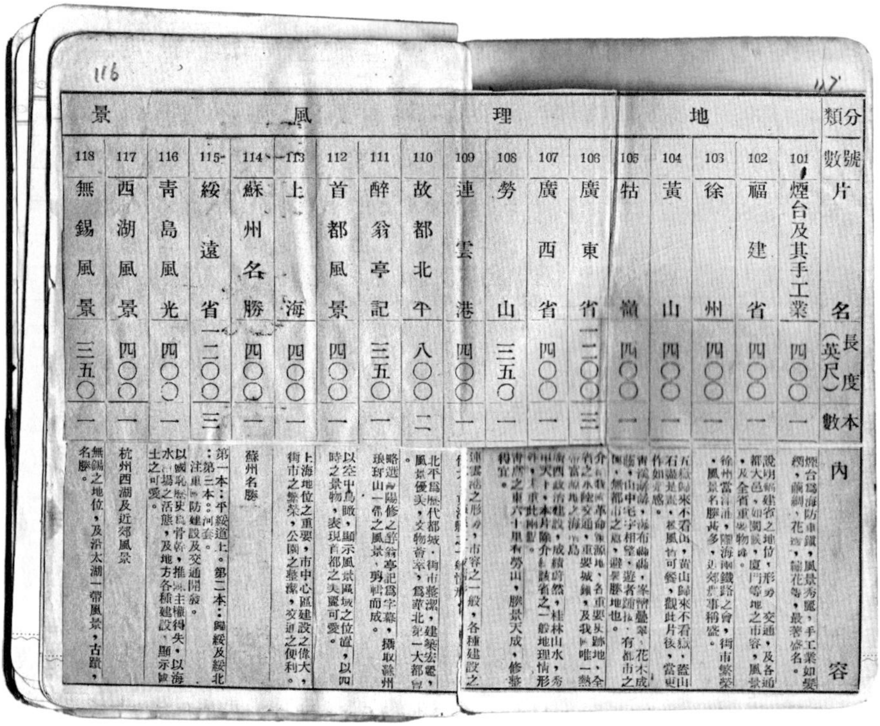

116　117

分類	片號數	片名	長度（英尺）	本數	內容
地理風景	101	煙台及其手工業	四〇〇	一	煙台爲海防重鎮，風景秀麗，手工業如髮網、花邊、繡花等，最著盛名。
	102	福建省	四〇〇	一	說明福建省之地位，形勢，交通，及各通都大邑，如閩侯，廈門等地之市容，及風景，及全省重要物產。
	103	徐州	四〇〇	一	徐州當津浦、隴海兩鐵路之會，街市繁榮，風景名勝甚多，近郊農事稍盛。
	104	黃山	四〇〇	一	五嶽歸來不看山，黃山歸來不看嶽，蓋山石盡是畫，[illegible]風物可餐，觀此片後，當更作如是感。
	105	牯嶺	四〇〇	一	[illegible]，瀑布[illegible]，峯巒疊翠，花木成[illegible]，山中毛宇相望，遊者踵接，有都市之[illegible]，無都市之[illegible]，避暑勝地也。
	106	廣東省	一二〇〇	三	介[illegible]革命策源地，名勝古跡，全省之水陸交通，重要城鎮，及我國唯一熱帶富源地之海南島。
	107	廣西省	四〇〇	一	廣西政治建設，成績斐然，桂林山水，秀甲天下，本片除介紹該省之一般地理情形外，[illegible]此兩點。
	108	勞山	三五〇	一	青島之東六十里有勞山，勝景天成，修整得宜。
	109	連雲港	四〇〇	一	連雲港之形勢，市容之一般，各種建設之[illegible]
	110	故都北平	八〇〇	二	北平爲歷代都城，街市整潔，建築宏麗，風景優美，文物薈萃，爲華北第一大都會。
	111	醉翁亭記	三五〇	一	略選歐陽修之醉翁亭記爲字幕，攝取滁州琅琊山一帶之風景，剪輯而成。
	112	首都風景	四〇〇	一	以空中鳥瞰，顯示風景區域之位置，以四時之景物，表現首都之美麗可愛。
	113	上海	四〇〇	一	上海地位之重要，市中心區建設之偉大，街市之繁榮，公園之整潔，交通之便利。
	114	蘇州名勝	四〇〇	一	蘇州名勝
	115	綏遠省	一二〇〇	三	第一本：平綏道上。第二本：歸綏及綏北；第三本：河套。注重國防建設及交通開發。
	116	青島風光	四〇〇	一	以國恥歷史爲骨幹，推[illegible]主權得失，以海水浴場之活態，及地方各種建設，顯示[illegible]土之可愛。
	117	西湖風景	四〇〇	一	杭州西湖及近郊風景
	118	無錫風景	三五〇	一	無錫之地位，及沿太湖一帶風景，古蹟，名勝。

金陵大学影音部拍摄的《锦绣中华》系列片地理风景片目，包活片名、长度、本数及内容提要。18 部影片中，除 102、106、107 外，其余均为孙明经拍摄。孙明经随身携带这些片目走在茶马古道上，为的是沿途进行电化教育宣传，便于当地机构购买影片或预约放映使用。

1944年孙明经、吕锦瑷老师带领学生利用暑期去雅安和康定考察，并为当地藏胞放电影。

1944年，茶商木秋英女士（前排中），康定木家锅庄主人，明正土司的后人。

1944 年 8 月 28 日康定金刚寺跳神大殿前挤满观众。

1944 年 8 月 25 日康定省府各厅长联席会议上，刘文辉在文件上签名后用印，刘文辉手指还夹着毛笔，便立刻盖章。

茶马古道上的背夫。茶包一旦上肩,便一整天不可以卸下。图中为背夫用铁拐支撑休息。

第二节　柯象峰、徐益棠西康考察

1938年，文学院获得西康建委会之资助，乃有西康社会考察团之组织。考察团由柯象峰、徐益棠两教授和程浦云（经济系）、武福盛（农艺系）两位学生组成。是年8月9日从成都乘汽车经双流、新津、名山等地到雅安，换乘滑杆经汉源、泸定，由泸定桥跨大渡河，再到瓦司沟，8月19日抵达西康首府康定。在康定雇了工人、翻译，配备骡马，9月5日由康定跨越折多山出关，前往泰宁、道孚、炉霍，9月20日抵甘孜，9月24日沿原路折返，沿路考察人口、风俗、宗教、教育、经济等多个项目，考察对象有农牧民、土司、头人和喇嘛以至县长等。至10月23日回到成都。

柯象峰有《西康纪行》，徐益棠有《西康行记》记录他们的行程、所见所闻及调查成果。

根据他们的著作可了解到许多实情，如9月5日离开康定后：

……行二十五里，至破碉堡一庄房，佃户系川人，夫妻均在四五十岁左右，二子一女，二子已婚，长子生一孙，除种明正土司地外，以樵炭助生计。因所种青稞仅够数月粮，故一日樵炭，一日往城市出售，可换得玉米粉八斤，而彼等则日需六斤也。饮茶毕，继续出发……

又如9月12日在道孚县：

……赴县署晤戴安琴县长，入门士兵敬礼。其看管所及监狱，均在头门内。看管所隔以栅栏，内犯人煮茶，睡眠，均可亲历。持片入，即由护兵导路，过大堂，二堂，均似前清县堂布置，而入第三进之县长会客室。县长出迓，至为殷勤。随作一小时之谈话，据云“……此地汉人来此，多娶康女，除无发展归去者外，多在此成家立业。”谈毕，随索阅本县报文件，并请其将所提之有关本地文化、社会、经济、土地等问题于两周内书面答复（以便回程时来取）。

再如9月16日在泸霍县：

……赴县小参观，校舍在关帝庙，校长黄君，及教员三人，均川人。学生分三级（初一、初三及高一），学生83人，初一49，初三20，高一14；汉人六七人，混血儿约三分之一，余为康人。由各村送来，多有视为当学差者，寝室设备不全，其余如教材教法，均与前日参观的虾垃坨镇小学相似，问题亦相同。此处系指所用教材，多为商务复兴课本，不适合边地人民生活需要。教法先授汉语，但返家时，每无法应用，故不易久留脑海也。

9月23日在甘孜县了解民俗：

……赴打金滩参观康民沐泽会，意为洗澡之意。白色幕帐，围于四周，中央则一较大之帐幕，为主持此会之宗哂大喇嘛所驻锡。持片入内，帐内典皇矞丽，设备俨如宝座，承喇嘛为余摩顶，为此行奇遇之一。少顷出账，即见喇嘛将布门移去，喇嘛及民众匍匐叩头念经，嗣内大喇嘛持银塔为民众一一摩顶，民众与喇嘛又复诵经多时，始一一进帐向大喇嘛献哈达及其他贵重礼物。有三四喇嘛在账门左右赐哈达、酒、糌粑团，民众俯首极恭谨，在大喇嘛山伛偻而过，大喇嘛坐座上摇佛缨拂其头，民众始一一以掌承酒，仰首饮讫，并以掌承糌粑团三四颗，欢跃而出。群众有来自三百里外者，清晨即携全家至场，就帐内煮茶吃糌粑，妇女均浓妆艳服，编细辫，佩珠玉珞璎，争奇斗胜，洋洋大观，余摄影十数帧，意未能尽……

考察团带有建省委公文，每到一县，先见县长，提出调查内容，由县长派人协助，有的项目直接找县政府询问，有的项目到农牧区做实地访问，记录了农耕收获、畜牧、交通、宗教活动、沿途风光、手工业、淘金、文化娱乐、学校等情况，共收集文物标本52件，拍摄照片283张。根据调查情况，考察团为西康建省委员会提供了书面报告材料，建议西康大力普及教育、提高人民文化水平，积极发展交通，运用丰富的自然资源振兴工业。

这次考察，也是金大实践“教学、研究和推广”三结合的一个实例。不过这种考察风险很大，调查异常艰辛，除劳累、蚊蝇叮扰外，还有匪患及行路安全问题。有的山高4000多米，呼吸都困难。在返程中因雨路滑，翻译不幸马蹄滑入水中，连人带马，被洪水冲跑，找了三天无踪影。而那天柯象峰骑马走在翻译的后面，近隔咫尺，险遭灭顶。

考察团由徐益棠（左三）、柯象峰（左二）和经济系、农经系两位学生组成。

西康首府康定北门。（徐益棠摄）

执金吾——帐幕前的四大护卫之一的铁棒喇嘛——维持秩序。（徐益棠摄）

土司衙府

女土司孔撒

喇嘛戴着玉皇大帝、牛魔王、鬼神的面具跳神。(徐益棠摄)

沐泽会的盛况。(徐益棠摄)

第三节　凉山社会考察

1940 年夏，四川省政府组织了边区施教团，由柯象峰、徐益棠分任正副团长，率省科教组张云波等 20 余人，赴彝族地区雷波、马边、屏山、峨边等县进行社会状况、风俗民情、古迹名胜、经济物产的调查。此次调查成果编成《雷马屏峨纪略》一书，由四川省政府教育厅出版。最后参与撰写报告的有六位学者，其中有徐益棠的《雷波小凉山倮族调查》及柯象峰的《参观省立马边小学后》。考察结束后，徐益棠又以金陵大学中国文化研究所的名义考察雷波小凉山地区，收集了数百件民族学文物。现在，南京大学博物馆内，专设了“西南少数民族文物”专题展，就是展览这些文物的。通过多次实地考察，徐益棠完成了多篇著作，如《雷波小凉山之罗民》《小凉山罗民政治的组织》《罗罗道场图说》《雷马行记》《打冤家——罗罗氏族间之战争》等重要论文多篇。

1940 年 7 月由柯象峰、徐益棠率队，在川南雷马屏峨四县彝族聚集区科考宣讲团考察中，为峨边县彝族同胞报告全国抗战，并为百姓放映幻灯，并讲解。照片中显示彝族同胞认真听讲。

徐益棠五十寿庆与学生合影，1945 年摄于成都小红门外金陵大学教师宿舍。徐教授（前排右二）又老了许多，还有夫人张修和妻弟张国藩（后立中者），其余七位是学生。后排左一为汤定宇，后去国外工作。

徐益棠与长子徐芾及助教、学生 6 人，摄于 1939 年。因为经常不在家，徐益棠有机会便要与学生和家人聚聚。

第四节　汶川动物标本采集

抗战时期，成都华西坝上，虽然聚集了五大院校，但当时教学条件却非常艰苦。1938 年 7 月金陵大学生物系受美国斯密苏立恩研究院的委托，邀集华西大学生物学系共同赴汶川地区进行动物标本采集。我的父亲陈纳逊当时任金陵大学生物系系主任，该研究院格雷汉姆（Graham）指定他担任团长，并组织人员，从照片中我回忆起有程淦潘、徐绍武、王高仙、张凯基、曾毓龙、马绍邦、吴德耀等及民工数十人立即开赴汶川。当时父亲 40 来岁，因为年轻时喜爱足球、长跑，既有好的体魄，又爱好狩猎，具有极好的枪法。出发时他背上双筒猎枪穿上猎装、带钉靴、腰配手枪和猎刀，雄纠纠地踏上汶川征途。当时没有公路，数十人竟然徒步 140 余千米到达汶川县草坡乡。他们在周围大山中历时 3 个多月，共获得哺乳动物 30 余头，鸟类 150 只，昆虫更达到 3 万余种。其中颇多珍稀品种，为生物系教学标本提供了丰富的资源。特别使我不能忘却的是早在 70 年前我就亲跟目睹了熊猫皮的美丽。当时的我只有七八岁，虽然未能跟随父亲一同前往汶川，只跟随他们走到集合地点——成都北门外的一个茶铺。但从父亲的言谈及像片中感受到汶川那神秘与美丽、山清水秀的景像，至今仍深深印在我的脑海里。（摘录自陈永椿《我的父亲与汶川》）

第五节　峨嵋植物标本采集

植物系主任焦启源博士、植物病害系教授魏景超博士，1938 年夏率同两系工作人员 20 余名赴峨嵋采集标本，七月中成行，九月下山，先后凡经两月，计植物系得高等植物 700 余号、隐花植物 300 余号，合计 1000 号 1 万余份；病害系计得寄生标本 1000 号、香蕈木耳类 200 余号。此报道刊于《金陵大学校刊》，大标题为“长夏三月中本校师生作业种种”。

大小凉山科考队金大全体成员。前左起王高仙（生物系）、程淦藩（昆虫学组）、陈渭渠、曾毓龙；后左起张凯基、马绍邦、陈纳逊（科考团长）、吴德耀、徐绍武。

第六节　边疆服务团

白永达回忆：在华西坝金大农经系（1941—1945）读书时，边疆服务团活动给我留下深刻的印象。我称之为“边疆行脚”，就是在两个月里全靠穿草鞋的脚板平均日行 50 里，共约 3000 里。

那是我大二暑假，参加由华西坝“学生公社”和基督教会“边疆服务部”共同举办的“五大学学生边疆服务团”提供食宿的考察旅行。团中设有社会、宗教、家政、教育、植物、地质等几个调查组，我参加的是地质组，组员有金陵女子大学二人，金大男生二人，由刘恩兰教授带队。刘博士虽是金陵女子大学地理系主任，在华西坝也教其他大学学生。全团近 200 人，先乘卡车携行李到都江堰，然后向羌族聚居的岷江上游山地进发。

进山前还要准备购足行程中所需的肉、青稞麦、盐等；还要脱下原穿的鞋，换穿草鞋。每组均配有雇来的羌民背行李和给养。

刘教授对我们要求严是有道理的。宿营时天有余光，人也有余力，赶紧写完考察日记不致误事。而饭后天黑人乏，再写就困难了。

她40来岁，个子虽小但精神饱满，走路很快。对学生既严格又和蔼可亲。一天我走山道饿了，而中午是没有饭的，便走到刘先生身后说：我饿了。刘老师头也不回，指指她的背包说："这里有'三吹两打'①，你掏吧！"就这样我掏出了一块充饥。

我看前面山势很美，便说：这山多美，可让你在课堂上一讲，就是地壳变动剩下的石头块块，多煞风景呵！她笑了，乐哈哈地说："根本就是这么一回事嘛！"

一次我问刘老师，你年已40多，为什么不结婚，像吴贻芳校长一样。她脱口而出："都结婚，谁来做学问？"

我们这个地质组，另一位男同学是金大园艺系的崔致学，两个金陵女子大学女生，一个是地理系的林华岩，一个是社会系的王志群，经过两个月同甘共苦，跋山涉川，我们成了好朋友。为了方便，由我提议，排了"师门"次序。在共同老师刘先生以下，王某为"大师姐"，林某为"二师姐"，崔某为"大师弟"，我叫"小师弟"。这样有如一家人，既亲切又不拘束。虽然她们不一定比我们大。

沿大道往威州（今汶川县城）的路上，还能看到六七年前红军由此经过的遗迹。山上有红军石刻过的标语，大道旁有国民党军阀自我炫耀战绩的碑刻。在岷江江湾的沙滩上，有成堆的人马白骨。

萝卜寨是县城边的羌民村寨。碉楼式的羌民民居一般是三层石砌的房屋。第一层养牲畜，第二层住人，第三层是晒、打和收藏青稞麦、玉米、荞麦等谷物的劳作、收藏场所。这些民居散落在一个大山谷里形成山寨。山谷已多年开垦成农田，谷边种有不少花椒树。我们在寨里住了两三天，有时便和老乡一同摘花椒。鲜花椒味道麻麻凉凉的能解渴。采着花椒，听他们对山歌，对山歌以青年男女为主，按一定曲调自由编词，表情达意。这里的山很高，仿佛离天较近，歌声也飞入云霄。实际唱山歌的人就在云中或云上，因为常可见一朵朵白云从下方山谷里生出，再冉冉而升，这"谷中

① "三吹两打"为羌人食用的一种饼，因在灼热的炭灰中烤制需吹三次打两次而得名。

云朵”也是高山一景。

萝卜寨这名称，是多年传下来的。它反映的是战乱和恐怖。历史上这一带发生过多次群体纠纷和战争。杀人之多如同切萝卜，由此而成为寨名。羌民生活在山高林密坡陡的艰苦环境，加上时有战乱，比较信神信鬼。所信的宗教是一种多神教，在神鬼与人之间作中介的是头戴羊皮冠、身穿道袍、手敲羊皮鼓的“端公”。这些日子天旱少雨，白天就能听见“端公”在敲鼓祈雨，音调低沉而缓慢。晚上在山顶的山神庙里，我们又见到了更原始神秘的求雨场面。

山神庙里有几尊神像，像前点着香烛，光线昏暗。一个30多岁披发的男子是求雨的主角。他手舞足蹈，左手拿一只公鸡，边唱边叫边用右手拿刀杀鸡，把鸡血向空中和神像甩撒，样子吓人。他不但祈求下雨，而且还拿起一支箭竹抽打神像。仿佛是在责叱神像为什么失职，不给下雨？到第二天黎明时分，他还是赤脚跳跃走上更高的山上去祈求。

离开萝卜寨，我们转向西朝杂谷脑（今理县）行进。途中又到一小镇。当地羌民老乡将我们五人安排到寨外小丘上的山神庙宿营。三位女士搭了一个板铺，我们两个男士则席地而睡。正要睡，突然云进来了，大雾弥蒙互不见人。过一会儿云又走了，这在高山上是常事。就在这天半夜，忽然淅淅沥沥下起雨来。山神庙年久失修房顶漏雨，刘先生她们三人把行李的油布蒙在被上闷头大睡，老崔躲到供桌下睡，我无处可去，只好钻进三位女士板铺下躲避。次早天晴，我听到他（她）们在找我呢！

这次考察旅行，开扩了视野，丰富了知识，锻炼了身体，受益终身！

（摘录自白永达《边疆行脚》，见广州校友会编《金陵友声》总第77期）

第八章

安全区和难民区

第一节　金大教授率先发起成立南京国际安全区

大家都知道抗战初期南京建了一个“国际安全区”，但多数人并不知道安全区是怎样组织起来的，谁最先发起的。著名学者章开沅在《发扬金陵之光》一文中说：“南京安全区的成立，完全是金大的一些职员和教授，包括中国人和外国人，其中最重要的有杭立武。也有贝德士，也有史迈士等等。”

1937 年 11 月，南京沦陷前夕，金大决定西迁四川。为保护校产，校长陈裕光委任历史系美籍教授贝德士以应变委员会主席兼副校长名义留守南京，与他一同留守的还有史迈士、林查理、陈嵘、齐兆昌等。11 月 22 日国民政府迁都重庆，在宁的外籍人士成立了名为“南京安全区国际委员会”的私人机构。包括金大校园在内的安全区，划为当时南京市民避难所，成为血雨腥风中的“诺亚方舟”。

安全区开放后，最高时约有 25 万难民涌入，据统计，1937 年 12 月至 1938 年 2 月的南京大屠杀期间，在南京安全区内出现难民收容所（又称难民营）25 处，连同区外共 37 处，其中仅金陵大学就有五处。在日寇屠城最为疯狂的日子里收容所保护了几十万难民。后来由于真相被披露，国际舆论的干涉，日寇重心南下，不许难民住在收容所里。

1938 年 2 月 18 日，南京安全区国际委员会在日本占领军的协迫下改为南京国际救济委员会，成为一个纯粹的救济机构，安全区随之解散，难民收容所在 5 月底也被迫关闭。

1941 年冬，太平洋战事爆发，金大校址遂为日军占据，卖国投降的汪精卫政府为了装门面，开办伪中央大学，他们占领了金陵大学校园，还以美丽的北大楼作为号召，模糊视听。贝德士等美籍教授或西迁，或回国，主动请缨的陈嵘教授、齐兆昌工程师等留守人员处境非常艰难，直至抗战胜利，金陵大学校产乃得接收。

国际安全区的成立动议

11 月中旬，金陵大学校董会董事长杭立武提出在南京设立难民区的设想。杭立武同时是中英文教基金会总干事，与国际交往多，担负责任且具有便利条件。他邀约在南京的一些外国人士商议仿照上海饶牧师的经验，成立南京国际安全区。这一动议与一些外国人士想法正好一致，一拍即合。商议结果请德国人拉贝出任主席，史迈士任秘书，费吴生（即费奇）为总干事。

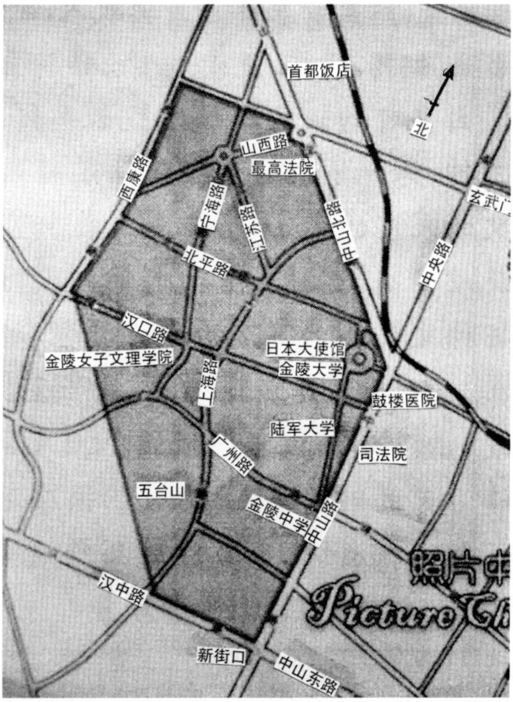

南京安全区示意图

杭立武回忆说：“1937年11月，我在南京看到报纸报导上海有一个饶神父，在上海设难民区，容纳很多妇女和小孩。我忽然动脑筋，觉得日本将进攻南京了，我准备成立一个南京安全区国际委员会,并设置一个难民区。那时我是金陵大学校董会的董事长，认得金陵大学的许多美国人，同时我也是中英文教基金会的总干事，和许多英国人、德国人有来往。

“我约集了一二十个外国人，我说我们要设一个难民区，他们都同意，他们认为这是人道的事情，应该赞同。我们这个难民区很自然的就把金陵大学、金陵女子文理学院划进去，一直到鼓楼、新街口。划好后，我们就写信给上海饶家驹神父，请他把地图给日本的司令看，请他们同意我们成立难民区，并且答应以后不要骚扰难民区。”

“因为日本军方的人和饶神父有来往，饶神父就把地图给日本司令。后来饶神父回信给我，只讲日本司令说“我们知道这件事了”，并且收下了地图。后来在进入南京城的日本兵身上发现过这种地图，是有难民区的。（录自中国文史出版社《国民党将领抗战亲历记·南京保卫战》）

杭立武（1901–1991），安徽滁州人。教育家，政治家，社会活动家。

1924年毕业于金大政治系，后赴英国伦敦大学获博士学位。归国后先后任中央大学政治系教授兼主任、中央研究院社会研究所研究员、中英庚款董事会总干事，创办中国政治学会并任总干事，1933年成立中英文化协会，开中外文化交流之先河。

杭立武

1937年10月，南京形势告急。当时杭立武兼任金大董事长，特邀集在各教会服务之西方友人及侨领，会商应变之计，遂倡议组织南京安全区国际委员会，以保护未及撤离之民众。不久他又接抢运故宫博物院和中央博物院文物至大后方的任务离开南京。

此后，他担当多项要职，如代表中国面见英首相邱吉尔商谈重开滇缅公路之事，先后出任民国政府教育部常务次长、部长等职。

南京安全区国际委员会

该委员会于1937年11月17日前后成立。拉贝在11月19日参加了该委员会。22日下午“国际委员会开会讨论成立一个南京平民中立区”，拉贝被推选为主席。南京安全区国际委员会在外国使领馆和教会学校较为集中的南京市中西部建立了一个旨在保护和救济战争难民的中立区。占地面积约3.86平方公里，大概是当时市区面积1/8。

南京安全区于1937年12月8日正式对难民开放。南京难民区国际委员会成员名单如下：

拉贝，主席，德国籍，西门子洋行

史迈士，秘书，美国籍，金陵大学社会系教授

贝德士，美国籍，金陵大学历史系教授

林查理，美国籍，金陵大学农艺系教授

特里默，美国籍，金陵大学鼓楼医院医生

马吉，美国籍，美国圣公会牧师

米尔斯，美国籍，美国长老会牧师

史波林，德国籍，上海保险公司

南京国际安全区部份成员合影。前排左为委员会主席拉贝，后排左四为秘书金大史迈士教授，后排左一为费奇（费吴生）

乔治·费奇，也叫费吴生，总干事，美国籍，基督教青年会，后加入委员会。

克勒格尔，德国籍，礼和洋行，后来补登在列正式成员。

日军占领南京后，15 位安全区成员中，以金陵大学教授为主的 8 位成员留下。而其他 7 位则先后离开。他们是：潘廷（德）、利恩（英）、汉森（丹麦）、芒罗·福尔（英）、希尔兹（英）、麦凯（英）、皮克林（美）。

后来还有许传音，作为国际救济委员会唯一的中方委员。

第二节　国际难民区的艰难运行

11 月 22 日，南京国际安全区正式成立，立即行动起来，先是为难民区储备粮食，将金大礼堂用作堆栈，金大校舍腾出，以供难民栖止。尔后国际安全区委员会发布《告南京市民书》，安全区正式开放。金大贡献出了金大蚕厂（金银街 15 号，蚕桑系系址）、金大图书馆、农科作物系、金大

校园中的难民和儿童

宿舍和金大附中等五个场所作为收容点，收容难民最多时达 3 万余人。除普通难民外，居住在其中的还有数以万计的知识分子和学生，以及随后由金女大转来的数千名女性难民。由于难民多而地方有限，金大将学生宿舍和教室、体育馆等全部腾出来收容难民。所有的床、桌椅等全部拆除以便容纳更多的人。但难民实在太多，短时间内就全部挤满了，后来的难民则只能在空地上搭棚子居住。

当时南京水电已全部停供，为了供应难民吃水，将以前所有的自流井都用来取水，而人力取水，水量有限。大小便很成问题，只能找点芦席搭个棚子，开个地沟来应急。

据记载，贫困难民可以凭收容所发放的白布条免费领取食物，“每人一碗，大人一大碗，小孩一小碗。”这些难民偶尔还可以吃到萝卜干和蚕豆。麦卡伦牧师幽默的创作了难民之歌。其中呼吁早中晚都要吃豆子。因为营养差，补充维生素 B，避免脚气糜烂，这是另一个话题。

除食物外，国际委员会还提供棉花和布匹给难民做被子。此外，还发放了相当数量的救济基金。同时，金大收容所还雇用了一些难民协助工作，

1938 年 5 月 4 日，南京难民区国际救济委员会委员暨金中难民收容所全体职员在干河沿金中小礼堂前合影。前排左 3 徐淑珍、4 徐淑德、6 姜正云（金中难民所所长）、7 约翰·马吉（南京国际红十字会会长，被誉为美国英雄，南京十二中创办人）、9 金大教授贝德士、10 金大教授史迈士、11 徐传音先生。

并组织有技能的难民进行生产，如春耕、织布、被褥衣物的缝制等，以此作为工作救济来帮助难民。国际委员会还举办各种工赈，如拨款、补助参加营区内的土木项目，又抽调难民百名帮助金大各农场进行春耕。既可维持农场工作，又可提供难民蔬菜、粮食。

金大校园收容所主要收男性难民，与金女大恰恰相反，两校园分工明确。不专门收容妇孺，男性难民背景不同，文化教育不同，时常会打架，吵架，有的还抽鸦片，秩序管理很难，困难尤多。

一方面难民生活非常艰苦，而组织募捐筹办救济者绝非易事。还要为伤病员提供治疗，为百姓注射疫苗。这方面鼓楼医院威尔逊医生做的非常出色。

至 1938 年 5 月，难民所已纷纷关闭，至今金中难民区最后拍的一张照片还保留着。

第三节　安全区和难民区的金大人

贝德士（1897—1978），美国籍。金陵大学历史系教授。1920 被派往金陵大学任教，期间他创建了历史系。1937 年抗战爆发，临危受命，被任命为金大副校长，留守南京。

贝德士在东京国际法庭上作证

1937 年 12 月日军攻占南京前后，贝德士一直担任南京安全区国际委员会与世界红十字会南京分会的委员，并于 1939 年 5 月接替米尔士任南京国际救济委员会最后一任主席。其间，贝德士利用自己美国公民和金陵大学副校长的身份拯救了数万难民。

1938 年底，日军当局开始强迫安全区内难民各自还家。2 月 18 日，安全区国际委员会被迫改称“南京国际救济委员会”，贝德士担任成员与主席。安全区国际委员会及安全区不复存在，最后一批难民营也被迫于 1938 年 5 月关闭。

战争期间，贝德士在南京深入社会调查，写了《南京地区粮食调查》与《南京人口》以及多篇揭露日方贩卖毒品、实施慰安妇制度罪行的文章，在中外报刊发表，因而受到日方的多次迫害。1941 年 5 月，他曾短暂回到美国，发表讲演，揭露日本在南京的战争暴行。战后他又作为证人出席东京与南京对日本战犯的审判。

在耶鲁神学院图书馆保存有《贝德士文献》，是迄今批量最大、最完整的关于南京大屠杀英文原始文献。

史迈士（1901—？），美国人。1934 年在芝加哥大学获社会学博士学位，被基督教会派往金大任教。1937 年 9 月，史迈士夫人带着两个孩子前往牯岭美国学校，他本人留在南京教书。当南京即将陷落时，他拒绝撤离并致力于建立安全区保护难民。作为安全区国际委员会秘书，他从 1937 年 12 月 14 日到 1938 年 2 月 19 日，曾将日军暴行每日写成抗议书，送往日

史迈士一家摄于南京沦陷前

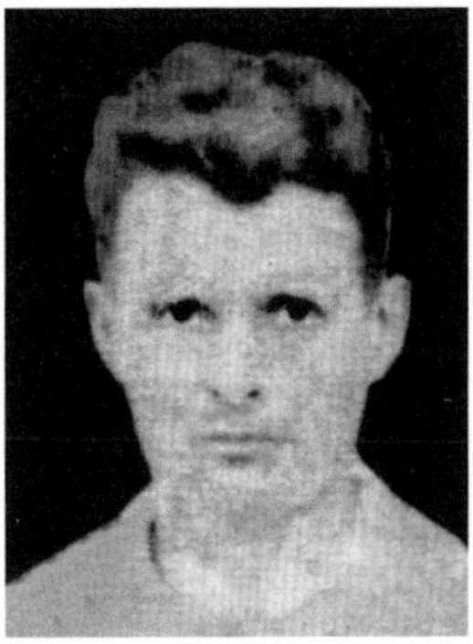

林查理

本、英国、德国、美国大使馆及上海全国基督教会。1938 年春，他组织了南京及其邻县战争损害调查，出版了《南京地区战争灾祸：1937 年 12 月至 1938 年 3 月》一书。

林查理，美籍，金大农艺系教授，教授农具制作，在金大创建农业工程系，为我国农业机械化教育之始，贡献颇大（在本书农学院一章有详细介绍）。战时任南京安全区国际委员会委员，是金大难民所得力的难民救护者。

陈嵘（1888—1971），浙江安吉人。著名林学家、树木分类学家。日本帝国大学留学，爱国者。他在日本期间曾追随孙中山先生参加革命，后来又到美国、德国深造，回国后担任金陵大学教授兼森林系主任。南京沦陷期间陈嵘受命留守金大，被推举负责金大难民区的救助工作。后来实际上成为南京安全区国际委员会中方负责人。精通日语、英语和德语的他，在日本大使馆和宪兵司令部中都有同学，因此在大屠杀期间，他曾陪同美籍教授和国际委员会委员多次前往日使馆和占领军司令部交涉，并致电日本帝国大学的老师，请求对其在华学生施加影响。他常在校园外巡逻，见到日兵就用日语呼喊阻止。当时已年过半百的国际知名教授，为了保护知识分子和难民，在日军的刀光剑影中坚持斗争，毫无惧色，他以过人的胆识和勇气谱写了难民区忠诚卫士的壮丽史篇。

留守期间，除守护金大和金大附中校产、保护难民外，他还坚持办学，曾任金陵补习学校、鼓楼中学、同伦中学、南京金陵中学负责人。

陈嵘

齐兆昌

威尔逊医生

齐兆昌（1880—1955）出生于南京。早年由之江大学进入美国北俄亥俄大学土木工程专业深造，回国后供职金陵大学，历任校务委员、工程处兼校产管理处主任，主要负责金陵大学基建工程的设计和维修，除金大的大门、小礼拜堂、学生宿舍等建筑工程外，还有金陵神学院、中华女中、圣保罗教堂等以及教会的许多建筑多由他主持设计、施工和管理。由于有时也兼任建筑学课程，所以也称他为教授。南京大屠杀期间，他担任金大宿舍难民收容所所长，保护和救助了一批难民。而自己经常面临生命威胁，一次在收容所外巡查，被日军发现，并准备用刺刀杀死他，幸好美国同事林查理及时出面解救才幸免于难。

威尔逊（Robert O. Wilson，1906—1967），生于南京，父母是美以美会传教士。金大附中毕业，1929 年获哈佛医学院博士学位。1936 年 1 月携眷回到南京，成为鼓楼医院的著名外科医生。

从 1937 年 12 月 3 日起至 1938 年 2 月 21 日，威尔逊几乎是“南京城内唯一的外科医生”，到医院的患者多为严重刀伤或枪伤，有的甚至头颈部被刀砍下大部分，威尔逊每天要做十几台手术，在同事特里默（C. S. Trimmer）和少数护士协助下从事难以置信的繁重工作，直到 1938 年 4 月，无锡圣安德烈医院来了两位医生和两位护士，才使威尔逊和他的同事稍得喘息。南京大屠杀幸存者李秀英，怀孕 6 个月身中 33 刀，正是由于威尔逊的抢救而得以存活，成为控诉日军大屠杀的重要证人。

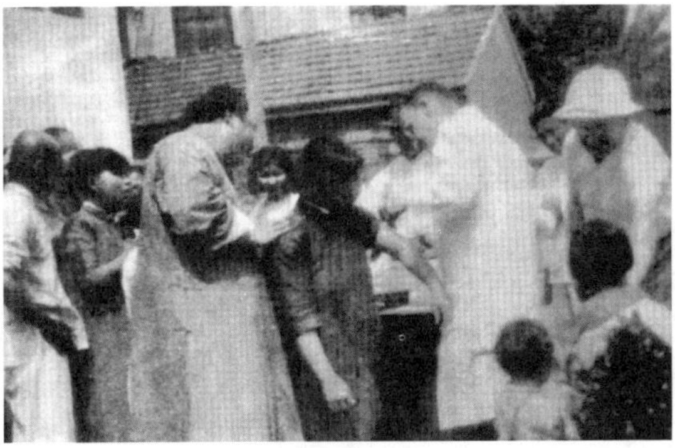

威尔逊医生为难民注射预防伤寒疫苗。

医院化验室鲍恩典主任

许传音

许传音在远东国际军事法庭证。（许传音之孙许以立供图）

南京鼓樓醫院養病組和鼓樓難民醫院同仁攝影 一九三八 五月一日

姜正云

史德蔚

在战后的东京审判中，威尔逊作为国际检查南京大屠杀案的证人，以第三方身份和医生背景率先出庭作证。他的证词更具说服力，有力地揭露和证明日军在南京犯下的一系列残酷暴行。

马吉牧师最大贡献之一是在南京大屠杀期间于许多现场，包括在该医院用摄影机拍下日寇残酷屠杀中国百姓的暴行。使日后美籍青年会乔治得以秘密缝在大衣中带出中国，向世界披露日寇在南京大屠杀的真相。

美籍化验室主任鲍恩典女士在南京大屠杀期间冒着生命危险，与其他医务人员一道，救治大量受伤难民。她的日记中记录着日军大屠杀的罪行。

许传音（1884—1971），安徽贵池人。1905 年毕业于金大前身的汇文书院文科，留校任教十年，后留美国伊利诺伊大学获经济学博士学位，成为铁道管理专家。1919 年归国，先后在铁道部门工作。1937 年 12 月 4 日，他受邀参加安全区国际委员会，主持安全区难民的住房安排工作，还应邀担任世界红十字会副会长，在掩埋长江边上尸体时，他做过很详细的记录。1938 年 2 月 18 日，成为国际救济委员会中唯一的中方委员。抗战结束后，许传音曾担任鼓楼医院副院长。

1946 年 9 月，许传音作为南京大屠杀的重要见证人赴东京出席远东

对页图：
1938 年 5 月，牧师马吉（Mr. Magee，前排中）在组织起来的难民医院（即原鼓楼医院）与威尔逊医生（后排）、护士及部分难民合影。

国际军事法庭作证，用英语陈述长达2万字的证词，有力地揭露日军罪行，也用流利的英语回答检察官的问题。面对被告日本战犯的律师，他毫无畏惧，舌战两小时，终将日军上海派遣军司令松井石根送上绞刑架。

姜正云，湖南岳州人，毕业于金大神学院。1935年进入金大附中担任舍监暨英文教员。1937年底南京沦陷前后，他立即投入南京安全区国际委员会救助工作，担任金大附中难民收容所所长，并兼任安全区第二区区长。领导着80位中国义工，先后救助了约1.5万难民。南京安全区国际委员会对金大附中难民区的各项工作表示十分满意。

史德蔚（1897—1959），美国加州人。1921年被美以美会作为传教士派往中国，在金大任植物系教授，直到1937年8月全家撤离中国。1938年9月，史德蔚回到南京，曾担任“南京国际救济委员会”秘书。1939年7月，妻子与三个孩子也一同返回中国。1943年2月在上海闸北被日拘留，直到1945年9月才被释放，仍回金大。史德蔚虽然是在大屠杀后才回金大，但所见所闻日军暴行甚多，1938年11月至1941年5月间写下大量日记，编辑成册，取名为《从加利福尼亚到四川》，记录下日军罪行。

1945年10月25日，贝德士以“金陵大学副校长”名义乘飞机从四川飞抵南京，会同留京委员与各机关接洽，接收校产，包括房产、仪器设备、书籍标本等，并请史德蔚教授接收附属鼓楼医院，配合金陵大学复校。

1948年元旦，贝德士、史迈士、林查理三位教授因在“南京沦陷期间不避艰险，留居南京，举办难民安全区，救助难民，厥绩至伟”，被国民政府各授“景星勋章”一枚；陈嵘、齐兆昌、顾俊人、史德蔚、史迈士等人获得了国民政府颁发的“胜利勋章”。

（据王勇忠《南京大屠杀时期的金陵大学难民收容所》《抗日战争研究》2008年第4期。）

第四节　南京留守人员利用金大、金大附中校舍办学

南京沦陷后，当局势稍平稳时，金大留守人员为了尽量让失学青少年继续学习，也为了维持留守的教职员工及其家属的生计，陈嵘与贝德士等

1943 年同伦中学学生在东课楼教室学习。

同日方交涉，利用金大校舍办中学。

先是由贝德士、陈嵘、齐兆昌等人在金大校园北大楼举办“金大难民自修团”，组织难民上课。授课内容包括体育、算术、日语、英语、国语、音乐、圣经等。

1939 年秋，金大校友刘宗基、庄允和、王文湛等人在金大留京护校委员会支持下，开办“金陵补习学校”。1940 年秋，该补习学校更名为鼓楼中学，贝德士任名誉校长，陈嵘为校长，齐兆昌为总务主任，十数位教员均为金大校友。

太平洋战争爆发，金大校园被日军强占，鼓楼中学失去办学基地。后经陈嵘、齐兆昌多次与日军交涉，鼓楼中学被迫改名为同伦中学，方得以复校，校址由金大迁至干河沿金大附中校园。1942 年秋，同伦中学开学，日军派南京特务机关长原田宪永少将为校长，企图监视和控制中方教师，陈嵘忍辱负重为代理校长，齐兆昌为总务主任。他们为此还冒着为日本服务当汉奸的骂名，付出过被误解的代价。

1945 年 8 月 15 日，日本无条件投降，同伦中学恢复金陵中学原名，并做好迎接万县归来的师生的准备工作。

第九章

校园生活

第一节　校风与学风

金陵大学自创办以来，一向采用西方的学分制，学生修读的课程分主修、辅修和选修三种，既能保证重点（必修课），又有较大的回旋余地，各人可以根据自己的兴趣，扩大知识面，适应未来社会发展的需要。

作为一所教会大学，金陵大学一向重视英语学习。早先，在课本方面，除中文经史等课程不用英文外，其他课程大都采用英文教材及参考书。对于英语教学还用电影、广播等电化教育手段，很先进。甚至助教指导实验，乃至文娱活动、运动场上运动员、助威的啦啦队也无例外地以英语交流，因此金陵大学学生的英语水平一般都比较高。20 世纪 30 年代华东四所教会大学（南京金陵大学、苏州东吴大学、上海圣约翰大学、杭州之江大学）联办的一年一度的英语辩论会，金大常占优胜。

在辩论会上，其他学校师生都是西装革履，而金大同学平时虽既穿西装，又穿中装，但在辩论会上一律长袍马掛，加上满口流利的英语，成为一道独特的风景线，给人留下深刻的印象。留美博士陈裕光校长为传承民族文化、弘扬民族精神，执掌学校 24 年间在校从未穿过西装，在家是满口家乡（宁波）话，而在学术讲台上却是一口流利的英语。

金陵大学很重视中国文学的教学。过去国内大学一年级没有统一的国文教材，仅由教育部拟定篇目交各校使用。为此金大中文系根据这些篇目，参酌甄选，编成大学一年级国文选本，为中国文学教学奠定了教材基础。同时，金大也特别重视中国文化的传承与发扬。1930 年春，金陵大学成立中国文化研究所，从校外延揽一批著名专家，从事考古学、古文字学、语言学、民族学、艺术学和文学等研究，出版《金陵学报》和《中国文化研究汇刊》，两刊所发表的文章必须用英文撰写内容提要，以便向国际学界推介，促进中西文化交流。

高校教师的任务不仅在于传授知识，更重要的是培养学生具有进一步学习的能力，其中，教学态度和教学方法起着非常重要的作用。金大各学院教师除认真讲课外，还给学生指定参考书，布置课外作业、读书报告、课程设计等作业，并随时举行小测验。对于学生的这些作业、报告、设计或测验，教师均能热情对待，认真批改。学校倡导自控（self-control）、自

1923 年，金大英语演说队优胜归来的合影。后右一为魏学仁、右二为杭立武。

尊（self-respect）和自我教育（self-education）。因此，考试提倡荣誉制，教师出题后可以离开教室，学生应试完毕后自行交卷，鲜有犯规作弊等行为，否则为同学所不齿！师生见面热情地招呼，平时则轻言细语，在潜移默化中培养了学生优雅的人品和风度。

作为一所教会大学，金陵大学最初的办学宗旨是培养学生的“基督化人格”。没有想到在此过程中，由于大时代的影响，大多成了现代教育在各学科领域的骨干。

学校开设“宗教学”，选修 1 学分课程；校园内有小型礼拜堂，每逢周末轮流组织做礼拜，尤其是圣诞节前夜，教友和非教友聚在一起手持蜡烛，以合唱的方式到各位老师家“报佳音”，唱诵《平安夜》等祈福歌曲，更是温馨热闹。这逐渐成了一种节日庆典，而非宗教仪式。在几十年的办学进程中，金大对师生信仰未作强求，既尊重信教的师生，也尊重不信教的师生。学校在有关学习、生活、申请奖学金以及谋取勤工俭学岗位等有关规定中，从不将信仰宗教与否作为先决的条件。

校内设小礼拜堂，可自由参加其活动。该礼拜堂建于 1922 年。

金陵大学的学术空气十分活跃，师生思想开放，对事物善于独立思考、明辨是非，敢于表达个人不同的见解，对唯唯诺诺之辈不屑一顾！对民主、自由有热烈地追求，对国家、民族之命运也极为关注。这源于陈裕光校长提倡学生思想自由、民主，并鼓励学生组织各种团契（团契作为教会小组的名称，也泛指一切有组织的活动）、讨论会、读书会（有宗教的，也有非宗教的），更好了解社会实际，接受进步思想。金大学生可以自己租借教室发表演讲。学校提供机会。例如化学系的某某二年级学生，算是低年级，还口吃，却可以自己借一间教室，发表演讲，题目是“爱因斯坦相对论”。对于科学，有兴趣就有权宣讲。对于中华民族的利益，能够奋起捍卫。

金陵大学在育人过程中，重视营造师生之间家庭化的氛围，重仁爱精神。青年学生从入校起就受到学校特有的慈爱（不是仁慈）、温馨、宽容气氛的熏陶。教职员同人之间、师生之间互相关怀，情同手足。章子汶院长谈及金大家庭化的教育中时曾说，“学校等于家庭，师长同学情同叔伯兄姊”，“师生老幼，休戚相关，苦乐与共”，“亲爱之情盎然四溢”。校长、系主任经常于周末分批邀约师生在家茶叙，边喝茶、吃点心，边聊天、沟通思想，增进情谊。校长师母也经常访问各位教授夫人，邀请到家聚会，交流治家常识和育儿经验。当年，金大校园里耸立的大标语是“人生以服务为目的，不以夺取为目的”、“‘爱人’，就不能‘徇私循利，予求予取’，也不要‘循迹隐居，独善其身’，而应‘走入社会，服务人群’”。

1931 年，在金大校刊第 39 期上曾有校友著文谈及：有的学校教职员许多在外面兼官兼差，奔走、钻营；而母校教职员不在课堂上，就在公事房（办公室）；不在图书馆，就在实验室；同学们除了读书就是体育运动，或外出采标本，或在实验室、或在农场劳作。金大的教授在学生中的声望不仅在于他们广博的知识，还在于他们独特的人格魅力、气质和风度。教师认真地做学问，学生也抓紧学习，从不放松任何可利用的时间。

森林系陈嵘教授几十年来单身一人，远离家室，长袍一袭，雨伞一把，早出晚归，往返于宿舍和标本室之间。虽早已完成了《中国树木分类学》上下册两大本巨著，仍兢兢业业，工作不停不息。文学院倪清原教授，是位哲学家，在复员回迁时，身穿汗背心从船上搬运教具、仪器汗流浃背，晒得乌黑，被孙明经拍入电影，震惊中外，国外友人惊讶道：“是哲学教授？难以想象！”

学校一切按章办事，同学遵章守纪，教职员恪守职责，主事者秉公办事，不徇私情。金大校务行政历来以干练高效出名，工作人员不多，但工作干得井井有条。下面我们从公布成绩到发薪水几张照片中可以看出端倪。

20 世纪 30 年代，在金大第 39 号校刊上曾有校友盛赞母校“安定”的校风。所谓“安定”，就是办学一切有章法，不论教学、教务、行政以及后勤生活管理等都有一套严明的制度，如有关学生注册、报到、考试成绩登记、学分计算以及升级降级等问题处理，在教务处窗口办不通的，即使找到一向以仁慈为怀的教务长柯象峰老师，得到的答案也只是一个“NO”。柯教务长也因此得了一个雅号叫“Mr. No”。由于人人都能自重、自律，学校的一切工作效率也相应地提高了。

金大“安定”的校风还表现在它数十年一以贯之的“沟通东西文化，弘扬学术”的办学宗旨，常对师生勉以“为学问而致力，为修养而淬励，为和平而奋斗，为服务而尽力”，以“诚、真、勤、仁”四字为立校、治校

1944 年成都华西坝华西协和大学校牌边，同学们在抄录成绩表。

1945 年成都华西坝，金陵大学同学在办理入学手续。

1948 年金陵大学学生办理入学登记。坐着戴眼镜与学生对话者为教务处注册组主任戴邦彦老师。

之本。不受政潮起伏的影响，任校外风雨交加，校内总能“弦歌不辍”，保持正常教学秩序，“济济一堂，按部就班，各尽其职”，“屹立不动，一柱擎天”，表现了以不变应万变的“定力”！实践证明，只有学校安定，才能出成果，出人才。

金大校风中还有极具特色的一面就是“文明”。前面说的学校倡导“三自”（自控、自尊、自我教育），还对学生的仪表、举止、待人接物以及在卧室、公共场所的言行等均有明确规定，旨在尊重他人的权利和思想，鞠育自身品性与修养。比如，个人仪表规定“衣当净，发当短，面当常修，耳牙与指甲当洁净”，卧室规定“起时须铺床，睡时当开窗”，在公共场所“切忌吐痰、咳嗽、唾涕、按骨、食杂食或抛弃废纸、废物”，“不可于群众中撞挤”“途窄或门狭当让人先行”等。数十年来，金大在办学和治校实践中已形成了

1945 年成都华西坝金陵大学会计室窗外，金陵大学教工领取薪水。

自身独具的风格，这些校风的体现在日积月累中，逐步成为金大的血脉和传统，历时不衰，弥久愈浓！难怪张云鹤校友在校外几次遇陌生人问他：“我看你是金大的吧？！”

金大的学风，主要体现在办学、治学、求学过程中的“不偏见，不固执，不苟合，不盲从，而使真理永得照彻天地间的科学态度”。金大人懂得：到学校来就是求学问的，而走捷径、投机取巧、作弊抄袭等弄虚作假行为在金大是绝无市场的。金大文学院院长、著名学者刘乃敬先生曾在校刊撰文“平心论之，任何事体，总要一有目的，二有计划，三切实工作，四持之久远，能有此四者决不致无良好结果，求学亦何不然”，“办学也要尚实在，不必炫异”。从这段话中，我们不难探知金大之所以能在民国时期、时局变迁无常的几十年中“不为潮流所淹，不为时会所窘”，办出了特色，办出了精神，在国内诸大学中赢得了声誉。“弘道在人，高远可致”，“卓然超群，非笃学不为功”也！

1934 级物理系毕业的孙明经曾比较过“中大”和金大的学风。他说，周末，

1947 年金陵大学发放薪水。左一为会计主任谢湘老师。

“中大”同学一个个一头扎进图书馆，同样周末，金大同学活泼得多，文娱、体育、戏剧、音乐样样来，热闹得很。考起试来，成绩不差，比赛起来，常是金大赢居多。金大的演讲、辩论、足球、排球各类比赛也是冠军多多。

第二节　爱国情怀

日本帝国主义为侵略我国东北制造了九一八事变，随后便占领了沈阳和东北全境，长达 14 年的侵华战争就这样开始了。

金大师生热爱祖国，1931 年九一八事变后，在陈裕光校长引领下举行了罢课游行，成立了金大教职员反日救国大会，向世界各学术机关、团体发表宣言，抗议日本出兵占据我东三省；召开了全校师生大会，宣读“永不使用日货”誓言。

在九一八事变周年之际，他们出版《国难特刊》，对时局进行分析，提出种种对策，马博庵教授、倪清源教授也发表文章。图书馆学系学生钱存训编纂“抗日救国言论”索引，以供国人研究。还开展一次为义勇军筹款的足球大赛。

一、金大旗杆风波

日本领事馆建在南京市的制高点，鼓楼半坡，地点选择颇具野心。领事馆竖起了很粗的信号发射塔。起初人们并没有看透日本企图侵占南京的狼子野心。1934 年某日突然发现日本太阳旗悄悄探出头来，贼头贼脑地在“北大楼”（下页图北大楼左边教室的后面）屋顶上飘，十分嚣张。日本旗破坏了整个校园的平静。因为这是发生在九一八事变之后，侵略者魔爪已经伸入东北。朱恕等 35 位爱国大学生十分警惕，奋起抗议，发起全校募捐。在陈校长和全体师生的支持下，1935 年 10 月由齐兆昌建筑工程师设计，一座入土 15 尺、高 121 尺的钢管式旗杆便在大礼堂南侧拔地而起，高出日本旗杆 10 尺，这根旗杆升起了国旗，以扬国威。全校师生总算出了这口恶气。

在国民政府与日签订的“何梅协议”规定不许提“抗日”二字的情况下，金陵大学学生的爱国行动赢得南京百姓的尊敬。旗杆后来因建教学楼而移

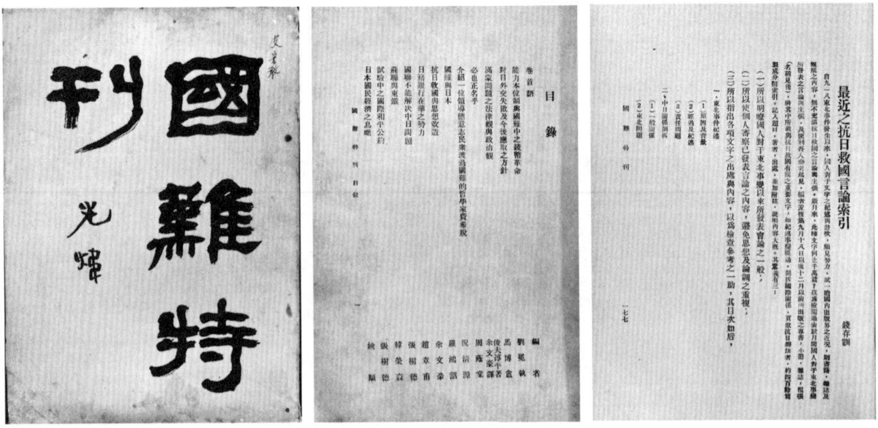
國難特刊
光煒

目錄
卷首語
能力本位制與國難中之錢幣革命
對日外交失敗及今後應取之方針
滿蒙問題之法律觀與政治觀
必也正名乎
介紹一位領導德意志民衆渡過國難的哲學家費希脫
國難與日本
抗日救國與思想改造
日商銀行在華之勢力
國聯不能解決中日問題
蘇聯與東鐵
試驗中之國際和平公約
日本國民經濟之鳥瞰
國難特刊目錄

最近之抗日救國言論索引
錢存訓
(一)所以明瞭國人對于東北事變以來所發表言論之一般；
(二)所以使個人審察已發表言論之內容，避免思想及論調之重複；
(三)所以指出各項文字之出處與內容，以為檢查參考之一助，其目次如后，
一、東北事件紀述
(1)原因及背景
(2)經過及紀述
(3)責任問題
二、中日關係剖析
(1)一般關係
(2)東北問題
國難特刊
一七七

《国难特刊》的封页、目录及索引

中華民國二十一年十月十七日　金陵大學校刊　（星期一）　（第一版）

金陵大學校刊　陳裕光

□中華郵政特准掛號認爲新聞紙類□

□每星期一出版□編輯部發行□

轟動一時義勇軍籌款足球大戰

同學會名將會集北門，與母校比賽足球，票資所得，悉充東北義勇軍軍費，

比賽動機

東三省淪於日人暴力之下、忽忽踰年、此一年來、全恃少數義勇軍作困獸之鬥、槍械軍糧、全持民衆零星接濟、處境之困厄、與奮鬥之艱苦、令人不勝悲感興奮、本校同學會、特爲此事、邀集同門會（即同學會）名將多人、組成勁旅、與本校大中學混合隊作兩日角逐、所得票資、將悉數捐助東北義勇軍、事前曾由同學會轉託老同學勞遠培君於上星期一赴滬接洽、旋承上海分會贊許、南京分會即着手各種籌備、總會趙幹事、中學林憲章先生、大學 主任、兩三日來、皆爲此事奔走甚忙、前晚接上海來電、謂準於十五晚夜車晉京、以同門會球員有在機關服務、有在學校求學、皆屬忙碌異常、不能在京久留、故即排定十六及十七兩日、比賽兩場

虎將抵京

同盟會足球名將、雖散居各地、但究以京滬一帶爲多、上海一地、尤爲羣英所薈萃、故此臨時組成球隊、實以此方爲中心、總會事前曾函請老同學陳正熙君（現在飛利浦公司任職）、在滬負責照料、昨日清晨總會趙幹事及同學鐘冠明君等均親往下關車站迎迓、車於七時卅分進站、同來十二人、僕僕道故、雖一夜風塵、而精神未見困倦、彼等以此來勾留只有兩日、故行裝簡單、旋分乘汽車數輛、直駛同學會宿舍、並即由趙幹事偕往北門橋大中華酒樓早點、九時後、各球員即分赴各處小睡、黑炭昆仲與莊世鴻君下榻徐主任房間、鐵群最困倦、捨了中餐未吃、江善敬君以渴望見其女友、離開大中華後、即失踪三小時、其餘各位、多躺在床上休養、以待下午之劇戰、

黑炭無恙

昨日同來十二人中、最令人注目者、莫過於馳名南北之銅皮鐵骨之陳鎮和（綽號黑炭）、陳爲爪哇華僑產、七歲時（一九〇七年）即來京就讀於本校幼稚園、歲月不居、此小黑炭忽忽已弱冠矣、凡老於本校者幾無不知之、黑炭足球、銅皮鐵骨、固爲先天所遺留、而黑炭之自幼至今、視足球如生命、專心揣摩、實爲其今日盛名之由來、黑炭一九〇七年入本校、直至二七年始離京去

球場一句

比賽略談

舉行足球义赛，为东北抗日联军募款。拍自《金陵大学校刊》1932 年 10 月 17 日。

1934 年一天，突然发现在北大楼后面，鼓楼百步坡上的日本领事馆上空高高飘着日本旗，气焰十分嚣张。

为了压制日本的嚣张气焰，全校师生集资在船厂订购此旗杆，于 1936 年在校园里竖立起更高的旗杆，让国民政府的旗帜高高飘扬，这是一次爱国行动，受到各界赞誉。

至校西，并立“大纛坪”碑作为“不可移动文物”加以保护，以为纪念。

二、金大同学投笔从戎盛况

抗日战争期间，从 1943 年底到 1945 年初，计有 127 位不同院系的男女同学（约为当时全校师生总数的 10% 以上）志愿从军，其中空军 66 人、远征军 16 人、青年军 45 人。为抵抗侵略，保卫祖国，为了人类的自由与和平，投笔从戎，表现了华夏儿女的英雄本色。

据杨恩荣同学回忆，我们可以发表爱国的文章，激发大家的爱国热情，金大 160 多人报名，争相报名参加远征军，越过国境，去印度打击日本鬼子。

国民政府 1944 年 10 月 21 日发出“一寸山河一寸血，十万青年十万军”的号召后，短短两个月时间，华西坝学生踊跃报名，参加了中国驻印远征军和青年远征军。

1945 年 1 月金大远征军在皇城集训，前排左三为金大学生杨恩荣，后排可见刘俊、孙子欣。

1944 年 11 月 21 日的报纸报道，金陵大学已有 76 名同学从军；1945 年 1 月 10 日的《新民报》报道，华西坝从清早晨钟 6 响之后，就活跃起来，各校的志愿军整装出发，金大有学生 31 人……

金陵大学理学院师生在电影放映教室欢送参加空军的吴安然等 7 位赴美国学习驾机的同学。化学教授裘家奎的夫人等授予每位从军同学一枚刻有英文字母 UN（金陵大学缩写）的银戒指，以示纪念。还邀请金陵大学影音部在华西坝放露天电影《中国为何而战》，该片是由美国陆军部通信大队出品的7部纪录片《我们为何而战》之一。这套纪录片由美国马歇尔亲自策划，在美国影院公映，也在同盟国上映。

金陵大学余光烺教授撰写了一封写给出征同学的送别信："……寇深国威，暴敌压境，诸君投笔从戎，请缨杀敌……全校师友，莫不钦佩……并祝鹏程万里，扬威异域，他日凯旋归来，再与诸君聚首攻读也。"

（摘录自戚亚男：华西坝五大学热血青年投笔从戎，《成都日报》2015 年 8 月 1 日）

新中国成立后，多次军事干部报名均有金大同学参加。

三、演讲和辩论激发热国热情

大学生关心祖国的命运，无论在演讲、辩论、投稿和歌曲的比赛中间，无不体现了金大学生的爱国情怀，无论是在市内、省内和华东地区演讲比赛和辩论都取得骄人成绩，尤其是辩论和口才方面，表现得尤为突出，事实证明，这些冠军由于思维的敏捷和思路的清晰，均在各项工作中取得了很好的成绩。抽到顺利的题目，自然是得心应手，抽到必输的题目，也能翻盘，仅举一例。

金陵大学辩论员虽讲的是带南京土音的英语，但观点正确，内容丰富，在英语辩论舌战中，因多请教、多思考而闻名华东。

1924 年圣约翰邀请金大来参加 6 年锦标赛后友谊赛，在上海圣约翰礼堂举行，金大辩论员有吴子伟、周定一和王齐兴，辩论题目“中国是否应该采取西方实业制度（Western industrialism）”，圣约翰主正面，金大主反面。我们拿到题目后即刻就想，中国是工业落后的国家，急需兴办工业，开工厂，修铁路，农业机械化等等没谁能反对采取西方实业制度。我们是输定了，恰巧有一位红神学家华德博士到中国来，在北京演讲，主题是“为什么有贫穷？”重点是反对资本主义，我们从报章上看到他在北京演讲的消息，华德博士在北京演讲后南下到南京，住在下关圣公会教堂内，我们的顾问尧柏森教授领我们三位辩论员去下关圣公会访问华德博士，请教他指导，我们先向他表示反对西方实业制度一定输，找不到论点驳对方，他说：“你们一定会辩胜，”又说，“我给你们一个新定义，Western industrialism，这个定义是任何字典和百科全书上找不到的。”他说：“industrialism 分两部，industry 与 ism 你们承认工业 industry 是必需的，但反对西方工业是操纵在（资本主义）手中，就是西方工业制度是资本主义剥削劳动者的利器。”受华德博士的启示后，我们很有把握和信息，回校勤苦收集历史、杂志、报章有关资料，写好发言稿和辩驳对方的答复卡，兴高采烈地往上海圣约翰大学与对方辩论员舌战，经过两小时的辩论，结果三个评判员一致投反方票，我们拿着奖杯胜利而归。

1951 年 7 月 8 日金大同学响应号召报名参干。

1951 年 7 月 21 日金大欢送第二批参干同学。

第三节　聚会

金陵大学办学有一种家庭氛围，同学、师生之间聚会很多。

团体组织游玄武湖。前排左三为童有勇，左四为姚筱兰，两人后面为阎北平，还有章毓英。（周华久提供）

女生在小粉桥小陶园女生宿舍前。前排左一为许复宁、左二为王行慈、左四为李文钿、左六为陈大桢、左七为陶翠芬。后排左三为乔惠珍、左五为周久华、左六为张一诚、左七为曹瑞碧，后排右一为外文系彭佩云（后曾任全国人大常委会副委员长，全国妇联主席等职）。（周久华提供）

不同专业同学宿舍安排住在一起，形成文化互补，是金大的优势之一。前排李文钿（化学系），中排左一为谷行素（经济系），左二为周久华（化工系），左三为张一诚（园艺系），后排左一为肖端清，左二为宿舍管理员。金大陶园，摄于1947年。（周华久提供）

社会系同学爱聚会。社会系同学毕业后无论是调研还是服务，都要面对大众，所以在学校里聚会就比较多，以养成爱交流习惯。下面一组照片由柯宁美校友保存并提供。

在农学院大楼前侧坡地上，同学们周末聚会，愉悦的心情洋溢在每个人的脸上。

在北大楼前台阶。

草坪上席地而坐，进行讨论。

1947 年 11 月，社会系同学游栖霞山。后面柱前坐者为史迈士教授。

金大和金陵女子大学同学无锡夏令营合影，前排右二为汪爱丽，二排右一为董率真。

第十章

校友情谊

第一节　金大毕业的记忆一瞥

毕业是学子人生重要的里程碑。金大校友们都曾亲自体会过那隆重而神圣的典礼时刻：校长亲临讲话、亲授文凭、与同学合影留念、珍藏毕业证书、参加毕业植树仪式等，这一切仿佛昨日，历历在目。几张毕业照引起校友回忆。

1920年金陵大学的毕业典礼，学生们举着大旗从北大楼前集合走向大礼拜堂。图中的建筑为刚刚启用的北大楼，窗户、观景台清晰可见。未被爬墙虎遮住的北大楼塔楼庄严、通透、充满灵性，这是以后很难看到的景象。

1920 年第一次在刚刚启用的大礼拜堂举行毕业典礼。前排带方帽着黑衣者为应届毕业生，而穿浅色中式长袍制服的为在校生。此后每届毕业典礼均在这个大礼堂举行。直到抗战西迁被迫中断。

1920 年金陵大学毕业典礼在大礼堂举行，典礼主席台除悬挂中美两国国旗之外，主席台上没有悬挂肖像。辛亥革命以后的国旗暂定为五色旗，代表汉满蒙回藏五族共荣。

1932 年金陵大学毕业典礼，主席台上校长陈裕光讲话。

1934 年金陵大学毕业典礼，上悬孙中山先生遗像，毕业生向孙中山像致敬。

1947 年金陵大学毕业典礼前，教务长柯象峰（前排右二起），陈裕光校长、美国驻华大使司徒雷登，与毕业生们在长满常青藤的北大楼前合影。

1947 年陈裕光校长为毕业生颁发文凭。

畢業證書

學生林文棣係廣東省中山縣人現
年二十五歲在本校農學院森林
學系肄業肆年期滿成績及格准予
畢業此證

私立金陵大學校長陳裕光
農學院院長靳自重

公曆一九五一年一月二十日

森林系毕业生林文棣珍藏多年的毕业证书。

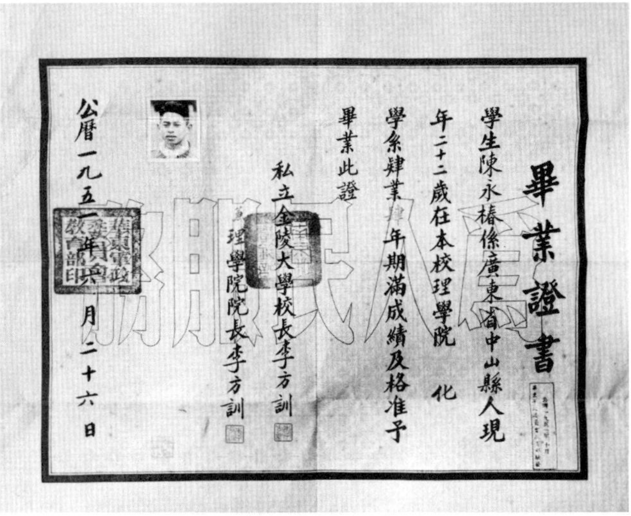
畢業證書

學生陳永椿係廣東省中山縣人現
年二十二歲在本校理學院化
學系肄業肆年期滿成績及格准予
畢業此證

私立金陵大學校長李方訓
理學院院長李方訓

公曆一九五一年六月二十六日

化学系毕业生陈永椿珍藏多年的毕业证书。(陈永椿提供)

金大经济系1950B级毕业班的纪念戒指。（吕世传提供）金大的毕业戒指由各个年级自己设计不同图案。这枚文学院经济系吕世传同学珍藏的戒指，金大两字的“金”字顶上两撇做成金大宫殿式图案，让人回忆起美丽的校园。两点一捺共以三个四角北斗星表示，下面刻着1950B表示秋天入学的年级。戒指为银质，内刻有各位同学的名字，如吕世传。这是金陵文化的一部分，常常伴随同学一生。

孙明经1934年毕业时穿着毕业服留影，以理学院大楼为背景。

1947 年金陵大学毕业典礼后，陈裕光校长与全体毕业生在北大楼前种树。“十年树木，百年树人”是金大森林系的座右铭，也体现金大办学的伟大功绩。农学院早在 20 世纪初就开始在南京紫金山遍山广种树苗，我国高校森林系最早在金大创办，绿化环境已渐渐成为金大人的使命，种树也成了传统金大毕业仪式的一部分。汪猷班级的级树是 1931 年种的。成了院士后回到校园先找自己班级的树，传为佳话。金大人的价值观里，植树光荣。如今这些树苗已茁壮成为参天大树。

第二节　校友会及其出版物

校刊留下了记忆。

不同时期的同学录、年刊。左为 1922 版的同学录，相当于 A3 版面，中为 1935 年刊，右为 1949 年春季刊。

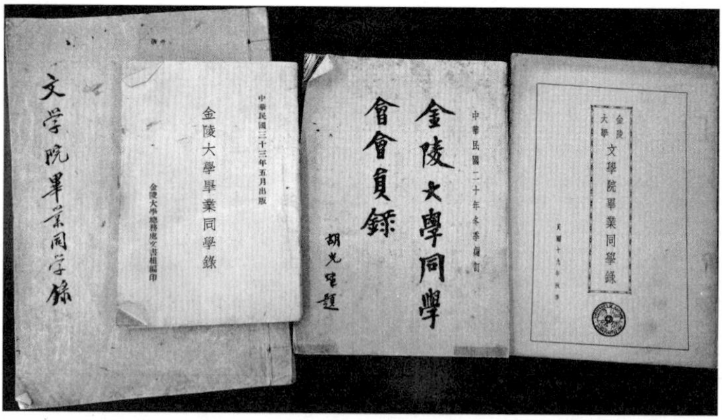

不同时期的同学录，尤以抗战时 1944 年毕业同学录最宝贵，它列出毕业生的届别、别号、籍贯、科系及通讯处，排在第一名的黄荣良，一找便是。而他的照片在 1922 年的同学录上刊登。

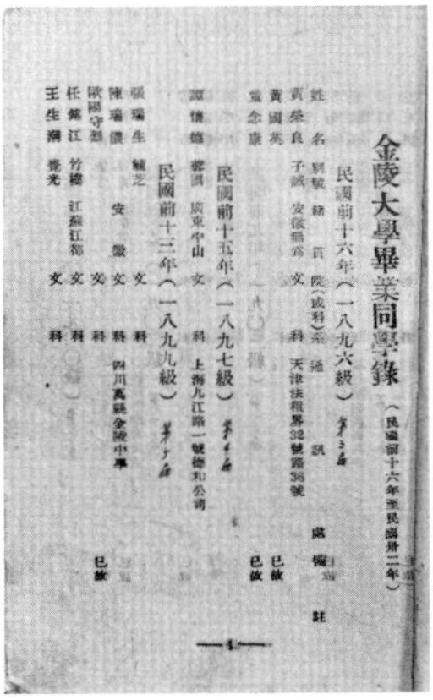

金陵大學畢業同學錄（民國前十六年至民國卅二年）

姓名	別號	籍貫	院（或科）系	通訊處	備註
民國前十六年（一八九六級）					
黃榮良	子誠	安徽無為	文科	天津法租界32號路36號	
黃國英					已故
寵念康					已故
民國前十五年（一八九七級）					
譚懐鏞	譽圃	廣東中山	文科	上海九江路一號德和公司	
民國前十三年（一八九九級）					
張瑞生	毓芝		文科		
陳瑞儀		安徽	文科	四川萬縣金陵中學	
歐陽守道			文科		已故
任錦江	竹樓	江蘇江都	文科		
王生瀾	雋光		文科		

最早毕业生之一，黄荣良。黄荣良，字子诚，安徽无为人。1896年毕业于金大文科，为金大第一批毕业生之一，后又在美国培克大学获文学士学位、硕士学位。曾任母校教务长、驻新西兰领事、驻澳大利亚总领事、外交部佥事秘书、特派交涉员等职。由于金陵大学的名字已从历史消失，黄荣良的外交生涯和他在天津使馆区的瓷房子介绍中标出“黄荣良故居”，使更多的人关注故居早期主人所毕业的学校——金陵大学。

1988年金陵大学一百周年之际，在校友会推动和校友们的支持下，出版了一系列有关金陵大学的书籍，校友们为保存历史做出了贡献。一百周年纪念册，珍藏多少宝贵记忆，让多少人恢复了联系！

左图：《金陵大学史料集》由南京大学高教研究所编，搜集了大量各时期重要档案资料编辑而成，成为内容丰厚的“史料集”，于 1989 年出版。
中图：金大南京校友会组编的《金陵大学史》，由南京大学历史系张宪文教授组织四位近代史学者撰写，2002 年出版。
右图：2004 年出版的《金陵大学校长陈裕光》，为中国著名大学校长书系之一，该丛书第一主编便是金大校友、历史学家章开沅教授。作者王运来在编写过程中得到许多校友及他们家属的支持和帮助。

左图：2008 年，南京校友会又编辑出版一本《金陵大学建校一百廿周年纪念文集》，此时最年轻的校友也近 80 岁了，为了记录历史，征集到 80 多篇文章刊印，再一次反映了金大校友对母校的不了情！
右图：《金陵大学校园画册》。

各地校友会办刊物非常活跃，南京、北京、上海、成都和广东五大校友会率先办起简讯或通讯，大大增进了校友之间的联系和友谊，同时还促进校友回忆校史，撰写了许多文章。此外还有武汉、云南、安徽、无锡、苏州、云南、西安等地校友会也办起了通讯刊物。

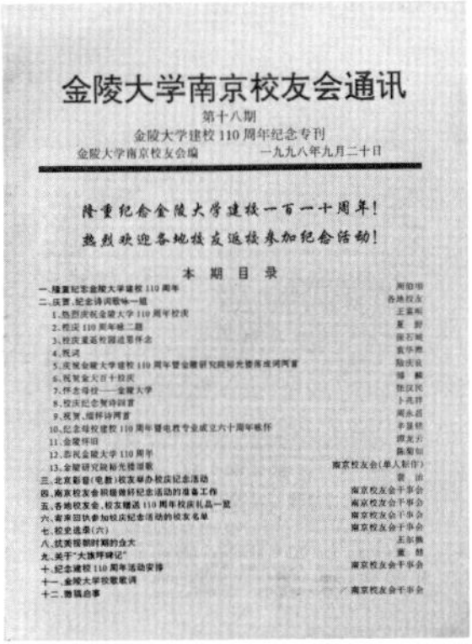

金陵大学南京校友会通讯

第十八期

金陵大学建校110周年纪念专刊

金陵大学南京校友会编　一九九八年九月二十日

隆重纪念金陵大学建校一百一十周年！

热烈欢迎各地校友返校参加纪念活动！

本期目录

金陵友声

第1期（总108期）

陈裕光校长华诞120周年纪念特刊

深切缅怀恩师陈裕光校长

陈裕光校长光辉一生

从化学家到教育家

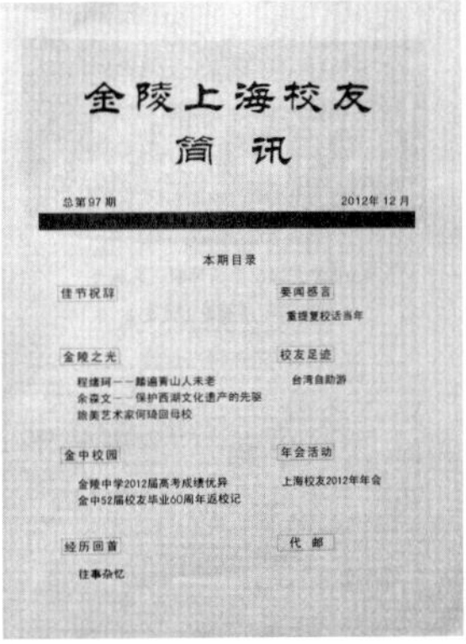

金陵上海校友

简讯

总第97期　2012年12月

本期目录

佳节祝福

要闻感言

重提复校话当年

金陵之光

程建同——踏遍青山人未老

余森文——保护西湖文化遗产的先驱

施美艺术家何璋回母校

校友足迹

台湾自助游

金中校园

金陵中学2012届高考成绩优异

金中52届校友毕业60周年返校记

年会活动

上海校友2012年年会

经历回首

往事杂忆

代邮

左图：《南京校友会通讯》；中图：北京校友会的《金陵友声》；右图：《金陵上海校友简讯》

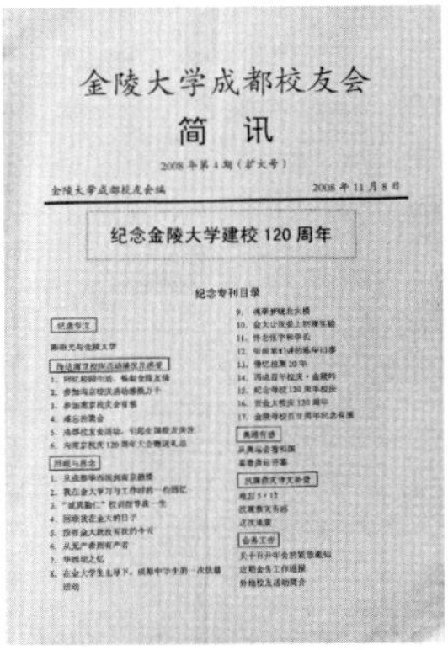

金陵大学成都校友会

简讯

2008年第4期（扩大号）

金陵大学成都校友会编　2008年11月8日

纪念金陵大学建校120周年

纪念专刊目录

友声

VOICE OF FRIENDSHIP　简讯

金陵大学广东校友会

UNIVERSITY OF NANKING ALUMNI ASSOCIATION OF GUANGDONG

向全球金陵大学校友祝贺圣诞暨新年

Merry Christmas And Happy New Year

金陵大学广东校友会

校长陈裕光博士生平事略

左图：《金陵大学成都校友简讯》；右图：广东校友会的《友声》

兹定于一九八八年五月二十七日上午九时在南京大学礼堂举行金陵大学建校一百周年纪念大会 敬请光临

纪念金陵大学建校一百周年筹委会
南京大学
同启

金陵大学建校一百周年纪念大会的请柬

金陵大学建校一百周年纪念活动日程

时间	内容	地点
五月廿七日 上午 八点整	纪念大会	南大礼堂
下午 二点半	看录相、参观校园	南大礼堂 图书馆 120
晚 七点半	文艺演出	南大礼堂
五月廿八日 上午 八点半	研讨会（A.Roy. Peter Ferguson） 国内校友发言	南大礼堂
下午 二点半	文学院校友研讨会 农学院校友研讨会 理学院校友研讨会	南师大 南农大 南大图书馆120 119
五月廿九日 上午	南京市内游览	
下午	机 动	

建校一百周年纪念活动日程，内容丰富而紧凑。大家最希望的是见到陈裕光校长，那天不但见到了陈校长，而且还听到了陈校长的讲话。

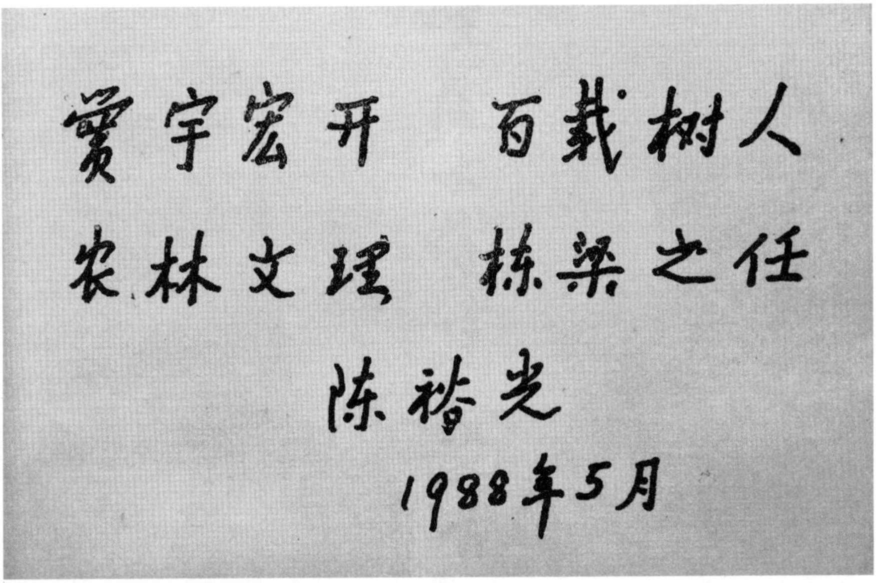

陈校长在庆祝百年校庆时为大家留下题字——“黉宇宏开，百载树人，农林文理，栋梁之任”，总结母校百年成就。

1948年，金陵大学留美同人赴纽约拜访魏学仁老师，在老师住处前的留影。左起：程守洙、魏学仁、魏夫人刘颖保、许国樑等。（许世杰提供）

1934年8月工业化学系1931级毕业生丘玉池（中）考取中英庚款公费生即将启程，同班同学汪猷（右）返校与之重聚于旧居宿舍前，他的好友园艺系1930级学长魏景超（左）也前来欢送。

第三节　我们的陈校长

陈校长为全校师生所爱戴，大家亲切地称他为“我们的老校长”。

陈校长之所以在师生中享有很高威望，是因为他对已严格要求，可以说他是执行校训“诚真勤仁”的模范，除了他把金陵大学治理得很好外，大家还看到他一些不可多得的品质，让我们在下面列举一些。

一、爱护学生，保护学生

校长恩情深似海，感激热泪洒像前。

2002 年，金陵研究院在南京农业大学落成暨陈裕光校长铜像揭幕典礼上，一位白发苍苍的老人，在铜像前饱含热泪，破例三鞠躬（规定每人只需一鞠躬），表达了莘莘学子对校长的怀念与感恩之情！

这位老人在校时名李德勋，参加新四军后改名李涛，1920 年生，1939 年在生活书店总管理处加入共产党。1944 年先后考取了武汉大学等四所大学，正在成都四川大学办理入学手续时，看见《华西日报》刊登“金陵大学农业专修班” 的招生广告。他服从党组织意见，以榜上第一名的成绩考取金大的“园艺专修班”。

为什么放弃了名牌公立大学而入私立金大呢？党组织说，金大的学风民主，校长是具有崇高品德的专家学者，在那里比较安全。

1944 年 11 月，入学仅两个月，金陵大学发起并领导了震惊中外的“双十一”学生运动，迫使当局撤换了成都市长和警察局长，李涛在这次学生运动中的积极行动，也为他留下了后患。

1945 年 8 月，成都市举行抗战胜利大游行。当天下午，有位长者来到后坝的农专宿舍，把李涛引到宿舍前的草地旁，悄声对李涛说：“陈校长对他的学生，有如亲子女般地爱护，你现在很危险，校长要我转告你，赶快离开成都。”并亲切地关照李涛：“小心谨慎，多多保重，祝一路平安！”这位老者就是训导长袁伯樵教授，受校长嘱托而来。

李涛离校后不久，一群警察就来抓人了，可是他们扑了一个空。后来李涛到解放区参加了新四军。

在担任金陵大学校长的 25 年时间里，陈裕光一直身着长衫。（1947 年孙明经摄）

大学时期的李涛

2015 年李涛胸前佩戴着“抗战老兵”的纪念章，左手拿的是奖金，心中溢出荣光和感激之情。

2015年，李涛校友获赠一枚“中国人民抗日战争胜利70周年纪念章”，他说，这荣誉是陈校长给的，没有陈校长的保护，哪有今天的荣光。

像这样救学生的事还有多起。1947年五二零学生运动后，国民党决意要逮捕一批“带头闹事”的进步同学。陈校长无意间从他的妹婿、国民政府教育部政务次长（副部长）杭立武处听到风声，知道黑名单已到了教育部，就向妹婿索要一看，其中竟有9名金大学生，而且8人都是“匪特罪”。当晚，校长召开紧急校务会议，以“诋毁元首”“侮辱师长”等严重违反“校规”问题为理由，决定按校规处理：开除学籍，即刻离校。实质是借机让这几位同学尽快离开。会后有教师认为：讲究民主、自由的金陵大学应该容忍学生的“过失”。校长接受了意见，保留了他们的学籍。最后，这批学生既没有被捕，也没被开除。

又如1948年11月，哲学心理系青年教师萧焜焘、王月娥夫妇因被怀疑是共产党员而突然被捕。陈裕光校长得知后，亲自赴警察局，以他是南京参议会议长的身份厉声警告：“你们要抓人在外面抓，不能到学校里来抓。金陵大学归我管！如果你们不能证明他俩是共产党，我准备回去就召开记者招待会！”吓得警察局长只好同意放人。出狱后，他俩加入了中国共产党。新中国成立后，两人均为东南大学教授，萧曾任江苏省社科院副院长。

抗战期间在成都，曾有一位叫黎承萱的女同学上统计课时突然肚子绞痛，任课老师叮嘱她赶快回宿舍休息，该女生在回宿舍途中突然晕倒在地，正巧陈裕光校长路过，见状后立即把她扶起，并招来一位男同学一道把她架回自己家里安顿，那时校长师母不在家，当黎同学醒来时，只见自己睡在陈校长妹妹、外文系陈竹君教授的床上，而校长的父母双亲都静静地跪在床前为她祈祷！此情此景，不禁使她感动得热泪盈眶。

然而，就是这师生常去的校长住宅，后来遭日机轰炸，险些造成重大祸。

二、师生之间情同手足

在金大，同学之间、师生之间、学校领导与学生之间关系融洽，情同叔伯、兄妹，充满着家庭情谊。许多同学都有课余或周末到校长或老师家用茶点、吃花生米的经历。平时，系里老师关心同学生活，经常帮助经济困难的同

日机轰炸后的陈裕光住宅，摄于 1939 年。当时因疏散及时，其妹陈竹君伤势稍重，陈校长手受轻伤简单包扎后即去学校工作。（南京大学档案馆提供）

学提供勤工俭学的机会。

陈校长这方面也是表率。陈校长常宴请毕业生，也是听取意见的机会。有时赠送题字以资勉励。

三、与校友沟通，鼓励大家为祖国多作贡献

陈校长誉满海内外，常常受到海外学子的问候和拜访。1982 年他亲自出面邀请海外学子回国了解祖国建设情况，为祖国建言献策，效果奇佳。

金大师生关系密切，图为陈裕光校长宴请毕业生（1935级）。

陈校长发起组织金大校友会，沟通海内外校友的联系。大量复制“金陵校友，携手前进，振兴中华，造福人群”题词，送给海内外校友。

1982年赴美时，邀请在美校友回国观光讲学。校友们不负校长殷切期望，带回知识、前沿信息、发展建议。如旅美校友农学家左天觉回国多次，担任国务院外国专家局农业组负责人，还组织各国知名专家来大陆考查，对中国农业发展提出宝贵建议，如向中央提出“开发大西北”的意见，并预言这将比美国西部开发更有效果，因此受到中央领导多次接见。陈校长也当面热情表扬左天觉校友。

左天觉（1917—2013），湖北云梦人。世界著名的农业、烟草专家，植物生理学家。金陵大学毕业（学士、硕士），美国宾夕法尼亚大学博士。曾任美国马利兰大学教授、美国农业部烟草实验室主任（这里研究烟草危害）。曾为全美农学会经参与组织第一届“世界吸烟与健康大会”并兼任技术会

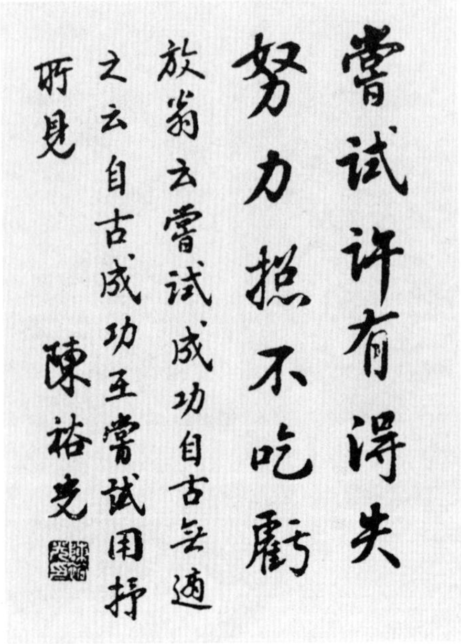

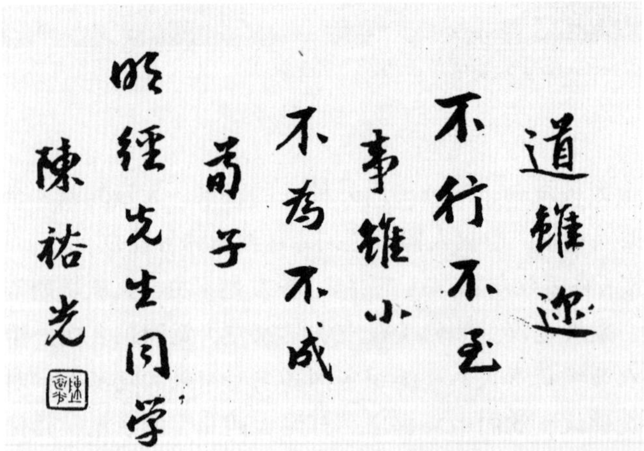

陈校长题词勉励学生，两份内容何尝不是陈校长的人生经验。

1986 年春，94 高龄的陈校长亲手设计的照片和题词作为纪念品赠送校友。

议主席。晚年十分关心中国的农业发展，左先生 1977 年开始回国探望，大概每年三四次，最多每年六七次，共计 100 余次，走遍全国各省，为此甚至辞去美国农业部正式工作。自 1996 年以来，先后组织 50 多位世界著名农业专家，撰写了《中国农业：1949—2030》和《透视中国农业 2050 年》两部著作，这是为中国粮食安全献计献策的巨著，他从不同角度，对中国农业未来 50 年的发展机遇与挑战进行阐述，并勾画出中国农业未来的美好前景。1993 年，他被中国国家科学技术委员会授予“中国国际科技合作奖”，是第一位获此奖项的海外华人。

四、陈校长捐私宅办教育

20 世纪 80 年代，陈裕光的几个女儿住房都很狭小，但他没有考虑家庭，决定把自己晚年的住房，汉口路 71 号房子，祖产中最好的一座，在身后捐赠供教育用，后来这所房子变资的款项，捐助建成了“金陵研究院”。

左天觉校友回国参加学术研讨会。

现在校友们返校，常会怀着激动的心情去那边看望陈校长的铜像，和他说说话，看看他捐助的大楼。啊，我们的老校长！

五、家人倾力支持

陈裕光家人支持的不单纯是对金大任职的陈校长，更是对家人感情所系的金陵大学。这说起来话长。

陈烈明（1866—1957），陈裕光的父亲，也是陈明记营造厂的创始人，该营造厂创办于1888年（据谢金才的研究），金大许多建筑都是由他的陈明记承建的，如干河沿的钟楼、鼓楼校区的主要建筑，理学院楼、北大楼、农学院楼、金大附属鼓楼医院等等。因此在讲金大的历史时，不能不提到这位老人。

陈烈明先生信奉基督，信实虔诚，创业后还长期在教堂做义工，兼任长老等职。原承建的建筑为外国设计师设计，后来学建筑的次子陈裕华留学归来，继承他的事业，也承担设计（如莫愁路教堂等）和建造业务。因其质量优良，造价适中，诚信为人而为教会所看中，工程都委托他们承建，成为南京近代建筑行业之首、全国第二家华人营造厂，其所承建的诸多建筑多被列为近代优秀建筑，列为国家、省、市重点文物保护单位，使我们今天能在金大旧址看到宏伟壮观的近代建筑群的展示！

陈烈明

大家知道，陈裕光校长有多位弟弟妹妹，他们从不同角度支持着长兄担当金大校长的重任。陈裕光的二妹妹陈竹君为金大外文系任教授、主任，在成都任金大附中驻蓉班主任，解决了许多中学生就学问题：四妹夫杭立武，曾任金大校董，金大中国文化研究所研究员，1937年11月联合国际友人创建南京安全区拯救众多难民……抗战前夕，押送故宫文物等有很大的贡献。

原金大董事会董事长杭立武曾评说陈校长的为人处事是：务实、忠勤、朴实、公正。

校友们说：我们的陈校长是一位学者，爱国、爱校、爱生、爱民的教育家，名留青史，留给后人永远纪念。

1946 年，陈裕光夫妇与弟弟妹妹在南京合影。前排左起：弟妹沈佩兰、弟妹黄丽明、夫人鲍敏、四个妹妹陈圣婉（杭立武夫人）、陈竹君、陈信美和陈越梅。后排左起：陈裕康、陈裕耀、陈裕光、陈裕华和妹夫杭立武。

1940 年，宋氏三姐妹访问华西坝，由陈裕光夫人鲍敏女士（右一）和金陵女子大学吴贻芳校长（在后排）出面陪同。

1947年陈裕光一家在平仓巷住宅庭院台阶下合影。五个子女在金大环境中成长，均就读金大，与金大感情深厚，与校友们多有联系。后面左起：次女佩德（园艺系）、长子农文（物理系）、三女佩结（园艺系）、次子农安（物理系）、长女佩丽（化学系）。（孙明经摄）

第四节　杰出校友

一、院士校友

金陵大学是个出人才的地方，建校以来培养出众多专家学者，也有众多的专家学者到金大任教或作研究，下面先介绍其中一些院士校友。

中国最早的院士要算民国时期的中央研究院院士，第一批在1948年被接纳为院士的共有88名，其中金大有陈桢、钱崇澍、戴芳澜、俞大绂四位，这个比例是较高的，而且集中在生物学，包括动物遗传学、真菌学、植物学和植物病理学等领域，这当然不是偶然的。

陈桢（1894—1957），江苏邗江人，动物学家。1918年毕业于金陵大学。1922—1928年历任东南大学教授、动物系系主任、中央大学副教授。是中国较早的现代生物学教育家。曾当选为中央研究院院士。1955年当选为中国科学院学部委员。

钱崇澍（1888—1965），浙江海宁人。植物学家，教育家，中国近代植物学的奠基人与开拓者之一，中国植物分类学、植物生理学、地植物学、植物区系学的创始人之一。1910年考取清华留美公费生，与胡适等一起远渡重洋赴美国深造，先在伊利诺大学学习农学，后又主攻植物学，1914年获理学士学位；随后到芝加哥大学进修植物生理学和植物生态学。1916年回国后，钱崇澍曾担任金陵大学教授；1923年后历任清华大学、厦门大学、四川大学教授，复旦大学教授兼农学院院长等职，中央研究院院士；1950年后，任中国科学院植物分类研究所所长、中国科学院植物研究所所长、1955年当选为中国科学院院士。

陈桢院士

戴芳澜（1893—1973），湖北江陵人。著名的真菌学家和植物病理学家。公费留美，1919年获哥伦比亚大学硕士学位。1927年担任金陵大学教授、植物病理系主任。在真菌分类学、真菌形态学、真菌遗传学以及植物病理学等方面作出了突出的贡献。他建立起以遗传为中心的真菌分

钱崇澍院士

戴芳澜院士

俞大绂院士

类体系，确立了中国植物病理学科研系统；对近代真菌学和植物病理学在我国的形成和发展起了开创和奠基的作用。1948 年当选为中央研究院院士，1955 年当选为中国科学院院士。

俞大绂（1901—1993），浙江绍兴人。著名植物病理学家。1924 年毕业于金陵大学并留校任教。1928—1932 年赴美留学，获衣阿华大学博士学位，回国后任金陵大学教授。我国植物病理学科奠基人之一，在我国最早从事植物病毒病和细菌病害的研究。1948 年当选为中央研究院院士。1955 年当选为中国科学院院士。曾任中国科学院学术委员会副主任，北京农业大学教授、校长。

1955 年随“中国科学院学部”的成立，中国科学院产生第一批院士；1994 年随着中国工程院的成立，部分院士既为“中国科学院院士”也为“中国工程院院士”。

1955 年当选的中国科学院院士（学部委员）中，有多名是金大校友，除了以上四位当选外，又有李方训、汪猷、陈焕镛、戴松恩、李继侗、秦仁昌、王应睐、魏曦、吕叔湘等。

汪猷（1910—1999），浙江杭州人。著名有机化学家。1931 年毕业于金陵大学。曾任中国科学院上海有机化学研究所所长、研究员、博导。是我国抗生素研究的早期工作者之一，并开拓了有机催化和生物催化的研究领域。1965 年 9 月我国在世界上首次人工合成结晶牛胰岛素，汪猷是该科研项目的领导者之一。1955 年当选为中国科学院学部委员。1982 年和

汪猷

戴松恩

李继侗

1987 年两度获得国家自然科学一等奖。

戴松恩（1907—1987），江苏常熟人。植物遗传育种学家。1931 年毕业于金大农艺系。1936 年获美康奈尔大学博士学位。早期从事小麦育种、细胞遗传和抗赤霉病研究，后转入烟草、油菜育种的基础研究，主持并推动了我国小麦非整倍体研究工作。1955 年当选为中国科学院院士。

李继侗（1897—1961），江苏兴化人，中国科学院学部委员（院士），植物学家，生态学家，教育家，植物生态学与地植物学的典基人之一。1921 年毕业于金陵大学林科，1923 年获耶鲁大学林学研究院硕士学位，1925 年获博士学位，成为美国林学方面获得博士学位的第一个中国人。1925 年回国后任金大教授。李继侗是我国植物生理学的开拓者，在我国率先开展植物生态学和地植物学的研究和教学工作，在北京大学创建了我国第一个植物生态学专门组。

王应睐（1907—2001），福建金门人。著名生物化学家。1929 年毕业于金陵大学化学系，后留校任教。1941 年获英国剑桥大学博士学位。1945 年任“中央大学”医学院生化科教授，后任“中央研究院”高级研究员。1949 年后，历任中国科学院生理生化研究所研究员兼副所长，中国科学院上海生物化学研究所所长，中国科学院上海分院院长。他首先从大豆根瘤中分离出血红蛋白，在世界上第一次证实植物中含有动物性蛋白。后来，又在世界上首次人工合成结晶牛胰岛素和首次人工合成蛋白质。1955 年当选为中国科学院学部委员。

王应睐

吕叔湘

戴安邦

吕叔湘（1904—1998），江苏丹阳人。著名语言学家。1926 年毕业于东南大学，1936 年留学英国，先后在牛津大学、伦敦大学学习，1938 年回国。1940—1950 年在金陵大学从事教学和研究工作。在汉语言学研究方面成就卓著，著有《中国文法要略》《文言虚词》《语法修辞讲话》等重要著作。1955 年被选聘为中国科学院院士。

他的儿子吕敏，物理学家，1991 年被选聘为中国科学院院士。 他曾于 1942 年就读金大附中驻蓉班，至 1947 年在南京金大附中毕业，吕氏一门两院士成为金大人的骄傲和美谈。在以后多次选聘院士中，仍有多人当选。如 1980 年数理学部就有金大陈彪和魏荣爵两人，化学部有戴安邦、陈家镛、吴征铠三人。

戴安邦（1901—1999），江苏丹徒人。无机化学家、化学教育家，我国配位化学的奠基人之一。1924 年毕业于金陵大学文理科化学系，并留校任教。1931 年获美国哥伦比亚大学化学博士学位。长期担任金陵大学化学系教授、化学研究所主任，他的学生沈彬康就是我国教育部第一批授予硕士学位者。戴教授学业精湛，一贯从实际出发选择研究课题，进行实际问题中基础理论的研究，从而在学术上取得配位化学的开拓。教学方法生动，善用多媒体教学，如影片《分子运动》，深受同学喜爱。前后开创过多门课程。1952 年后任南京大学化学系教授、博士生导师。1980 年当选为中国科学院学部委员。

吴征铠（1913—2007），江苏扬州人，出生于上海。物理化学家和放射

吴征凯

魏荣爵

陈彪

化学家。1934 年毕业于金陵大学化学系。后留学英国剑桥大学，归国后在湖南大学、浙大、复旦任教。1960 年后任中科院原子能研究所研究员、二机部科技局总工程师等职。1980 年当选为中国科院院士（学部委员）。

魏荣爵（1916—2010），湖南邵阳人。声学家。1937 年毕业于金陵大学理学院物理系。1945 年赴美留学，分别获伊利诺大学核物理学硕士、加州大学声学博士学位。长期担任金大教师。1952 年担任南京大学物理系主任，1954 年在南京大学创建中国第一个声学专业，建立了南京大学的消声实验室和混响实验室。最早提出用语噪声法测量汉语平均谱，研究了混响及噪声对汉语语言通信的影响。历任南京大学声学研究所所长、教授、博士生导师。1980 年当选为中国科学院学部委员。

陈彪（1923—），祖籍福建，生于北京。1946 年毕业于金陵大学物理系，1947 年 9 月到中央研究院天文研究所工作。1980 年当选为中国科学院院士。1982—1985 年担任云南天文台台长，1985 年后担任名誉台长。是世界科学联合会日地物理委员会太阳物理专业代表、国际天文学联合会会员等职。陈彪主要研究领域是太阳观测仪器的设计制作、太阳活动周期、太阳对流层结构等方面，同时致力于推进建立我国太阳观测网、组织太阳活动峰年全国观测、推动太阳物理领域国际交流合作等，对我国太阳物理学的建立和发展作出了突出的贡献。

1994 至 1999 年金大校友被选聘为中国工程院院士的，有卢良恕、蒋亦元、乔登江、陈俊愉、黄宗道、刘大钧。

卢良恕

陈俊愉

蒋亦元

卢良恕（1924—2017），浙江湖州人，出生于上海，小麦育种、栽培、农业与科技发展专家。1947年金陵大学农学院毕业。曾任中国农业科学院院长、中国工程院副院长、农业部科技委副主任、中国农学会会长。1994年被选聘为中国工程院院士。

陈俊愉（1917—2012），安徽安庆人。园林及花卉专家。创立花卉品种二元分类法，创导花卉抗性育种新方向，系统研究了中国梅花，并选育梅花、地被菊等新品种70多个。1940年毕业于金大园艺系，1943年金大园艺系研究生毕业，获农学硕士学位。1947—1950年留学丹麦哥本哈根皇家农业大学，获花卉专业科学硕士学位。1997年当选中国工程院院士。

蒋亦元（1928—2020），江苏常州人。农业工程学家，教育家，农业机械专家。1950年毕业于金陵大学农学院。长期担任东北农业大学教授。1997年当选为中国工程院院士。创造性地进行谷物割前脱粒收获机的研究，并率先取得成功，推动了中国谷物收获机的创新和发展。在机械设计相似理论与模型实验方法方面，对传统理论作了重大修改，使相似准则的应用更易推广。对农业工程教育体系的改革作了大量工作，潜心致力于教育事业，培养了大批农业机械专门人才。

乔登江（1928—2015），江苏高邮人。两弹功臣、我国著名核物理学家、核技术应用专家，1952年毕业于金陵大学物理系，后任多校物理教师和任基地科技委主任、国防科工委西北核技术研究所研究员、博士生导师。1997年当选为中国工程院院士。

乔登江

李卓皓

李卓皓（1913—1987），广东番禺人。著名脑垂体内分泌生物化学家。1934 年毕业于金陵大学化学系，留校当助教两年。1935 年，入美国加利福尼亚大学深造，三年后获生物化学博士学位。此后长期在该校从事教学科研工作，历任生物化学及实验内分泌学教授、荷尔蒙研究所主任。从事荷尔蒙研究有重大突破，他确定垂体后叶激素中的肾上腺皮质激素（ACTH）分子中氨基酸顺序，证实人类生长激素的氨基酸组成。李卓皓教授论著甚多，有五六百篇以上，其中有《性腺刺激荷尔蒙》《蒙育性荷尔蒙》《脑下腺前叶荷尔蒙》等，是美籍华人科学家的杰出代表。他是美国国家科学院院士、台湾“中央研究院”院士。

李卓皓博士心系金陵大学老同学，改革开放后第一时间于 1999 年到北京小西天电影学院探望老友孙明经。

二、专家校友

金陵大学校友以农学院为最多，人多，留学深造的多，而且专家学者也多，当高校校长的也多，解放初期，各省市农业院校校长许多都是金大毕业生。本书除在院系教师和院士栏中已有的介绍外，再举十数位校友加以展示。

金大毕业生有少数从政当官的。当了官也都怀揣着服务社会之心，积极推广科技，人称“学者官员”。

农学家杨显东(1902—1998),湖北仙桃人,棉花专家、农业行政管理专家、社会活动家。1923年考入金陵大学农科，主攻棉花和蚕桑专业，1934年赴美国康奈尔大学留学，先后获得了硕士和博士学位。1937年抗战爆发，毅然离美绕经英法苏等国考察农业后回国，与陶铸等同志一起，先后创办汤池农村合作人员训练班、鄂北棉业讲习所、茨河手纺织训练所等，亲任所长。这些抗大式的学校，为我国培养了大批革命骨干。在担任美国经济作战局农业顾问期间，利用自己的合法身份，积极为新四军筹集了大量经费、医药和物资。解放战争时期，杨显东利用特殊身份，广泛团结外籍进步人士，为中原解放区军民输送了大批粮食、药品、器材、被服、罐头食品等物资。新中国诞生后，杨显东被选为全国人大代表、全国政协委员；先后担任武汉大学农学院院长、农业部副部长、中国农学会会长、中国科学技术协会副主席等职。他在副部长及以后的岗位上，为我国农业科技的发展，为提高棉花质量与产量，解决我国棉花紧缺的局面做出了重大贡献。

推广农业技术的相重杨（1927—），江苏扬州人。1950年毕业于金大农艺系。专长农业技术及园艺研究，1984—1989年先后任农牧渔业部、农业部副部长，在此期间，推动了农业教育制度的改革和发展，农业技术推广方面贡献良多，促进对外交流特别是与台湾农业交流与合作。1989年连任两届中国园艺学会理事长。对于我国园林设计，园艺布局有着一定的贡献。

我国生态农业倡导者叶谦吉（1909—2017），江苏无锡人。我国著名农业经济管理与生态经济学家，是我国提出“生态农业”的第一人，也是最早提出“生态文明”这一划时代概念的人。他说：“所谓生态文明，就是人类既获利于自然，又还利于自然，在改造自然的同时又保护自然，人与自然之间保持着和谐统一的关系”。1933年毕业于金陵大学农业经济系，受业于卜凯教授。赴美国康奈尔大学研究生院和哈佛大学研究生院工商管理专业深造，曾任南开、重大教授、经济学系主任。后任西南农业大学教授、农业经济研究室主任，重庆生态农业学会理事长。对农业经济和生态农业有较深研究，20世纪80年代初主张发展生态农业，指导建立大足县生态农业试验区，成效显著，对于我国农业长期发展具有前瞻性的视野和高屋建瓴的指导作用。论文代表作有《生态农业决策分析》等数十篇，著有《生态农业——农业的未来》，编有《英汉农业经济词典》等。

金大求学时期的杨显东

老年时期的杨显东

他生活简朴，西南大学给的大房子也不要，依然蜗居老屋。百岁之后，仍然忙碌与人类应该如何在农业方面还利于大自然的宣传教育和指导工作。他一再强调只有平衡发展，才能长久。

中国现代植物园事业的奠基人之一——盛诚桂（1912—2002），园艺学家，植物引种专家。1936年毕业于金大园艺系，1945—1946年在美康奈尔大学、玛利兰大学园艺系学习。1949年任金大农学院教授，兼果蔬教研组主任。在园艺学和经济植物的引种驯化方面有较深造诣，长期致力于中国植物园的发展和植物种质资源保存的研究。

昆虫学家程淦藩（1904—1981），江苏宜兴人。1930年毕业于金陵大学农学院植物病虫害学系。1943年获美明尼苏达州立大学昆虫学系硕士学位。1933—1940年任教于金大，1944年始任金大植物病虫害学系教授，兼昆虫组主任。昆虫学家，农业教育家，在中国蝉科分类研究方面有深入研究，发现多种新种。

杂草学家李扬汉（1913—2004），江西南昌人。植物学家、杂草学家、农业教育家。中国最早从事杂草及其防除研究与教学的学者之一。1939年毕业于成都金大农学院，并留校任教。1945—1946年在美国耶鲁大学林学研究院学习，回国后历任金陵大学农学院植物系副教授、教授。院系调整后任南京农学院教授兼生物教研组主任、农学系副主任、主任，南京农业大学农学系教授兼系主任、杂草研究室主任。他首先对毒麦及其变种进行

相重阳

叶谦吉

盛诚桂

分类、鉴定、检疫和防除研究，对菟丝子检疫和综合防治等作出了突出贡献；培养了一批杂草科学专业人才；主编《中国杂草志》；他编写的《植物学》是一部很权威的植物学参考书；筹建中国最早的杂草研究室和中国杂草标本室；是中国杂草学的创始人之一。还对植物进出口检疫作出了不少贡献。

植物病理学家方中达（1916—1999），上海人。1940年毕业于金大农林生物系。1945—1948年在美威斯康辛大学研究院专攻植物病理学，获博士学位。1946年起历任金大农学院教授，南京农学院教授等。专长于植物病原细菌学，尤其在水稻白叶枯病的研究上颇有建树。

土壤学家黄瑞采（1907—1998），江苏南京人。1929年毕业于金大农学院森林系，1930—1935年任金大农学院助教，讲师。1935年去美加利福尼亚州和明尼苏达州大学研究生院专攻土壤获硕士学位。1937年后历任金大教授、农艺系主任，南京农学院教授、土化系主任。1958—1960年指导全国第一次土壤普查，在土壤地理、土壤发生分类、土壤微形态和农田生态等领域进行了卓有成效的研究。学农业的每个学生必选土壤课，是了解作物生长的基础。他还带领黄忠道等一行赴海南建立热带植物橡胶垦殖的开创工作。

茶业专家张天福（1910—2017），福建福州人。茶学家、制茶与审评专家。1932年毕业于金陵大学农学院。后从事茶叶教育、生产、科研及茶文化传播工作八十多年，创办福建省第一所茶校、建立福安茶叶改良所，引

程淦藩

李扬汉

方中达

进和改良全套制造红茶设备，使福建制茶业由人工过渡到机械制茶。深入乌龙茶主产区——安溪县芦田茶场进行课题试验，解决了乌龙茶品质最关键的“做青”工序难题。为教授级高级农艺师，中国近现代十大茶叶专家之一，荣获中国茶叶界终身成就奖。著作有《台湾之茶业》《福建乌龙茶》等。福建茶在国内外享有的地位是与张天福的努力分不开的，福建百姓不忘他的贡献，如今仍以天福作为品牌。

中国青霉素早期开发推广者樊庆笙（1911—1998），江苏常熟人。著名农业微生物学家，农业教育家，中国农业微生物学的开创者之一。1933年金陵大学农学院毕业，留校任教，1940年赴美国威斯康辛大学研究生院攻读农业微生物学，1943年获哲学博士学位。长期致力于农业微生物学的教学、科研及应用工作。率先从事青霉素生产试验，1944年从美国带回一批青霉素生产菌种，为我国青霉素生产做出贡献；在共生固氮菌的生理生化研究，紫云英、花生、大豆根瘤菌的应用研究和紫云英北移等方面作出了突出贡献。1945年任教于成都金陵大学，次年随校迁回南京。1950—1952年任金陵大学教务长。1981年出任南京农学院院长。

农史学家万国鼎（1897—1963），江苏武进人。1920年毕业于金陵大学农科。农业史学家，图书馆学家。在人们忽视中国历史上的农业经验时，他进入这个领域，成为中国农史学科的主要开拓者和奠基人之一。1924—

黄瑞采

张天福

樊庆笙

万国鼎

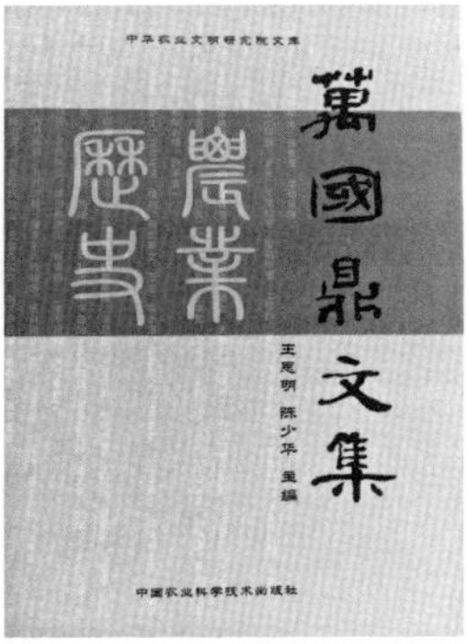

《万国鼎文集》刊载了其多年论文成果

1932 年在金大农经系任教并兼任农业图书研究部主任，1927 年任图书馆学系教授。1954 年任南京农学院农经系教授、农史组主任。1955—1963 年任中国农业遗产研究室首任主任。经过多年的积累，建立了宝贵的农史资料收藏。他主持汇集和整理、分类辑成的“中国农史资料”共 613 册，4000 余万字。从各地的 8000 多部地方志中辑录了 3600 多万字的农史资料，分类整理为“方志综合资料”“方志分类资料”“方志物产资料”共计 680 册。他对中国农业古籍、农史研究的成果卓著，尤其是他主持编写的《中国农学史》是我国第一部系统研究农业科技史的著作，堪称农史研究的里程碑，在我国农史学界有着深远影响。

三、抗战英雄

徐国懋（1906—1994），江苏镇江人。1928 年金陵大学政治系毕业，1932 年在美国约翰。霍金斯大学获政治学博士学位。金陵女子大学政治学教师。

1936 年涉足金融界，出任金城银行汉口分行副经理。后任金城银行重庆管理区副经理和重庆分行经理等要职，与范旭东、卢作孚等实业家联手闯出了金融募资与实业开发相结合的新路，为解决紧缺物资的生产提供资金保证。如为解决燃料油问题，投资创办两家酒精厂，有力支援了抗战。

抗战时期，他广泛联系国际友人参与中国抗战，担任美国教会援华委员会主席，组织“美国援华会”，向实业界人士募捐现款和物资。他也是金陵大学等高校的校董。

抗战胜利后，任上海金城银行总行经理和金城银行总经理。新中国成立后，担任中国银行董事、人民银行金融研究室主任等职。编著有《上海钱庄史料》《金城银行史料》。

罗英德（1912—1989），广东人。1931 年入金陵大学物理系。1933 年投考中央航空学校飞行科，毕业后分派到驱逐机大队服役。抗战期间，参战 280 多次，还曾多次远赴缅甸、印度、新马泰等国外战场作战。他自己打落日机 6 架。如 1938 年 1 月 7 日，敌机 36 架来犯，第三大队大队长罗英德最先起飞，占据了有利位置，战斗进行得异常激烈，日方轰炸机将炸弹盲目向机场倾泻，形成一片火海。他一阵猛烈炮火，正中日机要害处，连人带机坠入鄱阳湖。这一役，共击落日机 8 架，被击落的日机飞行员有“红武士”王牌飞行员潮田良平。两天后，1 月 9 日，罗英德又击落另一架“红武士”大尉王牌飞行员南乡茂章，大长了中国人民的志气。

1946 年后升任空军第三军区参谋长，驻英国大使馆空军武官。1952 赴台湾后任军方要职。

云铎（1911—2009），江苏镇江人。1930 年考入金陵大学理学院电机工程系，1934 年考取庚子赔款公费留学，赴意大利都灵大学航空空气动力

徐国懋

罗英德

学专业深造，1938 年毕业于罗马大学航空研究生班。

抗日战争爆发后，于 1938 年回国，途经广西桂林时突遭日军飞机轰炸，险些遇难，仅存身着衣物。当时想到“本应飞翔高空，拒敌于千里之外，而处境如此，激愤自愧”，艰辛跋涉数千里，到大后方投身抗日烽火。

1942 年到驼峰航线工作，任驻印度加尔各答办事处负责人，做的第一件事便是设法将航程不够的一批教练机巧妙运回国内。为大批抗战军事物质的筹措、运输与众多人员的转运竭尽全力。1945 年日本投降，负责接收日军在台湾的飞机制造厂，亲历接受驻台湾地区侵华日军的投降过程。

新中国成立之际，从美国途经香港回国。先后在南京华东空司研究室、中央重工业部航空组、南京宏光空降装备厂、中央第二机械工业部工作，其间曾任南京宏光空降装备厂总工程师，主持参与我国第一具仿苏联救生降落伞的研制，获得成功。

1954 年调入南京航空学院，先后任航空机械工程系第一任主任、附属机械工厂厂长、基础部主任、高等教育研究所所长等职。领导完成国家下达的百台柴油机试制任务，受到陈毅元帅的表扬。后长期从事航空机械工程领域教学、科研、生产、教育管理等工作。在本科生、研究生培养中，以教学严谨，管理有序见长。

1978 年评为教授，并于古稀之年加入了中国共产党。主编《工艺装备手册·通用分册》，参编《中国大百科全书·航空航天卷》，发表科技、教育研究论文若干篇。

云铎

曾任江苏省第一至五届政协委员，获国家人事部新中国成立初期回国定居科技专家、航空航天部先进工作者称号，1992 年起享受国务院政府特殊津贴。

祁式潜（1915—1966），江苏扬州人，中国社会科学院近代史所研究员。高中时期，祁式潜、翟毅（南京进步学生秘密读书会的主要成员，中共党员）、刘锡尧（现名刘西尧）感情较好。九一八事变后，南京学生与平、津、沪的请愿同学上街游行示威，要求政府抗日。祁式潜、刘锡尧是在钟英中学发动同学参加这次抗日救国活动的骨干。1933 年秋，祁式潜考入金陵大学化学系，在化学系读了两年书。“一二·九”运动推动了全国学生界、职工界抗日救亡运动的蓬勃发展，祁式潜参与组织南京学生界救国会，当选为执行委员。

1936 年底前后，党提出纠正救国会工作中关门主义的倾向，在祁式潜的积极倡议下，金大学生组织了公开的群众团体“体群社”，有几十位同学参加。“体群社”根据青年好动的特点，组织同学到滁县琅琊山旅游，还向学校借了帐篷，组织几十位同学到采石矶露营，在露营地举行一些文化娱乐活动，讨论青年们感兴趣的政治问题和青年切身利益问题。学联突破了小圈子，与众多的群众在一起，把党和抗日救国主张渗透到群众中去。

七七抗战爆发，决定组织南京学生抗敌后援会，第一次组成了以学联成员为主体的公开的全市性的学生组织。抗敌后援会组织同学们到夫子庙、大行宫、新街口、下关一带，用讲话、歌咏、漫画等方式进行抗日救亡宣传，祁式潜与薛宁人还在中央医院办起一个有一二百人参加的救护、防空、防毒训练班。

平津沦陷，大批平津同学撤到南京，成立了平津流亡同学会。中共代表团到南京，建立了以李华同志为首的中共南京市委。祁式潜作为南京学联负责人和北平来的学生领导干部迅速取得联系，协助平津流亡同学会开展工作。8 月，祁式潜经李华介绍加入中国共产党，南京秘密学联从此在党的直接领导下进行工作。

12 月中旬南京沦陷以前，南京秘密学联撤退，完成了它的历史使命。祁式潜到达武汉，先后担任武汉青年救国团中共党组书记、中共湖北省鄂东特委委员，紧张地投入抗日救国工作。

第五节　台湾校友

在台湾的金大校友共有 400 多人，分布在士农工商各界。毕业班次 1919—1949 年都有。尤以在农林方面的贡献更为显著。其中，由金大人主导的“中国农村复兴联合委员会”（简称“农复会”）对台湾农业的恢复和发展作出了主要贡献，直接奠定了台湾经济起飞的基础。沈宗瀚长期担任“农复会”主任委员，从“三七五减租”“耕者有其田”到 20 世纪 70 年代台湾农业结构转型，均发挥了重要作用；蒋彦士引进农作物 64 种到台湾。钱天鹤、金阳镐、张训舜、马保之、张宪秋、康瀚、杨志伟、陆之琳、江涛等也在“农复会”工作并作出贡献。李顺卿、陶玉田、沈家铭、徐学训等是金大出身的林业专家，为台湾的林业发展贡献良多。

沈宗瀚（1895—1980），字海槎，浙江余姚人。农学家、作物遗传育种学家、农业行政管理专家，是中国现代农业科学先驱之一。1927 年获美国康奈尔大学研究院博士学位。回国后任金陵大学教授，农艺系主任，并主持小麦、高粱、水稻等作物育种工作，培育金大 2905 小麦良种。1934 年转任中央农业实验所总技师兼农艺系主任。抗战期间，对发展大后方粮食生产，实行田赋征实，支援军糈民食，殊多贡献。1948 年后在台湾任中美合作的“中国农业复会联合委员会（简称农复会）”主任委员。著述颇多，在国际农

1967 年“台湾农业复兴委员会”主任委员、农学家沈宗瀚先生陪同台湾经济负责人李国鼎先生视察桃园大园乡水稻综合栽培情况，李国鼎系李小缘校友之胞弟。

沈宗翰沈骊英夫妇与儿子沈君山（1932 年生，物理学博士，后任台湾清华大学校长）

迁台初期金大台湾校友欢迎魏学仁院长夫妇访台。一排左一为沈宗瀚、右一为杭立武、右二为马保之，地点在台北仁爱路二段九巷五号。

马保之

蒋彦士

南怀瑾

业学术界有一定声望。著有《中国农业资源》《中国各省小麦之适应区域》等，与人合编有《中华农业史论集》。

沈宗瀚老师博学多才，被学生敬为“偶像”，但仍然是早晚骑着一辆自行车穿梭于田间。金大校刊载文提到：一年夏天，冯玉祥将军到金大演讲，见到沈老师赤脚短衫在田里工作，初以为是学生，当知道是一位教授时，他把大拇指一举，连声称赞“佩服”。

沈宗瀚的夫人、小麦育种专家沈骊英，对沈宗瀚早期事业的成就具有不可分割的作用，同时，她在繁重的家务与困难的生活条件下，不但抚育出空间科学家沈君山博士，而且她自己也在小麦育种方面作出了重要贡献。她是1929年从康奈尔留学回国，1930年与沈宗瀚结婚的。

夫人沈骊英女士（1897—1941）是留美习植物学，后又在康奈尔大学研究农学两年，1930年与沈宗瀚结婚，1933年起任职于中央农业实验所技正，在照料丈夫和孩子的同时，选育出9个小麦品种有的就以其名命名，如骊英6号小麦。沈骊英被誉为“助夫之事业成功为第一，教养子女成人为第二，自己事业之成功为第三”的最典型的贤妻良母。

马保之（1907—2004），广西桂林人。农学家。父亲是民主革命家、教育家马君武。1929年金陵大学农艺系毕业，1933年获美国康奈尔大学博士学位，后赴英国剑桥大学研究一年归国。曾任中央农业实验所技正、中央农业实验所广西工作站主任、广西农事试验场场长，1940年4月创办广西柳州高级农业职业学校并任校长。1945年升任农林部农业司司长，兼任联合国中国善后救济分署农业机械管理处处长，还担任农林部西南区农业推广繁殖站主任、广西大学农学院教授等职。1949 年到台湾，任“中国农村复兴委员会”植物生产组组长，1954 年任台湾大学农学院院长，1961 年受聘任利比里亚国立大学农林院长长达 14 年，功劳卓著，被称为“利比里亚农业之父”。1975 年回台湾，受聘任台湾食品工业发展研究所所长，1978 年被推选兼任亚洲蔬菜研究发展中心理事会理事主席。

蒋彦士（1915—1998），浙江杭州人，1936年毕业于南京金陵大学农学院，后获美国明尼苏达大学农学硕士、哲学博士学位。曾任教于美国明尼苏达大学，南京金陵大学教授。1948—1961 年，任台湾 “中国农村复兴联合委员会”技正、执行长、秘书；后任台湾“中华农学会”理事长、台湾“国科会”副主任委员、“教育部”部长、台湾“外交部”部长等职。

金大其他院系校友对台湾经济的贡献也非常重要。比如，李佛续、张铭藩等十多名校友在台湾电力公司工作，一直是中坚领导力量，使台湾从战后的电力极度匮乏状态中恢复过来，并取得巨大发展；温步颐、王仲洁等主导台湾水泥工业的政策，使水泥产量从 1946 年的 97000 吨增加到 1987 年的 1565 万吨； 高永祥、周志仁、汤铭佑等改进台湾的造纸技术，辅导其产业成长。还有其他金大人，在各自不同的岗位上，发扬金大精神，服务社会与人群。

李佛续，字公琳，祖籍福建，移民台湾。在日据时代由台湾回到大陆接受祖国的大学教育。1937 年金大电机系毕业后，投身抗战行列，在资源委员会所属水电厂工作。胜利后返回台湾，参加台湾电力的接收和建设工作，后任台湾电力公司总工程师，贡献卓著。

南怀瑾（1918—2012），浙江温州人。中国当代诗文学家、佛学家、教育家、中国古代文化传播者、武术家、中国文化国学大师。抗战前曾在金陵大学研究院社会福利系肄业。历任台湾政治大学、台湾辅仁大学及中国文化大学教授。南怀瑾代表作诸多，如《论语别裁》《孟子旁通》《原本大学微言》《易经杂说》等共计 30 多册，且被人们翻译成多国语言流通世界各地。

孙永庆，南京人，1948 年金大农学院农专毕业，后转赴日本早稻田大学语学研究所毕业，日本东洋大学教育社会学大学院（研究所）教育社会学硕士毕业。职业技术教育家，长期以来担任中华工业专科学校（即今日之台湾中华科技大学）董事会董事长，他以金大为样板办学，传承和发扬金大博爱、研究、实践力行的精神。在该校建立云林分校时，立意要将该校主楼仿金大北大楼建造，曾亲自带着建筑设计师来南京多次，如今这座建筑已完成。在该楼大厅里，还有一块写有“思如潮，气如虹，永为南国雄”的牌匾，作为对金陵大学的颂词。可见他对金大的情谊至深。

孙永庆校友 1988 年得知陈校长在病中，于是代表旅台校友起草信件，托在南京的弟弟送至陈校长家中。

台湾校友会也出版了一些书籍和通讯，不仅记录历史，还增进对史实的研究和分析，是极具参考价值的。校友通讯和简报也增进校友间的沟通与联系。

《金陵大学七十周年纪念特刊》

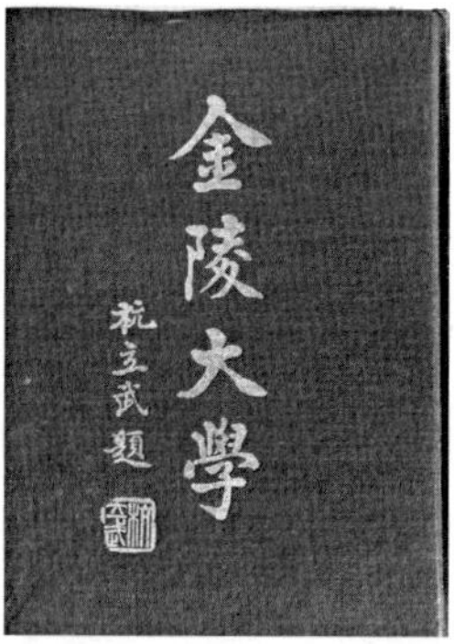

1982 年出版的《金陵大学》

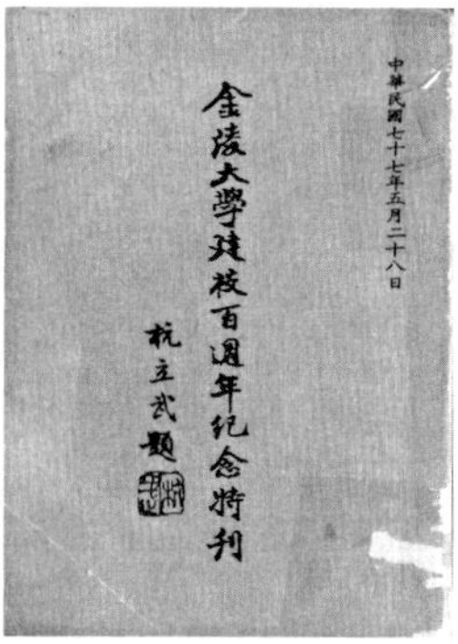

《金陵大学一百周年纪念特刊》

《台湾金陵校友简讯》

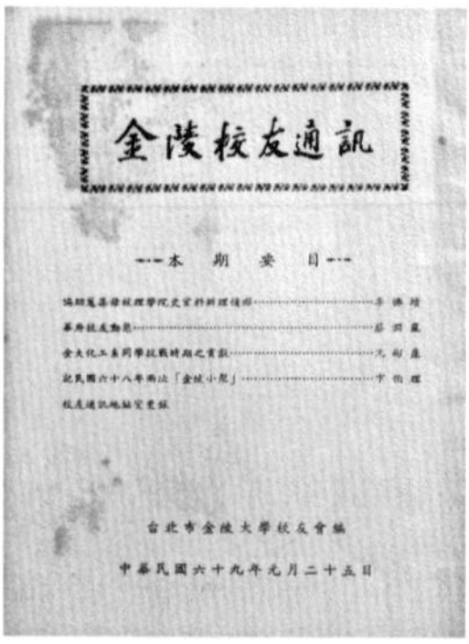

台北《金陵校友通讯》

学生时代的孙永庆

由孙永庆一手谋划建成的台湾中华科技大学云林分校的“北大楼”

孙永庆在金大北大楼前

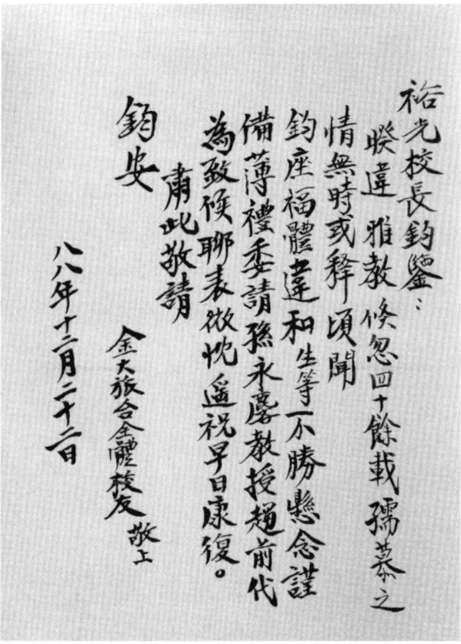

裕光校長鈞鑒：
睽違雅教 倏忽四十餘載 孺慕之
情無時或釋 頃聞
鈞座福體違和 生等不勝懸念 謹
備薄禮 委請孫永慶教授趨前代
為致候 聊表微忱 遙祝早日康復。
肅此敬請
鈞安
金大旅合全體校友 敬上
八八年十二月二十日

给陈校长的慰问信（陈佩结提供）

第六节　校友回忆与回忆校友

一、对母校的回忆

鲍世问

1. 报考。我从小对莳花弄草、饲养小动物比较感兴趣。在上海念高中时，生物学老师顾仲超先生讲授孟德尔—摩尔根遗传学说，使我听得非常入神，更激发了我对遗传学研究的向往。临毕业前，我向老师请教：我想学农，应该报考什么学校？顾老师毫不犹豫地告诉我，金陵大学农学院是全国知名的农学院，你要学农，不妨去报考金大农学院。

1947 年夏季，我接到金陵大学的录取通知书。8 月 31 日上午我们沪籍的同学在上海北火车站搭乘“京沪线特快”，行程 6.5 小时到达南京，转乘卡车经挹江门、中山北路由一条名叫百步坡的小路，转入天津路 2 号的学校大门口下车，跨进了心仪已久的金陵大学。

2. 入学。进入古朴的校门，映入眼帘的是三层阶梯拾级而上的一片草坪。仰而视之，行政部门和文学院所在的北大楼巍然屹立在教学区北端，中央草坪的东边是理学院，西边是农学院。北大楼中轴线的南端是图书馆，理学院右后侧是科学馆，农学院右后侧是大礼堂。整个教学区的造型和布局真是“三院嵯峨、艺术之宫”（金大校歌歌词）！草坪四周还栽种着几棵毕业纪念树，有 20 世纪 30 年代的，最近的一棵是 1946 届毕业学长们栽的。

校门外，平仓巷、汉口路、陶谷新村、阴阳营等小道边错落有致地分布着校长公馆、教授私邸和作为教职员宿舍的独立小洋楼，一直延绵到宁海路金陵女子文理学院附近。

每天中午和傍晚，北大楼顶上的“大学之声”广播站播放西洋乐曲，同学们可以躺在草坪上尽情地欣赏。衣冠楚楚的教授和彬彬有礼的同学构成了宁静和文雅的校园氛围，给我一个极为深刻的印象：这里真是一个修身养性、读书研究的好地方。

3. 选课。新生报到后，系里会指定一位老师指导选课。选课指导除了教你有关的选课规定和规则外，还会根据你的入学考试成绩建议你第一学期应该选哪些课程。

金陵大学实行学分制。通常一、二年级以修读必修的基础课和专业基础课为主，每学期可选 15—18 学分（约 5—6 门课）；三、四年级开始有课程设计、毕业论文，还要准备田间试验、社会调查等，课程门数可能会少些。一般四年内必须完成规定的必修课和一定数量的选修课，达到 130—140 学分才能毕业。也可以由于身体健康原因或经济困难需要勤工俭学而少修一些课程并延长在校学习时间。因此，学生不是按入学时间编班级，而是在每一学期开学后按照已修读的学分数由教务处测算编入相应的班级。如已得本科学分在 31 个以下的仍为一年级，修毕 32—63 学分的为二年级，修毕 64—95 学分的为三年级，已修毕 96 学分以上预计可以在一年内修毕 130—140 学分的为四年级。而且，春秋两季均招生，也均有毕业生。

学生时的鲍世问在“北大楼”前留影。（农经系张宝诚同学摄）

除了规定的必修课外，选修课完全可以凭个人兴趣自主选读。如有的农学院同学选了文学院开的哲学、社会学、心理学、宗教学，有的选读了理学院有关影音技术方面的课程，甚至还有去金女大选读音乐系或家政系的课程。也有个别同学由于修读选修课而激发了对某些学科的浓厚兴趣而申请转系甚至转院的。

学校实行等级记分制。每门课程只能有5%的学生列为一等，也必须有5%的学生列为五等。因故缺考如无充分理由和证明则补考成绩在原卷面等级的基础上，直降两级记入成绩册。如补考成绩卷评为三等的记为五等。如果一学期内修读的所有课程均列为五等者，就有被勒令退学的危险。

4. 社团活动。四年的学习生涯除了严肃的课堂学习外，丰富多彩的社团活动也使我增长了知识，经受了锻炼。除了全校性的学生自治会和全系性的系会外，校内同学不分系科，志趣相投，自由组合结成了许多社团。如有需要，还可以向学校有关管理部门打个招呼借用教室、操场甚至礼堂公开活动，营造了全校民主自由、生动活泼的氛围。

系会是各系师生共同的组织。我所在的农艺系系会有一个特殊的名称，叫 Synapsis Club，寓意染色体联会现象，很有意思。除了校徽外，我们系还有系徽。开学第一周某天晚上，系会借北大楼教室开迎新会，全系在校教师学生都会参加。那天晚上，新生会见到系里的许多知名教授，如王绶（大豆和大麦育种专家，新中国成立后曾任农业部粮食生产司司长、山西农学院院长，一级教授）、吴绍骙（玉米育种专家，新中国成立后曾任河南农大名誉校长，一级教授）、靳自重（细胞遗传专家，新中国成立后曾任金陵大学农学院院长，南京农学院副院长）等。

每年麦收以前，系会要组织全系师生去武庄农场（现南京林业大学所在地）参加小麦育种田的去杂去劣工作。事先，农场场长高立民老师会电话通知农场管理员李洁斋先生准备蔬菜和米饭，系里老师和同学出太平门或徒步或骑自行车前往，高老师则骑自行车提一篮鸡蛋沿着太平门的弹石子路面径直前往。这一顿饭是场长请客，师生聚餐。

至于其他学生社团，真是五花八门、丰富多彩，不胜枚举。人数较多具有一定规模的大概30—40人，如长江歌咏团、金陵话剧社、舞蹈社、京剧团、劳工团、学生公社等。也有几个志同道合的同学组织一个读书会，办一份墙报。还有一些跨系的社团，如我曾参加的骆驼团契（Camel Club），在几位老同学的带动下，以文艺、郊游和关心同学生活等方方面面，团结部分同学积极响应学生自治会的号召，支持学生自治会的工作，在校内有过一定影响。类似的还有“向日葵”、“火把”、大众社、伙伴社等等。我还参加过沪友社（Shanghai Friends Club），那是一批上海来的一、二年级同学自发组织的，在课余或周末以休闲、联谊为主，借一个地方，喝喝咖啡，听听音乐，有时还跳跳交谊舞。

5. 师生情谊。每年寒假，总有少数同学因路途遥远或经济困难留校过春节，系里分别会安排他们到老师家吃年夜饭，共度除夕。1950 年，我留校过寒假，除夕晚上我是在黄瑞采老师家吃的年夜饭，当时黄克明还年幼，他的哥哥和姐姐都是我们前后班的同学。

1947 年秋冬，我从上海初到南京，所带被褥单薄，不能适应南京的低温天气。当时，学校从联合国善后救济总署争取来一批羊毛毯，有偿分发给全校教职工，每家一条，凭券购买，也算是一项职工福利。有老同学给我出主意，可以找找不需要毛毯的老师争取把这份福利让给我，并且具体推荐了森林系主任陈嵘老先生（中国树木分类学专家，新中国成立后中国林业科学院首任院长，一级教授）。因为他的家眷不在南京，而且其本人在抗战期间一直留守南京，可能不会有增添被褥的需要。但是，我又不是森林系学生，平时从未与陈先生谋过面，怎么可以冒昧地去见陈先生呢？抱着忐忑不安的心情，我去农学院二楼树木学标本室，见到陈先生后自报姓名说明来意，陈先生叫我坐下，问了一些家庭情况，很快就把毛毯券给了我，还告诉我如何去事务组缴费购买等。临走时，还热情地关照有事可以再来找他，使我倍感亲切。陈先生过世后，安葬在他的家乡浙江安吉。20 世纪 90 年代，我还收到了他的家人寄来的陈先生新墓园全景的照片，以留作纪念。

金大的师生情谊是说不完的。从校长到学校各级领导和老师、职工，无不悉心关爱学生的成长，保护学生的安全。据我所知，在我金大读书的头两年里，就有老师包括校长救学生免于被捕坐牢，甚至可能牺牲的故事。

6. 光荣传统。金大是美国教会办的具文、理、农三院的综合性大学，由于治学严谨、学风纯正，在国内外享有崇高的声誉，许多有识之士、社会贤达和国民党政府高官都乐于把子女送来金大求学。但金大学费昂贵，堪称是一所“贵族学校”。以 1947 年开学为例，仅学杂费和住宿费我共缴了 103 个银元（俗称“袁大头”），还不包括伙食费和日常生活开支等，而当时缴一个月伙食费大概只需兑半个银元。

金大的学风是兼容并蓄，不拘一格。早在 20 世纪 30 年代，金大这所“贵族学校”里，就已有了共产党的基层组织，以后历经摧残，前赴后继。

抗战胜利后，金大就开设了“资本论”课程，由著名的马克思主义经济学家王惟中先生主讲，还曾聘请进步作家赖少其（新中国成立后首任中共南京市委宣传部副部长兼南京市文联主席）来校讲授新文学作品等。

内战期间，国民党统治区政府腐败、物价飞涨，百姓叫苦不迭。金大师生与中央大学以及南京其他大专院校师生一道积极投身于反美、反蒋的一系列抗暴与反饥饿、反内战、反迫害运动。其间，曾有几次是本校的一位女同学 H（国民政府某要员的女儿），利用家中持有特别通行证的豪华小轿车，在周围密布的国民党便衣特务眼皮底下，将面临被逮捕的地下党员和进步同学从校园内护送脱险，迄今传为佳话。

淮海战役以后，南京国民政府命令各大专院校准备搬迁，当时校内主张南迁者不乏其人。陈裕光校长的妹婿、国民政府教育部长杭立武曾动员陈校长去台湾或美国，并为他们全家办妥了出国护照和飞机票。1949 年 4 月 22 日，杭氏夫妇最后离开南京前，还再来动员陈校长全家一道走。陈校长以及校内一大批教授坚决反对迁校台湾，经多次教职员会议和校务委员会讨论决定：“本校在任何情势下决不迁台”。

1949 年春，学校如期在南京开学上课，直至 4 月 22 日国民党军队撤离南京。次日，南京解放。其间，学校仅停课两天，师生共同守护学校。4 月 25 日学校继续上课。1951 年，金陵大学与金陵女子文理学院合并成立公立金陵大学，这一年暑假，我毕业留校，担任农学院院长靳自重先生的秘书。1952 年院系调整成立南京农学院，历经沧桑，成为今天的南京农业大学。

从 1947 年我被金陵大学农学院录取到如今已逾 70 年，风风雨雨，弹指一挥间。虽然，因为学农，我们经历了颠沛流离，但我无怨无悔。我以作为一个金大后生而自豪！我怀念我的老师和学长们，我爱我的母校金陵大学！

〔鲍世问(1929—),浙江绍兴人,1947年就读于金陵大学农学院农艺系,金大南京校友会副秘书长,南京农业大学植物学教授,曾任南京农业大学研究院副院长、研究生部主任、图书馆馆长。本文摘自《鲍世问:我爱母校,我爱金大》〕

二、我心中的父亲

陈永椿，化学系校友，金大南京校友会干事，陈纳逊教授长子

1. 金大第一位中国籍系主任。父亲陈纳逊，1894年生于上海。1918年毕业于苏州东吴大学生物系，1925年，在北京协和医学院进修，1926年赴美留学，1928年获美国宾夕法尼亚大学硕士学位。回国后，先后在金陵大学、沪江大学任教。他的一生中，除了留学美国及短暂赴台任教，其他大部分时间都供职于金陵大学以及其后的南京大学。

1928年，他出任金陵大学生物系主任，成为这所著名教会大学历史上一位中国籍的系主任。

父亲专长于动物形态学、解剖学和胚胎学，早在20世纪20年代末就进行了牛胃纤毛原生动物、无肺蝾螈变态时期形态学方面的研究。他为我国生物科学技术人才的培养，辛勤耕耘了60多个春秋。他是我国动物学界的元老，中国动物学会的创始人之一，积极推动了我国动物学的发展。

1997年2月去世，享年104岁，他是国内教育界有名的百岁长寿教授之一。

2. 父亲鼓励子女打工赚钱。父亲早年留学美国，因此，他对我们五个兄弟姊妹的教育，也全是美国式的。当年有欧美留学背景的知识分子，对于孩子的管教往往是粗放型的，父亲对我们管得不多，他的“身教”就是“言传”。父亲强调，要发挥我们独立自主的能力，要发掘自己的爱好，根据自己的兴趣，做自喜欢事情。

我初上学时，很内向，很害羞，父亲便鼓励我参加夏令营活动，在集体活动里锻炼自己。从夏令营回来，我就像换了一个人似的，大方，活泼，敢在人多的场合发表讲话了。

父亲是研究动物的，我们小的时候，他在家里养过20多种动物，俨然一个家庭动物园，我们不仅直接喝喂养的羊挤出的奶，还天天和动物打交道，从而培养观察和自己动手的能力。

抗战期间，我的一家随金陵大学内迁到成都华西坝。当时生活非常艰苦，即便是名教授，薪水也不高。父亲也从来不给我们零花钱，但同意我们去

陈永椿

打工为自己赚零花钱。我就申请到金陵大学图书馆干打字，参加勤工俭学活动，靠这些方式赚钱。

3. 金大校园的生活。我在老金陵大学的环境中长大，和其他名教授的子女都是好朋友。那些留学回来的老教授对孩子们的教育中，都强调重视音乐和体育的作用，要求子女从小要有强健体魄。那时候非常苦，连足球都没有，我们就把柚子摘下来当球踢，把书包摆开当球门，赤着脚踢球。父亲不仅要求子女重视锻炼身体，自已也注重体育，他年轻时是运动健将，这和他以后长寿也有直接联系。

父亲 100 岁以后，眼不花，手不抖，说起话依然思路敏捷，吐字清晰，没有心血管疾病和老年痴呆，生活基本能够自理。

这可能是因为父亲能将专业知识融入生命科学之中，在众多综合因素中找到了最佳的生活方式和生活习惯。

父亲的“长寿秘诀”，简单说来，就是做到了“三种平衡”。

第一，是“心理平衡”。父亲一直拥有一种难得的年轻开朗的心态和安宁平和的心境,他一生从事科研,从不介入纷繁世事,从不为不称心的事发愁，他晚年每天看报，看电视，这样可使脑的血流量增加，他常说：“老年人要保持健康，就应该做到脑勤、眼勤、手勤、足勤，但重点是‘脑勤’，大脑的思维作用特别重要，因为它控制着各种激素的释放和抑制，从而调节心理平衡。”

第二，是营养平衡，父亲常强调老年人要保证充足的营养供应，膳食

20世纪40年代，陈纳逊教授在实验室工作。

中应含有足够蛋白质，还要补充足够的维生素和微量元素。

第三，是运动平衡。父亲年轻时候就喜欢足球、长跑等各种运动，老年后，虽然不能进行大强度的运动，但每天必须散步一次，他自己还编了一套徒手操，在室内也可以做。

三、父亲的金陵情怀

李永泰，金大附中校友，李小缘教授之长子

1935年，我出生在金大小陶园校区里，那里有新建的教授住宅。两岁时便遇抗战，全家随学校西迁成都。我渐渐长大，才知道父亲李小缘是金大中国文化研究所研究员兼所长，有时还兼图书馆馆长。

父亲李小缘先生给我留下最深的印象，是无比爱护书籍，正像南京大学匡亚明校长为父亲纪念会题词那样："惜书如命，爱馆如家"。

我记得，为保护所里珍贵的图书不被轰炸，选择住在远离华西坝的郊区食力村，一有警报，叫别人跑，父亲则抱与书共存亡的决心，看守书库。

每天，父亲总要带些书到班上给同事们参考，下班也会带些用完的书回来，几乎天天如此。有时晚间还点着油灯进库查看，但绝不准小孩进库。到了星期天，他总会带我到春熙路一带的书店，父亲往往淘到许多地方志，甚至每年暑假，请回乡的学生代购家乡的县志。地方志的收藏为金大藏书的一大特色。

王绳祖教授在英国做研究，需要一套清代外交资料，只有故宫博物院的影印本，书坊已觅不得，后找我父亲设法购得直寄牛津。抗战初，后方大学书籍缺乏，朱自清在昆明因缺乏书籍而无法研究，便慕名利用休假期，到成都找我父亲借书。为教授们提供参考和支援的故事还有许多，大家称他为"教授的教授"。父亲研究最深的是目录学。他的《云南书目》，共收九国文字资料3000种，时间跨度从西汉至民国，按云南的特点排序，堪称"国际目录学"代表作。他的终身课题是《西文论华书目》，他的边疆书目中，记录了我国边界各种地图的索引，以利学者研究。父亲为了补齐一些孤本，甚至动员我们子女来抄书。他对我们说：这对你们是练字，对我是多得一个现代抄本。在四川石碑考古中，将拓片整理装订成书供读者利用。实际上，这个研究所就是他心中的学术图书馆，为众学者服务，提供咨询，解决疑难。父亲之于"书"，也是之于金大：买书、藏书、鉴别书、保管书、推荐书、研究书、编书、出版书，甚至抄书……样样精通，事事用心，可谓呕心沥血。

记得，在成都庆祝金大五十五周年（1943）校庆那一天，学校举行灯

1947 年金大图书馆大楼（从小礼拜堂方向拍摄），二楼是阅览室，三楼是金大中国文化研究所。

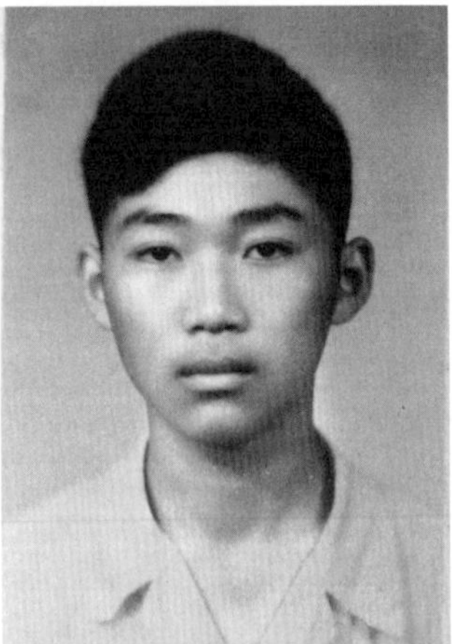

李永泰系小缘先生之长子，1952 年刚刚金大附中毕业。

李小缘 1925 年 4 月在离美前摄。他在美国图书馆任中文部主任时在留言薄上写道："与其临渊羡鱼，不如归而结网。"

火游行，我也跟去了，父亲和所里几位教授高兴地举着鼎形的灯，从华西坝走到浆洗街，露出了难得的笑容。

研究所还有个“婺源藏书”的故事，不为人知晓。为了弄清真象，我去婺源数次，找到帮忙藏书的吴练云先生的后人了解，又与校友程浦云取得联系，终于弄明白：抗战开始，父亲他们为保存研究所珍贵书籍，包括善本、孤本、多国成套的东方学杂志，在1937年八一三事变发生不久，便早于金大其他部门由南京紧急撤离，好不容易到达屯溪（今黄山市），书箱遇湿，需打开晾晒。此时正遇金大经济系学生程浦云，经他介绍请他的中医同乡吴练云先生来帮忙，但不久日寇突然轰炸宣城，屯溪吃紧，在无路可走情况下，几经商量决定，将一百多箱中外古籍，翻过南面的大鄣山，撤至今江西省东北的婺源县晓起村，那里是吴先生的岳母家。后因南昌失守，去成都的路线已断，只有将书暂存于此，商定由吴先生每年翻晒两遍，以防霉变虫蛀，所幸日军未抵婺源，直到抗战胜利将书籍全部安全运返南京，未损失一本。这是中国知识分子合力抢救国家文化财产的故事，让人感动。我曾到南大历史系看到这些书籍静静地伫立于书架上，随便翻开一本，是1827年叫“皇家亚洲学会杂志”的英国东方学杂志，书上盖有“金陵大学中国文化研究所”的印章。

先后有包括北京图书馆、浙江省图书馆、武汉大学等多个单位来聘请父亲，但他总是“无动于衷”，而偏爱金大，爱金大的环境：人际关系平等和谐、学术上的自由，他的心牢牢地扎在这块土地上！

父亲早年留学美国，系统学习图书馆学和教育学，离开国会图书馆时在留言薄上写下：“与其临渊羡鱼，不如归而结网”，表明他的志向和目标。现在看来，他做得非常出色！

父亲的种种行动，表现了一种金陵人的情怀——为他人服务！为祖国服务！

四、我家的金陵情缘

张云鹤，化工系校友，金大洛杉矶校友会干事，金大附中著名国文教师张剑秋长子

2016年4月，看到一篇纪念在中国的9所教会大学的文章，其中有我的母校金陵大学。文章中有金陵大学堂校门的照片，此地是南京市干河沿1号。其后改为也是我的母校金陵中学的校址。我是在这个校门里面的校园里出生。看到这篇文章引起我许多的回忆。

先父张剑秋先生，安徽人。毕业于南京两江师范，邵力子先生邀他去清华大学开中国文学课，恰逢刘伯明先生介绍他到金陵中学教国文课。按照一般人看法，不论是社会地位，还是经济待遇，当然大学比中学高，很自然是取大学而舍中学。可是父亲认为，中学是青少年打好基础的阶段，对人的一生尤为重要，故毅然放弃大学师职而到中学任教。校长张坊对父亲去高就低的无私品德和高尚风格十分敬重，将应由校长佩戴的一号校徽让给父亲配戴。

父亲爱学生如爱子女，这是金中同学有口皆碑的。父亲在授课时，经常把治学的道理和做人的道理联系起来。他上课，不但课文讲得精辟细致，且能把一些词语、典故、文风与有关诗词歌赋联系起来讲。他希望学生养成严谨求实的作风，懂与不懂，不能似是而非，必须真正弄懂。有了真知，才能发挥见解，绝不能哗众取宠。他要同学们不仅在学习上养成这些良好学风，今后做人、做事、做学问都应如此。南京大学程千帆教授在回忆文章中写道："我在金陵中学学习了四年，开始从多方面接触现代科学。我至今怀念在中学时代给我教益的几位语文老师：带着浓重安徽口音的张剑秋先生，他的诗人风度和抒情性的讲授是非常富有吸引力的……"。1998年金中110周年校庆时，汪庆云校长对我讲：令尊剑秋先生的论著《历史教学管窥》曾发表在1929年《金中校刊》创刊号上，今再次被选录刊于中国名校丛书《南京市金陵中学》文集上。七十多年前写的文章，在今天仍有现实意义，仍可用在今天教学上。

我家姐妹四人，都在金中校园里出生和成长，都有金陵的馨香之气而

张云鹤在金大学习时期

孕育出的气质。妹妹由南京市汇文女中毕业进入南京大学，姐姐、弟弟和我都由金陵中学毕业，分别进入浙江大学、北京大学和金陵大学，都为国家作出过贡献，都获得高级技术职称。

翻开庆祝金大附中一百二十周年纪念册，在“名师辈出”栏目内，名师中有张剑秋、戴安邦、孙明经、程千帆、周伯勋等教师、教授。我在金大读书时的老师，吴汝麟、黄瑞采、张守义、王国宾、曹守恭、程千帆等教授都在金中跟我父亲读过书，我又是他们的学生，好亲切啊！

在美国洛杉矶有一位知名的律师，见面时知道我是金大的，称赞我们的戴安邦先生是化学界的泰斗。我在洛杉矶到政府部门求职，面谈的是一位上年纪的人，知道我的背景是金陵大学，便一口同意了。因为我们是名师名校培养出来的。例如我们的曹守恭老师教学之严格，在金大是出了名的，我是化学工程系的，读他的机械制图是两个学分，需要花五个学分才能读下来，是要下大功夫的。上述纪念9所大学这篇文章讲到：教育家陶行知、诺贝尔文学奖获得者赛珍珠、哲学家方东美、文学史家程千帆等著名人物均出于此，是第一个向中国政府请求立案并获准的教会大学。美国加利福尼亚大学对外国人在华所办大学编类中，金陵大学是教会大学中唯一的A类。持有金陵大学学位的毕业生，有资格进入美国大学的研究生院，是当时社会评价为“中国最好的教会大学”，享有“江东之雄”“钟山之英”的美誉。

我于1948年金大附中毕业，于1952年金大毕业。由于金陵的老师们有一种思想传承，培养了金陵学子养成自尊、自爱、自强、自律、自信、基础知识、爱国……这些内在的思想，据我所知，在金陵校友中，没有听到有不争气的校友。1961 年，我参加一项新品的研制，由于领导和同事齐心努力，大家扶持完成，获得了国家奖，由国家计委、国家经委、国家科委颁发；1965 年，我作为这个集体的代表到北京，受到周恩来总理的接见和共进晚餐。这件事，这项工作，是我所在工作单位煤炭科学研究院上海分院的荣誉，是和我一起工作的同事们集体的荣誉。但是我想到，这项工作的内容不是我学的专业，是在极其紧迫的时间和要求下，凭借我的基础知识进行的，这些能力都是从家庭和学校里养成的，我感激我的母校——金陵大学。

五、六十六年的校园情结

肖信生，生物系校友，长期担任南京金陵大学校友会总干事、副会长。

说起来从1942年我15岁起就来到鼓楼金大校园读中学，到现在66年了也没有离开过，几次可能的变动都未变成，还真有点缘份，或者说命运使然。

珍珠港日美开战以后，1942年2月我由济南齐鲁中学转来南京鼓楼中学读初中二年级下学期。鼓楼中学的校址就在金大的这个校址。这时正值抗日战争时期，金大西迁，留守学校维护校产的几位金大教职员利用金大校舍办了这所中学。一个学期以后，这个校址另有他用（南京中央大学迁此），将我们赶到干河沿金大附中校址，改名同伦中学，1945年抗战胜利就改成金陵大学附属中学了。实际上金大附中校址也是金大的早期校址。1946我在金中毕业，考取了南通医学院，那天，我当晚去南通的船票都已买好，突然收到金陵大学的录取通知书，决定退掉船票，改来金大就读。大学毕业以后，系里一位教授推荐我去北京卫生研究院工作，双方都已谈妥，我又突然收到系主任陈纳逊来函，希望我回母校工作，就这样我又回来了。1952年高校院系调整，我被分配到南大工作，退休至今，整整66年。我在金大校园里从少年、青年、壮年、到老年，走过了人生的全过程，我和这片乐土结下了深深的情谊。

我在金中校园读了四年（初三至高三毕业），那个校园在当时中学中也是顶尖的，它拥有除教室外一般中学很少全具备的大操场、体育馆、宿舍和实验室等。1946年进了金大鼓楼校园条件当然更好了，几十年来，这里到处都有着我的足迹和身影。

金大是学分制，像我们生物系，需要修读140个学分才能毕业，其中80个学分是必修课，60个学分是选修课。这段时期已经不强调主辅系了，但每个学生可以根据自己的兴趣选修课程，譬如我就重点选读了几门化学。在必修课程中还包括好几门文科的课程。这种体制无疑是有利于调动学习的积极性和主动性，也有利于拓宽学生的知识面和以后的工作适应范围。由于选课涉及不同学科，因此每节课常常都要换教室，从这个大楼跑到那个大楼，连同学也换了一批，大家接触面更广，由于知识背景不同，

在金大读书时的肖信生

讨论问题更为活跃。金大有教室和实验室的四座大楼，我大部分都上过课。

金大的住宿条件是很优越的，管理办法也是很别致和科学的。一年级照例都是住的几座宿舍的顶层阁楼，一般是 6 ~ 10 人一间不等。二年级可以 2 ~ 3 个同学合伙用学分总和竞选宿舍了。每次调整宿舍，都是首先公布空的宿舍，准备同室住的同学用学分总和填三个愿望，依学分多少排位，学分多的总是可以选到最满意的宿舍，因此大学 4 ~ 5 年总要换上几次宿舍，而且是越住越好。由于甲、乙和丙、丁两座楼是地板结构，特别是丙、丁楼是南北向，所以经常是高年级才能竞选到这些房间。同室人也是自愿组合的，可以不同系科，不同年级，室友之间比较融洽，平时议论话题也比较广泛，日久天长，切磋琢磨，也获知不少有益的知识和思路。

图书馆也是我们几乎每天都要到的地方，尽管宿舍条件很好，但图书馆的读书氛围究竟不同。更何况有些课程没有教材，必须到图书馆借阅参考书，因此图书馆的两个大阅览室（现为校史展览大厅）经常都是坐得满满的，这里非常安静，同学们都很习惯地轻声轻脚，从无大声喧哗，风气如此，无须规则约束。

我从中学起就喜爱运动，特别是球类运动，因此校园里的几个球场和体育馆，差不多天天都去。当时学校组织比赛多是自由组合，而不是以系科为单位。1949 年我们有几个经常在一起打篮球的同学组成一个零光篮球队参加学校公开锦标赛，结果获得了冠军。这些球员而后都是金大篮球校队的主力。由于队员中对体育运动都有多种爱好，如足球、排球、棒球、田径等等，所以不久以后就由单一的篮球队发展成为零光体育会了，这样在学校里的名声和影响也就更大了。

金大校园是典雅和美丽的，她不多的古典式建筑和配置得当的绿草地以及种类繁多的树木给人以温馨的感觉，学子们三三两两课余和晚间漫步在校园里实在是一种享受。校园中的大礼堂是全校集会的地方，每逢星期天也用作礼拜，小礼拜堂是少数基督徒活动的地方。此外，校园内学生们的各种团契活动也很多。学校为帮助经济拮据同学采取工读办法（现在称勤工俭学），我就参加过两项：一项是体力劳动，每周有两个下午在校园内锄草铺路等；另一项是在教务处戴邦彦先生的指导下抄写毕业证书反面的成绩报告单。工读活动的收益，其实不仅是单一经济上的，它对工作态度、作风和能力的培养和锻炼也是大有好处的。

60 多年过去，我现在深深感到校园不只是她固有的宁静和为你提供一个静谧空间，而是似乎有着巨大的熏陶和感染能动作用。这么多年，我从来没有嫌弃过她，也没有呆腻了的感觉。相反地，每逢外出一段时间回到校园，总会有亲切的新鲜感，并且还勾起了许多美好的回忆。

本文录自《金陵大学建校一百廿周年纪念文集》。

六、回忆金大外籍教师及其子女的金大情

陈佩结，园艺系校友，南京金陵大学校友会副会长，陈裕光校长之女

金大哲学系芮陶菴（Andrew Tod Roy）是美国长老会传教士。与中国渊源颇深。教授在20世纪80年代初期，通过我姐佩丽从美国来信，问是否愿意告诉他我的地址。1987年芮陶菴给父亲来信说他准备参加1988年金大百周年校庆，希望我帮他办一点手续，我办好了也回了信。1988年芮陶菴由亲友陪同来宁参加校庆，许多参加劳工团的校友围绕着他照相，以感谢老Roy创办劳工团帮助穷苦学生勤工俭学完成学业。

芮陶菴的大儿子芮效卫（David Tod Roy）1933年出生于南京，美国汉学家，1950年，17岁的芮效卫在南京夫子庙一家旧书店找到一部《金瓶梅》，从此与《金瓶梅》结下不解之缘。他在多年潜心研究的基础上，以万历本为底本，开始翻译《金瓶梅》。他花30年时间将《金瓶梅》译成英文出版而成名。

芮陶菴的小儿子芮效俭（J.Stapleton Roy）1935年也出生在南京，抗战期间，他们全家搬到成都华西坝，在那儿待了7年。直到抗战胜利后，全家又回到南京，1951年返美。

芮效俭是当今美国外交界和学术界首屈一指的中国问题专家。曾担任美国1991年至1995年的驻华大使。现在，他是威尔逊国际访问学者亚洲项目主任，2017年1月2日在该中心一场美台关系研讨会上，他说“中美有三个联合公报……如果特朗普政府要挑战一个中国政策，那是做不到的。坦白说，特朗普将无法派新大使到北京，如果坚持他的立场，他无法和北京有严肃和实质性洽谈，或是任何其他议题讨论，直到他厘清一个中国政策为止……所以不是一件小事。”

芮陶庵教授为资助金大的贫困学生，向有关人士及团队募集了一笔资金，此资助办法获校方支持。资助对象为贫寒学生，开始以“零光体育会”同学为主，他们喜爱打球，吃得比较多，劳动项目有整理草坪、制作花生酱、搬运重物、打扫北大楼塔楼，修整道路等。根据劳动量及时间给予一定的报酬，取名劳工团。袁广林回忆，为了不影响学习，劳工团每周劳动限4～6小时，

芮陶菴教授，摄于 1989 年。

收入刚好可够一周饭费和杂费（学费尚不够）。芮陶菴为同学做的这件好事，大家铭记在心。

芮思娄教授（J.H.Reisner，1888—1965），美国北长老会传教士，他应裴义理教授的邀请在金大创办农学院。从 1914 至 1927 年，为该院多方奔走，获外界资助经费颇多，如 1919 年华北旱灾，在美国发动捐款后结余的 70 万美金，每年将利息用于金大建立农场，改良品种，推广技术等，另外芮思娄在美国与洛夫及马德等为农学院募集 200 万美金，作为农学院基金。他先后聘请十一位中外专家来校任教（如史德蔚、郭仁风、罗德民、卜凯等），为农学院的发展打下坚实基础。

他的三个儿子都在中国出生，二儿子患上小儿麻痹（脊椎灰质炎），他为儿子治病，不得已于 1928 年离开了金大。但一直念念不忘金陵大学。

友谊一代代传递着。芮思娄的孙女露丝 Ruth Reisner Brock，在 2013 年 7 月带领全家十人回南京探乡情。露丝的儿子包德伟（Bavid Brock）是外交官，任美国驻沈阳副总领事，由南大党委副书记任利剑亲临接待，南大外办通知我亦参加接待。其实，我仅听说过芮思娄的名字，当时，我想到父亲晚年曾对我说过："国外来人，要好好接待。"便答应了。7 月 23 日上午接到通知，25 日就接待，我抓紧时间查资料，复印材料，准备礼物及谈话内容。第二天去省中医院取药时，滑倒，爬不起来，心里实在着急，跛着腿回家，右膝肿了，裤腿跌破，吃完安眠药上床。次日，疼痛减轻一点，

1949 年 8 月，美国教授芮陶庵的夫人及其次子芮效俭，在陶行知事迹展中凝神研究展品。展出地点在金大图书馆二楼。

我按时去南大了。

他们一家走进会场，包德伟先生直接走到我面前，一边握手一边说：“我就是包德伟。”他的中文很好，然后介绍他的父母，他父亲立即拿相机为我和 Ruth 照相，我拿出一面扇子赠送给她，然后合影。我又取出一些镇纸（金大 110 周年校庆纪念品）及一些工艺品，送给其余九位。

包德伟的夫人包小俐告诉我：她也在领事馆工作，来华前培训中文，三个儿子，两个大的在外国人学校学习，“小儿子安排在中国人的幼儿园，老师说他话不多，中午为他添饭时，他会说，‘够了，够了’”。他是芮思娄孙女的孙子，这种培养第四代中文的教育的方式，是希望中美友谊“后继有人”。

他们此行主要是探寻芮思娄教授当年在金大的足迹，赓续家族对南京及金大后身南京大学等校的联系和友谊。

芮思娄的孙女露丝一家人来宁访问，2013 年 7 月 25 日。二排左起陈佩结、露丝、南京大学党委副书记任利剑，第四排穿深色衣服的是包德伟。

化学系系主任汤美森教授 J.C.Thomson（1889—1974），是美国生物化学家、营养学家，在哥伦比亚大学获得博士学位后，受美国长老会外国差会派遣，于 1917 年来到南京金陵大学化学系任教，并担任系主任，以及理学院院长。

化学系的教学注重实验，抗战期间，他被金大派往国外采购和运输科学仪器，遂由戴安邦教授接任系主任工作。

他的女儿叫 Nancy Thomson Walle（1918—2017），生于南京，高中毕业后就读金女大一年，住在平仓巷 4 号；1980 年重返故居，看到家门口的白玉兰树仍在开花，心情很激动。2005 年，她的孙女再次探访故居，也同样在白玉兰树下拍照留念。在 2010 出版《我的故乡南京 1918—1937：非常个人的回忆》（My Nanking Home 1918—1937：A Very Personal Memoir）

这是 Nancy 家在南京的故居，原平仓巷 4 号，今南大“健忠楼”，体育部办公处。

这是 Nancy 所著的《我的故乡南京》的封面，是一本研究金大校史的好资料。

1937 年他们全家离开南京。后来，他父亲曾在伊朗、日本、韩国教授营养学。

Nancy 一家的生活与中国息息相关，特别是 Nancy 的小弟弟詹姆荪·汤美森（James C.Thomson Jr.）后来成为美国著名的中国问题专家。Jimmy 从中国回美后，1961 年获哈佛大学历史学博士，博士论文研究的是民国时期在华的美国改革者，20 世纪 60 年代，曾作为远东事务的特别顾问，任职于美国肯尼迪和约翰逊政府中，后因反对越战从政府中辞职，先后在哈佛大学、波士顿大学任教。在中美建交前，他积极推动中美关系的正常化，主张美国和中国和解。1972 年尼克松访华时，他还在美国电视台 ABC 上充当了十天的解说员，这一切与他幼年生活在南京的经历密切相关，当时的国际关系是她们家饭桌上经常谈论的主题。正是南京的生活，奠定了他一生事业的基调。

卜凯教授（J.L.Buck 1890—1975），曾任金大农经系主任。他的儿子 Paul Lossing Buck 一家四口，于 1991 年 9 月 26 日来南京，我陪他们参观了 Buck 故居，回国后，他寄来一本英文版 Buck 的《金陵大学农业经济系的

汤美森教授的一家

发展》，我回信告诉他该书已译成中文，附录在农经系70周年纪念册的最后部分。他们非常高兴。

2008年10月，他们全家来南京参加国际会议，带来了很多他父亲的照片，在纪念卜凯（Buck）的分会上放映，其中有4～5张照片，是1931年大水灾，Buck坐在船上，组织调查灾情，为救灾提供依据，给我印象深刻。崔肇春学长还组织蓉分班同学参加该活动，在宾馆度过了纪念Buck及团聚的美好日子。

他们是卜凯的合作者、崔毓俊老师的三个儿子，全程陪同，他们热情地赞扬了在中国进行的农村土地调查，为中国农业经济发展做出了重大贡献。参加接待的有：金大校友会副会长陈佩洁。

一位赛珍珠领养的孩子，珍妮丝·沃尔什于2004年10月，在她80岁高龄又一次来到南京，这是她第三次来宁。她负责照管在美国的赛珍珠纪念馆（该纪念馆共分两处，主要部分在宾州）。我对她说："赛珍珠有浓浓的金大情。她的名著《大地》书中所描写的两兄弟是用我家两个哥哥的名字，只是书中将弟弟农安当兄长，哥哥农文当弟弟，这是我哥哥农文告诉我的。"珍妮丝很惊奇，她说："啊？我都不知道，回国后，再好好看看这本书。"

金陵大学欢迎卜凯教授的儿孙辈回南京寻找先人足迹。后排：崔泽春（左一）、崔蜀春（左二）。前排：崔肇春（右一）

珍妮丝告诉我：赛珍珠先后一共领养了八个孩子，其中两位是黑人。珍妮丝是卜凯与赛珍珠共同领养的第一个孩子，小时候她来过南京，与养父母及残疾女儿卡洛尔一起生活，现在南京大学赛珍珠故居内，墙上还挂着他们四人在南京的合影。

以上简略介绍几位金大外籍教师及其子女们回南京的情况。我们金大人及金大子女记得所有的金大外籍教师，感谢他们创办了那么好的学校，请来了那么多的好老师，他们培养了众多人才。抗战期间还救助了南京大批难民，值得我们深深怀念；他们的后代，有的是外交官，有的是中国问题专家，有的就是“爱回家看看。”……大家都希望中美之间的桥梁今后更坚固，进一步加强交流与合作。

金大人都以母校为骄傲，因为金陵大学的英文名为 University of Nanking，所以大家都订制有一件带有 N 字的毛衣，图为 20 世纪 30 年代的毕业生何昌庆在海外留学时穿着 N 字毛衣的照片。他后来是马里兰大学附属医院的著名医生和教授。

林查理在金陵大学讲授多门课程，其中根据中国当地情况进行农具改

N 字毛衣

良和创新是其特长。他是同学们尊敬和热爱的教师，虽然由于特定的形式他被驱逐出境，但他对金大怀有深厚的感情，他们全家多次回到金大。

1. 金大影音部发展的一个关键时刻。二女儿孙建秋回忆：1940—1941年孙明经获得洛氏访学金，有赴美10个月进行考察的机会。此行他同时肩负着其他重任。一是受教育部委托，带1万元购买电影教育类的图书。二是用洛氏基金拨的专项用款5000美元购买影音器材。如此一来，孙明经在美访学、考察电影教育与有声电影之外，必须花很多精力格外留心电影器材市场，参观和考察各厂商最新的器材。孙明经需要经常地四处奔波，短暂的留学生涯变得异常繁忙。

当时正值“二战”期间，生意不景气，美厂方急于推销自己的滞销物资，不管合适与否，只求脱手。例如对于硝酸片基胶片优点大肆推销。孙明经订货明明只要醋酸片基的，而他们只给硝酸片基的，还说迪斯尼都用此种胶片，效果特别好云云。幸亏孙明经在考察迪斯尼动画公司时曾跟工作人员仔细聊过他们使用的胶片，因硝酸片基容易着火已被迪斯尼弃用。因此，孙明经坚持只要醋酸片基。最终，他购回的胶片全是醋酸片基，避免了战火中胶片可能带来火灾的危险。

孙明经带回国一卡车半吨重的器材，都是美国当时最先进的产品，16毫米摄影机、35毫米彩色有声放映机、无声电影放映机（Showmaster）、贝浩放映机、为巡回放映使用的贝浩可携式发电机，超压强溢光灯以及其他各类器材，甚至还有根据男、女播音频率不同而分别设计制造的话筒。购买器材的过程中，孙明经得到了许多来自美国同行和专家的帮助。

这些器材对于推动和发展金大电影专修科起到了决定性的作用，大大提升了拍摄、放映、制片、教学的效率和有效性。在大后方成都，拥有先进器材以及有创造性、敢闯、敢干的刻苦团队的金陵大学影音社，不遗余力地推动电影教育和电影宣传的活动，在当时的电影教育事业中独占鳌头。

在美购买影片时，孙明经很懂谈判艺术，懂得尽量压价，实在不行，就假意取消订单，总有办法让老板松口。科教片琳琅满目，孙明经根据国内情况所需，特意购买了如《造山运动》《呼吸机制》《技术转让》《能量转换》《螺旋桨》《植物生长》《夜信》等科普片。

英国影片《夜信》，若从英国购买，价格很贵。孙明经在美国打包购买，以英国 1/3 的价格拿下。此片用快速生动的画面和节奏强烈的音乐，表现一列邮政火车利用夜间加速完成邮递任务，并采用英国诗人迪伦·汤马斯的诗歌朗诵作旁白。艺术性和教育性都很高。回到四川放映，成为最受欢迎的影片之一。

孙明经靠自己的谈判艺术，超额完成了采购任务，同时还剩下了 1000 多美元的经费。这笔钱被用来帮助被日军飞机轰炸的成都理学院影音部进行修复工作。

在美期间，除访学和购置器材，孙明经还被人邀请去各处演讲。他将《都江堰》和《自贡井盐》两部片的说明译成英文并灌了音，并在演讲时放映，取得了很好的效果。

孙明经在美期间，拍摄了彩色反转片和电影，在归国途中又拍摄了不少照片，这两部分照片合在一起，又是一次万里猎影。

孙明经乘罗斯福公司的荷兰籍船只“方舟号”归国时，还有一段历险。“方舟号”本船预计从旧金山直航上海，因为要躲避日本的潜水艇、鱼雷和轰炸，航线一改再改，结果环太平洋绕了半个地球。

成都华西坝五大学的学者和学生都深受鼓舞，立即成立了光影社“High Lights & Shadows”。这是刘半农等曾在上海创立、后在 20 世纪 20 年代停办了的“光社”在中国西部的一次重生。孙明经被推选为光影社社长，孙号召，“拿起手中的摄影机，记录身边的生活。”意思是要大家注意拍摄周边的环境、日常生活、学习的细节，今后将成为珍贵的抗战史料。但大家当时尚未能真正理解这番话的含义，所以许多珍贵日常的场景没能在胶片上留下来。

总之，这批半吨重的物资设备大批由卡车运回，部分由驼峰运回，成了金大电影教育事业一个转折点。在那艰苦的环境中，金大的影音事业得到突飞猛进。他们成立了巡回放映队，到各工厂，机关放映时事影片。欧洲战局的每一个胜利都是对抗日后方的鼓励。

与此同时，孙明经为快速整理他带回来的丰富珍贵的英语电影教育和技术资料，达到尽快分享的目的，想到只有办杂志这个办法。决心已下、褴褛开疆！在没钱、没纸、没有印刷排版的条件下，孙明经创办出了中国第一份综合电影杂志。

为办这份杂志，老师们加班、学生们义务参与，社会人士也伸出援手。金大学生杨大伟参加青年军，任务是在密支那滇缅公路拦截走私物资（金大远征军同学杨恩荣称那是“肥差”）。杨大伟弄到1000元，全部交给影音部孙明经主任办杂志。成都一家纸厂老板捐了一批纸张。即便如此，排字、印刷却仍是难题。困难难不倒孙明经，他挽起袖子亲自刻蜡板。一刻就连续刻了五期，校对更难，校到眼睛发蓝。虽然杂志的纸张薄而粗糙，背面字迹会透出，但毕竟出版了。

杂志一经出版反响极大。在成都华西坝晚上放露天电影时，影音部学生从楼里拉出电灯，在《电影与播音》杂志订购杂志处摆摊子。运动会时，只有金大的广播清晰度最高。

金陵大学在四川成都对于教育电影的重视和热情可见一斑。

1943年成都又进一步成立了中国电影教育协会蓉分会，五六十人合影留念。该分会培养了各省送来的大量学生，在后方产生很大的影响。虽然各地送来的学员水平参差不齐，比较难教，但是影音专修科的老师们都尽心尽力，效果很好。

1943年农学院庆祝成立五十五周年以及1946年回南京时在华西坝的生物楼的二三层均举办了盛大的展览。

1946年回到南京，金大从影音部（应用科学楼）到北大楼之间由电工毛师傅布线，在北大楼塔楼上安装了大喇叭。喇叭播放的声音很优美，能传送到二里地以外，大大丰富了校园文化生活。

农艺系张石城同学勤工俭学，负责《大学之声》的部分学生社团活动。安排大家轮流表演合唱，戏剧，幽默故事、音乐欣赏等，使金大校园生活空前活跃。

20世纪30—40年代，在中国没有电影资料馆的时期，金大起到了教育电影的流通作用，成为名副其实的全国电影资料馆。在强调流通、资源共享、视觉教育发展的今天，大家更意识到金大电影教育工作的前沿性。另外，影音工作者座谈会，在罗静宇、孙明经的倡议下，每两周召开一次，都是业内人士，许多影院老板也来。大家听主题报告，最新影音技术成果表演，技术问题推广和讨论，体现金大教育与实践相结合的方针。

孙明经为推动中国电影教育做了很多事，但他在哪里学电影呢？后来，每次高校相关学术研讨会上，孙建秋也总被问起同一个问题。“你父亲在哪儿学的电影，师从何人？”因为那时中国还没有电影院校、没有专门的高等院校的电影学教师。

原来父亲是这样学习的。

20世纪20年代，父亲十来岁时，金大为普及优良棉种，金大的数学教授裴义理带来一部小型电影拍摄和放映机，放映美国植棉电影。农民们看着洋人瞎比划，不知其然，不知其所以然，无法接受。于是，金大意识到本土化，为中国农民服务的重要性。开始决定自己拍摄。农林科两位大学生汪仲香和周明颐，头上包着毛巾，身穿农民短褂，扮演农民，他们本来就是学农的，一招一式，步骤清晰，反复放映自己拍摄的短片教农民植棉花，大收成效，这件事深深打动了年幼的孙明经。

当时中国并无专门教授电影的高等院校，孙明经15岁考入金大预科两年，打下扎实的理论和实验基础后，17岁正式入学，“先入化工系，毕业于物理系，中间修了电机系课程。在读主修课程的同时，选修文学院的古典诗词、林科的测绘学、天文学、农学院的日语、中央大学的德语等人文相关课程。以便于直接阅读原文。此外，跟姐姐孙恩莲（金陵女大音乐系）学习音乐，所以后来能把电影放得有声有色。

孙明经6岁时，老家有个山东亲戚在杭州学建筑，放假期间路过南京在他们家小住，把孙明经这个小娃娃当拍摄对象，看他聪明伶俐，又好奇，教给他一些拍摄知识。在金陵大学一年级时上过分析化学教授潘澄侯的化学课，并被邀请替他当助教。一日潘老师走进教师专用洗印室，偶尔看到孙明经晾着的拍摄照片，构图、光线让他十分吃惊，难以相信这是一年级的学生作品。因此，1934年他毕业之时，潘澄侯和理学院院长魏学仁坚决要他留校。从此开始了他的电影教学、拍摄、与教材编写的电影生涯。父亲还到处请教。为拍摄《锦绣中华》一系列地理风光科教片，去中大地理系向张其昀、胡焕庸老师请教。

2. 父亲在金大生活的细节。次子孙建和一直和父母住在一起，他说：“文化大革命过后来访问的人多，请父亲聊一聊电影教育，很多来访者，并不了解金大。他随手写几句，说到金大的特点时，对于金大灵活的学分制、通识教育和人文精神感慨颇深。学生左右脑都同时开发效果才好。文娱活动非常突出。

父亲说过，南京在20世纪30年代主要有两所大学，金陵大学和中央大学。当年学生特点已十分分明。中大同学勤读，节假日均在宿舍埋头书文复习，金大同学各种业余活动十分频繁，关门苦读很难见到。这对孙明经颇有影响。不过华东五大学辩论赛时，金大总是夺冠。

孙当时常参加的有音乐活动，如大合唱、小合唱、独唱，在宿舍则弹吉他、曼陀铃（四弦琴），奏锯乐。锯乐曾参加若干晚会中的演奏。金大有话剧活动，孙曾参与金陵剧社。提起合唱，中大有政府拨钱，徐悲鸿担任艺术系主任，重视音乐，为音乐系聘请奥地利著名合唱指挥史达德来教大合唱，但中大没有那么多歌手。金大穷，没有音乐系，但是合唱爱好者多，且每周练习，音色很好，乐理知识丰富，手抄乐谱成为金大宿舍一景。这样，无形中就组成了多校的大合唱团，金大、女大很多学生都被选入。史达德十分惊喜，非常满意。父母都参加过《蓝色多瑙河》等演出，还去电台用蜡盘录了音。

父母相识是在一次父亲推动的金大物理学会扩大会议上。1933年在牛顿像前、在金大一个阶梯教室里。他们相信，“我们不能用锤子敲开原子，新时代我们需要新的工具”。父亲为母亲题词“科学大道无男女，天下兴亡责匹夫”。他们的感情基础就是两样：科学与爱国。他们用一生的实践为电影教育这个新工具而努力，他们做到了。2010年，北京电影学院为父母双双颁发了“新中国电影教育开拓奖”。

孙建和与孙建秋还回忆起：1938年母亲开始研究自制底片，亲自熬制明胶、涂制乳剂。把在成都熬制的明胶，带到北京，用在教学上，受到同学欢迎。母亲编写的《摄影化学》教材，受到广泛使用。还致力于彩色电影研究。1973年中央电视台开始试播彩色节目，母亲作为彩色专家应邀去讲课，她精心准备了深入浅出的精练讲座，保证去听课的全体电视台人员都能懂。如今看到彩色电视节目，常会想起这一段。

3. 孙明经摄影之路的前前后后。长子孙健三回忆：1952年中央电影学校成立。孙明经、吕锦瑷应命带金大电影与播音部全部器材（这些器材主要是前面提到的父亲当年自美国购回的）。1000多部电影（包括孙明经拍摄的几十部电影），1000 多部幻灯卷片（其中有孙明经编著的《武训》和《陶行知》等片）。它们成为电影学校和后来的电影学院创办期的主要器材和资料，部分教师和电影与播音专修科部分未完成学业的学生（其中包括后来做了电影学院院长的沈嵩生）北上，与另四个单位合并。

初到北京，校园还在施工。妈妈从小是一个非常好强的人，当时的校长白大方和副校长卢梦对她十分器重。学校初建，洗印一下开了两个班。一个高级洗印班，一个初级洗印班，全部课程由她负责创建。还有摄影专修班的课，她要和父亲一起创建。工作量很大。当时母亲正好 40 岁。她的学生后来有的成了胶片厂的工程师、总工、厂长。厦门总工彭万鑫回忆，"这么说吧，问一问全国哪家胶片厂的工程师、厂长不是吕锦瑷老师的学生或者学生的学生？"北京洗印厂厂长王佩兰就是其中一位。他们为观众不知道洗印了多少电影拷贝。

父亲年轻时，为自己确立了一个未来的学业事业方向——做一个研究电影的学者。1927 年，父亲考入金陵大学，历时 7 年。并于 1931 至 1933 年间，以学生助手身份随业师杨简初教授，利用中央大学物理系实验室，制成我国电视历史中，第一套能摄取—传输—还原显示图像的电视摄、输、显系统。电影教育委员会成立，父亲以勤工俭学学生身分被聘为书记员，由此开始了他一生从事电影、电视、广播、摄影、研究、创作、教学的生涯。

父亲一生中有过四次"万里摄影"的经历，每一次不仅拍电影片，也拍摄了数量可观的照片。第一次是 1937 年抗日战争开始之前的三个月中，从南京出发经苏北、山东、河北、绥远，再至山西、湖北后返回南京，拍了八部电影；第二次是 1939 年的 6 月开始至 12 月随川康科学考察团考察西康金沙江以东的广大地域，又拍了八部电影；第三次 1940 年历时一年对美国电影教育的考察；拍了两部彩色电影和《美国大千》彩色反转片 800 张；第四次是 1942 至 1945 年历时三年行程万里的科考和教育拍摄，拍摄了 7 部战时工业电影（如在山洞里的发电站，说明中国人民是炸不垮的），去英国伦敦参展。这四次万里摄影，除拍了几十部电影和写了专门的文字报道之外，还拍了万余幅黑白与彩色照片。经历"文化大革命"之灾后，现尚存有 120 底片约两千多幅。

自 1930 年始，父亲几十年不间断地收集有关中国电影教育、中国电影科技、中国电影经济的资料、史料、官方文书、实物。不幸的是这些宝贵的史料，在“文革”开始时被工宣队悉数以“黑材料”收去。收走时仅文字资料和照片就装了几麻袋。

“文化大革命”之后，父亲多方寻找“文化大革命”中被工宣队没收去的那些宝贵资料、照片、底片及自己过去拍摄的几十部电影片。得到的回答是：“‘四人帮’垮台，工宣队撤走的那天夜晚，在操场上把所有的材料全烧了。”父亲时年已65岁，闻此悲讯，照片全没了，烧了。时常哀叹，一生的心血就这样毁于一旦。就在父亲完全绝望之后，大约过了几年，有一天，当时电影学院负责管理仓库的后勤干部赵永生同志对我讲：“健三，‘文化大革命’后农大要把原来校址收回了。我去打扫原来工宣队放材料的仓库，见门后边有两个麻袋，上边有‘孙明经材料’五个字，可能是工宣队当时走得太慌，把这两袋忘在门后了，我收拾完房间，归到库房里了，你去问问你爸爸，要是有用就拿回，没用，我们就当废品处理了。”

我打开麻袋一看，竟是父亲拍摄的部分照相底片、反转片和用照片制成的幻灯片。包括1939年川康科学考察时拍的1000多幅120底片；1938年在自贡市、乐山、峨眉历时几周科学考察时拍的部分底片（78幅）；四川科学家抱熊猫的底片（5幅）；父亲1937年抗战前夕行程万里拍摄的苏北、山东、河北、北平、绥远、山西的部分底片（200余幅）；抗日战争第一仗“百灵庙战役”的有关底片（十余幅）；1936年、1937年对南京、杭州等城市进行市容调查时拍的底片（几十幅）；1938—1940年 日机轰炸重庆市，重庆被炸后的市容（十余幅）。抗战后审判日本战犯的反转片（135一卷）、20世纪30至40年代对中国部分城市、乡村民情科考记录的底片（近百幅）。反映20世纪30、40、50年代南京金陵大学、金陵女子文理学院等的底片（几百幅）、南京人民庆祝人民解放军解放南京、庆祝苏联承认中国等中苏友好活动的底片等……

这些幸存下来的底片和幻灯片，在父亲一生的事业里虽然只占一部分，但浩劫之后总算没有悉数无存。这些底片的失而复得，给了晚年的父亲很大的安慰。我在狭窄洗手间的困难条件下，把底片冲洗并印了出来，父亲在照片背面用钢笔做了一些文字补充，为历史留下了珍贵财富。

2011年，在人民大会堂举办的百年光影盛典上，孙明经的铜像揭幕。

第七节　尾声

1952年院系调整，金陵大学被撤销建制，金大的文、理学院与南大合并，形成新的南京大学，虽然校址仍在鼓楼金大旧址，但“金陵大学”这个名称不再。

但校园里留下许多的纪念物，最醒目的就是北大楼。金大除了大家熟悉的北大楼、理学院楼、农学院楼外，还有大、小礼堂，图书馆等宏伟建筑和美丽的草坪……

还要特别展示一下“金陵苑”，这是纪念金陵大学的一块美丽景致，是金大校友会和南京大学共同建起的纪念之地！她地处金大路的西南部，这里有国家重点文物保护单位“金陵大学旧址碑”；有金大校友会建立的“金陵苑”碑作为地标，其背面有近三百字的金大简史。

国家也将金大校园作为全国重点文物保护单位立碑加以保护。不远处密林中有陈裕光校长塑像。不远处靠近图书馆有一带顶的石墙，上镶嵌着李瑞清书写的“金陵大学堂”石刻原物。

所有这些，都让校友们感到温馨，来到这里，感到又回到母校！

迎着朝阳的北大楼仍青春不老！一位青年正走在金大路上，金大路是从这里一直向南通往图书馆的路。

不远处的大礼堂

附近丛林中的小礼堂

金大路从北大楼至图书馆，金陵苑在其西南侧。

金陵苑，金大校友会1998年立碑记述母校历史。背面简史写道：金陵苑是原金陵大学教学区的中心，校舍有北大楼、东大楼、西大楼、东北楼、大礼堂、小礼堂、图书馆及天干楼宿舍等。金陵大学肇始于1888年由美国基督教会在南京干河沿创办的汇文书院，1910年，与鼓楼的宏育书院合并，建成金陵大学，并于鼓楼之西南坡兴建新校舍（即金陵苑之建筑群），逐步扩大规模，建成设有文、理、农三学院的高等学府，为国家培养了大批各方面的专业人材，其中不少是国内外著名人士和科学精英。1952年高等学校院系调整时，以南京大学文理学院和金陵大学文理学院为主体建成文理科综合的南京大学，以金大原址为校址。四十余年来，南京大学有飞速发展，为保存原金陵大学校舍教学中心区的原貌，特立此苑，以志纪念。

全国重点文保单位——金大旧址碑也在这里。

陈裕光校长的塑像2008年也立于此苑。

金陵大学堂

后记

一、跋

经过两年多的紧张努力，终于在金大诞生130周年前夕，在2018年即将来临之际结稿了,我们庆幸,我们欢欣鼓舞,这是金大人共同努力的结果!

之所以庆幸，是参予编纂和提供信息的朋友，大多是80岁开外的校友，或金大子弟。他们不顾年老体衰，参予审查和编辑工作， 使许多史实得以恢复，使许多故事得以重见天日。

一般人看来，一本画传，只要有些照片，编一下就行了，可真正动手编纂时，问题来了：有的章节，缺乏照片，甚至连一张照片都征集不到。例如抗战开始举校西迁，当时形势极端紧张恶劣，好不容易租了船， 船上人挤得满满的，连饭都吃不上，别说照相了。没有照片怎么办？那就将能搜集到的文字加以整理，形成可读的故事，以对金大历史中这样一段重要历史有个交待！希望读者对此有所理解。

最早开始谋划出版《金陵大学画传》应当是2010年开始的，当时主编孙建秋刚刚完成《金陵女大》画传出版工作， 正考虑手中还有大量的金大图片如何处理，同时也到各地访问金大校友，征集资料。

当然，影音部孙明经教授留存大量清晰而有意义的照片，我们用来作为画传的主要素材。此外，还有一些重要照片，主要是去相关的校史馆、档案馆、图书馆等处征集。金大纪念册特别是1922年和1935年两年度的两册可翻录的图片甚多，大大丰富了本书的内容。

当然校友们的支援也是不可或缺的。

为了将编制《金陵大学画传》的消息向校友们公布，上海校友会负责人朱守一校友抢在《金陵上海校友通讯》最后一期（2015年11月）出版之际刊登了这一消息，让广大校友得知此事，纷纷寄来图片资料，还捐款赞助。可惜朱守一校友不久因病离世，令人惋惜！

许多校友立即行动起来！成都校友周孟璞和周仲壁兄弟俩得知后，立即寄来70年前在华大赫斐院前同学们与戴运轨教授的合影，并作详细说明，反映当时师生们的精神面貌。我们编写农学院章节时，因为对农学院缺乏了解，于是请校友、南京农业大学鲍世问教授为我们把关，他亲自校对并作补充，许多照片也由该校校友会和档案馆提供的。还有美国朋友

Mr.Riggs 之女 Edith 请崔肇春校友代发她父母有关照片，大大丰富了画传内容。又如编到数学系一节时，就缺余光烺这位知名主任、教授的照片，到南大档案馆和南大数学系也未能找到，只好将目光集中在教授的子女身上。余辉音是余教授的二女儿，也曾是金大很活跃的校友，但当我们联系到她时辉音已过世两年，后几经周折，在余教授原邻居处打听到小儿子余辉定的线索，进而找到他的新址，由此才得到了余光琅珍贵的肖像。

加上我们是两地编辑，每篇稿要互相改动四五遍以至七八遍，幸亏我们赶上了电子时代，依靠电子邮件较方便地完成稿件的传递。

虽然这种拾遗补缺有其局限性，虽然我们两位编者年岁当时较小，金大结束时才是中学生，但我们有着强烈的使命感，抢救历史，义不容辞。我们觉得以这样的形式呈现金大历史、让后人记住这些学者们的奋斗，是一次有意义的探索！

肯定会有不尽人意之处，甚至错误，还望读者不吝指教！

二、鸣谢

编书过程中获得以下单位、个人的指点和支持，包括审稿、图片与资料提供等，特此致谢！

单位：耶鲁神学院档案馆、美国国家档案馆、（南京）中国第二历史档案馆、金陵大学南京校友会、南京大学校友会、南京大学档案馆、南京大学图书馆古籍部、南京大学博物馆、卢作孚研究会、苏州大学档案馆、南京农业大学档案馆、南京农业大学校史馆、南京林业大学党委宣传部、鼓楼医院档案室、金陵中学校史馆等。

专业人士：南京大学档案馆研究员王瑞宇、南京大屠杀遇难同胞纪念馆张国松、南京大学建筑系冷天、南京师范大学张连红、南京教会建筑研究者谢金才、金陵中学历史教师张铭、南京农业大学《中国农史》编辑部陈少华等。

校友：章开沅、鲍世问、陈佩结、陈永椿、崔肇春、张云鹤、肖信生、朱守一、柯宁美、吴光、杨恩荣、欧永祥、游创新、唐尚锐、周旭光、吕世传、陈超英、袁广霖、孙淑函、周孟璞、周仲壁、李涛、许正权、彭嵩植、田笠卿、余辉音、谢杰、曹陵秀、谢启文、单人耘、周久华、马光忠、陈之庭、许添森等。

校友子弟：孙明经之女孙建秋、子孙建三、孙建和，李小缘之子李永泰，熊德伟之子熊克俭，魏学仁之女魏白蒂，马博庵之女马宝璋，陈嵘之子陈振树，齐兆昌之子齐康，吴绍葵之子吴至美，徐益棠之子徐畅，单寿父之女单明婉，化学系主任汤美森（J. C.Thomson）之女南茜（Nancy），农工系林查理（Riggs）之女 Edith，植物系史德蔚（Stuward）之子小史德蔚，吴相湰之女吴恩泽，孙文郁之女孙秀生，戴邦彦之女戴立仁，李惠谦之女李明华、之子李明耀，李方训之子李正中，许国梁之子许世杰，戴安邦之女戴乐美，杨简初之女杨良琳，倪尚达之子倪敦祥，魏景超之子魏大福，王绶之女婿贾麟厚，章子汶之女章荷生，焦启源之女焦川芝，崔毓俊之子崔泽春、崔蜀春，叶兰熏之女叶蓉华、之子叶梦华，李扬汉之子李再扬，曹守晋之女曹锡凌，曹守恭之女曹履光，潘澄侯之子潘承分，郭中一之婿，张石城之妹，方傅之妻段俊泰，黄丽明之子陈农恩，徐复之子徐启平，许传音之孙女许以眉等。

特别感谢文字审校贺永新教授，感谢陪同孙建秋去美国耶鲁拍摄图片和查阅资料的薛庆渝、李佳子。感谢曾给予帮助的助手李柳、曾雅怡、张子贤、张子强、季翔等。

三、结语

为了配合2018年金陵大学130周年校庆纪念，我们特意编纂此书。现在编书已经进入尾声，这段经历对我来说却是一个重新学习的过程。她的创立史、教育史、发展史和取得的累累硕果，似乎才使我慢慢熟悉了金陵大学的苦干、实干、创新传统。因为时间原因，只能匆匆告一段落，而许多的事情其实才刚刚开始。漏掉的许多图片就留给后人慢慢补上吧，这本书我们只是抛砖引玉。

抢救历史人人有责，只可惜许多校友已经辞世，留给我们金陵大学的子弟来写确有不少困难和遗憾。作为主编，我在这段时光里也有许多幸福和痛苦的经历。虽然怀着童心的我在金陵大学长大，但是我对金陵大学作为一所综合性大学的了解远远不够。就以图片为例，对于图片的编辑我采用的是特殊、原始而又笨拙的办法。许多照片太小，需要放大到12寸到20寸之间才能看清楚人的面孔。在编辑的时候我也会用手轻轻地抚摸照片，跟他们说话，如："陈伯伯、李伯伯，我在写金陵大学画传，请你们跟我说说话。"这似乎是一种隔空的对话，通过这一触摸，我也能得到更多的信息。蚕桑系的吴学谦教授是研究桑蚕缫丝的教授，有一张他们在日本留学的照片，但我不相信照片里面的人是她，因为我认识她时她身材已经较胖，而她在早期的照片里却是一个苗条的淑女。又如陈中帆、沈祖棻，他们对唐诗宋词的研究达到了很高的境界。但是在网上只有他们年老时的照片，所以我们需要还原他们年轻时的照片。因为照片差距较大，有时我都不敢辨认。

金大最为独特的部门是影音部，它在抗战时期为全国放映电影，以此激发人们的爱国热情。后来影音部的全部器材、1000多部电影（包括全部的影片说明书）、1000多部幻灯片、国外杂志图书都打包运到北京成立中央电影学校（现北京电影学院）。现在有很多资料称中央大学影音部是北京电影学院的前身，其实中央大学恰恰没有影音部，影音部是金陵大学独有的部门，这种以讹传讹的情况不胜枚举。更多的现状是，几乎没有人知道金陵大学的存在。最近沸沸扬扬的天津瓷房子博物馆进入了人们的视线，其说明上写着房主毕业于金陵大学，是金陵大学毕业生驻澳洲的总领事和全权代表，人们才开始问哪里来的金陵大学？金陵大学在哪里？南师大最强大的文史部分图书资料都来自金陵大学，可是并没有人知道这件事。所以本书编纂的目的不仅是为了抢救金大历史，也是为了纠正一些历史的误解。金大校友会主席戴安邦在金大一百周年成立的大会上，一而再、再而三地宣称我们建校是在 1888 年，而不是 1902 年中央大学成立的日期。20 世纪 20 年代的南京一共只有两所大学，金陵大学成立更早，这一点很重要。

因为金大是美国人建立的一所私立的教会学校，很多系主任都曾是美国著名学者担任的，这反映了我国现代化教育的一个西学东渐的历程。从清朝两江巡抚端方废除科举到现代学校的建立，美国和欧洲的一些教授功不可没。同时中国许多农产品的优秀种子也被传到美国，比如美国的大麦（Barley）在美国称作 Barly Wang，因为这是金大的王绶教授培育的，很多其他的小麦品种也是在南京培育后才送到美国去的。我认为这是一个相互的过程。因此，在金陵大学里，我们不同意中美要么朋友、要么敌人的主张，而是提倡一种互惠互利的良好关系。

今天南京大学要全力建设双一流大学，而对于南京大学的两大源泉——金陵大学与中央大学，我们只有对历史了解得越详细，才能把南京大学建设得越好。且中央大学的历史资料已较完善，而金陵大学的历史资料还需要不断补充。金陵大学的英文名是 University of Nanking，翻译成中文是南京大学，这一点对建设南京大学来说是非常有利的。

回忆当年金大影音事业达到鼎盛时期，父亲孙明经说金大影音传播的运动才刚刚开始。“This is only the beginning！”谦虚地称金陵大学不过是影音事业中的一份子，希望有更多的同志响应这个运动。同理，今天我们虽然编完了《金陵大学画传》，这也仅仅是个开始，希望更多的金大子女、友人和学者，把此工作继续下去。

金大已经不复存在，但是金大的办学精神和教育理念、三合一的制度（教学、科研、推广）流传保持下来，成为很多大学的实际做法。当时金大农学院派知识分子到农村蹲点，开办农场，为农民开培训班，培养技术人才，及时推广研究所得的技术，在上海浦东进行的试验田中“百万棉”，使得长纤维的棉花品种得到推广，取得了很大的成就。把自己的科研成果及时向国内推广，使得国内农民先得实惠，而不是向国外的期刊杂志投稿发表，这是当下的农业研究中学者需要吸收的精神。

孙建秋

四、主要参考文献

1. 金陵大学 1922 年纪念册。

2. 金大秘书处：私立金陵大学一览，1933 年内部发行。

3. 金陵大学 1935 年纪念册

4. 五十五年来之金陵大学，1943 年金大成都内部发行。

5. 私立金陵大学六十周年校庆纪册，1948 年金大南京内部发行。

6. 张宪文 . 金陵大学史 [M]，南京：南京大学出版社，2002.

7. 金大南京校友会：金陵大学建校一百廿周年纪念文集，2008 年内部发行。

8. 金大南京校友会：金陵大学建校一百周年纪念册，南京大学出版社，1988。

9. 台北金大校友会：金陵大学创立七十周年纪念特刊，1958 年内部发行。

10. 台湾金大校友会：金陵大学，1982 年内部发行。

11. 台北市金大校友会：金陵大学建校百周年纪念特刊，1988 年内部发行。

12. 南京农业大学发展史—历史卷编委会：南京农业大学发展史—历史卷，中国农业出版社，2012 年。

13. 鲍世问：我爱母校，我爱金大。

图书在版编目（CIP）数据

金陵大学画传 / 孙建秋, 李永泰著. -- 北京 : 中国民族摄影艺术出版社, 2021.3
ISBN 978-7-5122-1182-7

Ⅰ. ①金… Ⅱ. ①孙… ②李… Ⅲ. ①金陵大学—画册 Ⅳ. ①G649.285.31-64

中国版本图书馆CIP数据核字(2019)第073716号

金陵大学画传

作　者：孙建秋　李永泰
责　编：张　宇
出　版：中国民族摄影艺术出版社
地　址：北京东城区和平里北街14号（100013）
发　行：010-64211754　84250639
印　刷：北京地大彩印有限公司
开　本：889 mm × 1194 mm　1/32
印　张：12.875
字　数：400千
版　次：2021年3月第1版第1次印刷
书　号：ISBN 978-7-5122-1182-7
定　价：98.00元